李建民
钟永军 ◎ 著

武式太极拳

武汉理工大学出版社
·武汉·

内容提要

本书首先介绍了武式太极拳的历史沿革、技法特点和学练武式太极拳的注意事项。其次从功法、套路、推手、器械等几个方面呈现了武式太极拳的技术体系。即根据不同受众需求创编了13式太极拳、29式太极拳和37式太极拳等新编武式太极拳套路，又有传统108式太极拳套路，各套路均从基本形态、动作讲解、拆招应用等三个方面加以介绍。最后呈现了历代武式太极拳传人的经典拳论。本书通俗易懂，图文并茂，由浅入深，结合大量的图片，让读者形象化地学习动作，循序渐进地掌握武式太极拳的基本技术和基本理论。

图书在版编目(CIP)数据

武式太极拳/李建民，钟永军著 .-- 武汉：武汉理工大学出版社，2023.12
ISBN 978-7-5629-6976-1

Ⅰ.①武… Ⅱ.①李…②钟… Ⅲ.①太极拳—基本知识 Ⅳ.① G852.11

中国国家版本馆 CIP 数据核字（2023）第 251097 号

责任编辑：	彭佳佳
责任校对：	陈 硕　　　排　版：任盼盼
出版发行：	武汉理工大学出版社
社　　址：	武汉市洪山区珞狮路 122 号
邮　　编：	430070
网　　址：	http://www.wutp.com.cn
经　　销：	各地新华书店
印　　刷：	北京亚吉飞数码科技有限公司
开　　本：	710×1000　1/16
印　　张：	33
字　　数：	523 千字
版　　次：	2025 年 2 月第 1 版
印　　次：	2025 年 2 月第 1 次印刷
定　　价：	98.00 元

凡购本书，如有缺页、倒页、脱页等印装质量问题，请向出版社发行部调换。
本社购书热线电话：027-87391631　87664138　87523148

·版权所有，盗版必究·

作者简介 >

李建民，1980年生，河北沧州南皮人。武式太极拳第六代传人，民族传统体育学硕士、体育教育哲学博士、中国武术七段，邯郸学院太极文化学院教师、武式太极拳教练。

钟永军，1974年生，河北永年广府镇人，太极名家钟振山之子，武式太极拳第六代传人，中国武术六段，邯郸太极名家，永年广府武式太极拳研究会副会长，石家庄市武式太极拳研究会副秘书长。

审稿专家 >

钟振山，1949年生，河北永年广府镇东街人，武式太极拳第五代传人，武术八段，当代中国太极名家。先后被北京中医药大学、河南理工大学、河南大学、邯郸学院聘为客座教授。曾发表《太极拳听劲与懂劲》等多篇论文，参与编写《中国武术段位制系列教程-武式太极拳》《中国杨武式太极拳标准教程（武式太极拳部分）》《武式太极拳竞赛套路》和《永年太极拳志》等著作。

前　言

太极拳是以太极阴阳文化为理论基础,集武术、吐纳术、导引术于一体,以掤、捋、挤、按、採、挒、肘、靠劲法和进、退、顾、盼、定步法的十三势为技术要素,以拳架、打手、功法为主要运动方式,具有修身养性、强身健体、技击防卫三大功能,可以达到防病祛病、延年益寿的一种武术运动。

武式太极拳是以中捋架为入门姿势,动作舒缓,姿势紧凑,气势鼓荡,古朴典雅;走架时步法严格分清虚实,用内气的潜转和内劲的转换支配外形,出手不过足尖,左右手各管半个身体,不相逾越。练习时注重身法修炼,以"起、承、转、合"的节序运行;推手以活步三步半为主,"沾连粘随,不丢不顶",重内劲而不重花法。

武式太极拳自武禹襄开创,后经李亦畲、李逊之、姚继祖的继承与发展,至当代太极名家钟振山已历经五代,忠实地保留了武式太极拳的原有风貌,全面继承了武式太极拳的文人传统。武式太极拳包括了独特风格的拳、刀、剑、杆套路、打手应用及历代传人著述。

武式13式太极拳是钟振山先生为方便初学者在短时间内学习武式太极拳而创编,前期在欧洲太极文化中心线上平台为欧洲太极拳及中华文化爱好者做公益讲座进行过推广。

武式29式太极拳由钟永军先生在钟振山先生的指导下创编,前期在河北正定中学及河北省省直机关部分单位做过推广普及。

武式37式太极拳是应邯郸市教育局在中小学推广太极拳的需求创编,2008年至2010年间开展过多期邯郸市中小学骨干体育教师培训,为邯郸市中小学体育节太极拳比赛指定项目,在全市各学校推广,同时在部分地区的武式太极拳爱好者中也有推广,受到大家的喜爱。

本书由邯郸学院教师李建民与武式太极拳传承人钟永军共同撰写。

全书的整体架构设计、统稿由李建民完成。第一章《武式太极拳概述》、第二章《武式太极拳功法》、第三章《武式太极拳单操》、第九章《武式太极拳器械》、第十章《武式太极拳理论》由李建民撰写、钟振山先生审阅；第四章《武式13式太极拳》由钟振山先生创编、李建民撰写；第六章《武式37式太极拳》由钟振山先生创编，李建民撰稿；第七章《武式108式太极拳》和第八章《武式太极拳推手》由钟振山先生讲演，李建民、钟永军撰稿。第五章《武式29式太极拳》由钟永军撰写。全书1200余张动作图片由钟振山先生、钟永军、李建民演示。钟振山先生审阅全书，提出修改意见，李建民、钟永军最终修改完稿。

全书拳、推手、器械等"技理"内容均由钟振山先生无私传授，其中部分内容由钟振山先生讲话稿整理而成，同时也是李建民在邯郸学院10多年来武式太极拳课程教学的凝练与提升。本书撰写、图片拍摄过程中，钟振山先生、卢建辉院长、白俊亚老师、赵宝杰、杨凯峰、王士榕、夏爽、周松泽、白璟轩等同学以及邯郸学院太极文化学院给提供了多方支持和帮助，在此表示诚挚的感谢。限于作者知识储备和写作水平，书中难免会有疏漏之处，恳请广大读者能积极地对本书给予指正和批评。

本书系教育部产学合作协同育人项目：武式太极拳多媒体资源库建设（230903058254135）项目；2022年度河北省高等学校人文社会科学研究青年基金项目：拳经图谱"由文至图"的变迁研究（项目编号：SQ2022193）；2024年度河北省体育局科技研究项目：高校传统太极拳教育的现代化转型研究（项目编号：2024QT22）的研究成果。

目 录

第一章　武式太极拳概述………………………………………… 1

　　第一节　武式太极拳的沿革………………………………… 1
　　第二节　武式太极拳的技法特点…………………………… 8
　　第三节　学练武式太极拳的注意事项……………………… 11

第二章　武式太极拳功法………………………………………… 23

　　第一节　桩功练习…………………………………………… 23
　　第二节　臂功练习…………………………………………… 28
　　第三节　腰功练习…………………………………………… 30
　　第四节　腿功练习…………………………………………… 33

第三章　武式太极拳单操………………………………………… 36

　　第一节　基本形态…………………………………………… 36
　　第二节　武式太极拳单操…………………………………… 46

第四章　武式13式循环太极拳…………………………………… 65

　　第一节　基本形态…………………………………………… 65
　　第二节　武式13式循环太极拳……………………………… 77
　　第三节　拆招………………………………………………… 100

第五章　武式29式太极拳………………………………………… 109

　　第一节　基本形态…………………………………………… 109
　　第二节　武式29式太极拳…………………………………… 117

第三节　拆招 …………………………………… 152

第六章　武式37式太极拳 …………………………… 156
　　第一节　基本形态 ……………………………… 156
　　第二节　武式37式太极拳 ……………………… 164
　　第三节　拆招 …………………………………… 213

第七章　武式108式太极拳 ………………………… 227
　　第一节　基本形态 ……………………………… 227
　　第二节　武式108式太极拳 …………………… 231
　　第三节　拆招 …………………………………… 338

第八章　武式太极拳推手 …………………………… 341
　　第一节　定步单推手 …………………………… 342
　　第二节　定步双推手 …………………………… 354
　　第三节　活步双推手 …………………………… 365

第九章　武式太极拳器械 …………………………… 378
　　第一节　武式太极十三连环剑 ………………… 378
　　第二节　武式太极十三刀 ……………………… 394
　　第三节　武式太极十三杆 ……………………… 408
　　第四节　武式太极四式追魂刀 ………………… 426
　　第五节　武式太极四杆对练 …………………… 442

第十章　武式太极拳理论 …………………………… 456
　　第一节　王宗岳论著 …………………………… 457
　　第二节　武河清论著 …………………………… 459
　　第三节　武澄清论著 …………………………… 462
　　第四节　武汝清论著 …………………………… 464
　　第五节　李亦畬论著 …………………………… 465
　　第六节　李启轩论著 …………………………… 470
　　第七节　郝为真论著 …………………………… 472
　　第八节　李逊之论著 …………………………… 473
　　第九节　郝月如论著 …………………………… 474

第十节　郝少如论著……………………………………… 480
第十一节　徐震论著…………………………………… 486
第十二节　韩钦贤论著………………………………… 493
第十三节　姚继祖论著………………………………… 494

参考文献………………………………………………… 515

第一章　武式太极拳概述

第一节　武式太极拳的沿革

武式太极拳由清直隶广平府武禹襄所创。武禹襄出生于嘉庆十七年(1812)壬申二月初四日亥时,自幼受家族影响习文好武。其祖上系山西太谷人,明永乐时迁居直隶永年,曾祖武镇,字静远,武生,卫千总。祖父武大勇,字德刚,武生。外祖父赵宏勋,宣化镇君子堡把总。父武烈,字丕承,邑庠生。武禹襄在兄弟三人中排行第三,长兄武澄清咸丰二年(1852)壬子恩科进士,河南舞阳县知县;次兄武汝清道光二十年(1840)庚子科进士,刑部四川司员外郎。武禹襄虽未举官,但熟读经书,知识渊博,为廪贡生,侯选训导。咸丰初,时任工部左侍郎的吕贤基奉旨去安徽督办团练,镇压太平军,吕"肃书币",邀禹襄与李鸿章参戎机,不就。后尚书毛昶熙、巡抚郑元善又皆礼辟,不就。可见武禹襄的才学德识在当时的社会上就已颇具影响。

谈及武式太极拳的开创,需从广府城内"太和堂"药店说起,据传有一天,有一泼皮到太和堂药店寻衅闹事,只见药店掌柜王昶隔着柜台,手一翻就把寻衅之人打出了门外。武禹襄听说此事后,就"常到太和堂闲坐,见店伙计所演拳技与众不同,遂以客东之谊求授",虽"练习有年,而奥妙难悟"。后杨禄禅学艺归来,武禹襄"常与比校,伊不肯轻以授人,仅能得其大概"。咸丰二年(1852),武禹襄因公赴豫省,到温县赵堡镇陈清平处研究月余,精妙尽得。后得长兄武澄清于舞阳携回的《王宗岳太极拳谱》有所发悟,加之自身儒学修养深厚,又有多年习武心得,历经十数载融汇贯通,最终一枝卓树、蔚然成家,从拳理、拳法到刀、杆运用形成一个完整的太极拳学派。

后经李亦畬、李启轩不断完善,最终由李亦畬将王宗岳拳论、武禹襄拳论和自己的理论文章工笔小楷手抄整理成《老三本》,使武式太极拳技术和理论体系日臻完善。后又经郝为真及其弟子广为传布,武式太极拳得以传遍大江南北。其间还有李亦畬二子李宝廉、李宝让继承家学,发扬光大,形成今日武式太极拳传承、发展之气象。

武式太极拳的发展经历了创立形成、传播发展、普及推广三个历史时期。

一、创立形成期(1840—1881)

这一时期,武氏三兄弟武澄清、武汝清、武禹襄均为武式太极拳的创立做出了不同层面的贡献。武禹襄积极实践,潜心研究而创立学派;武澄清发现《王宗岳太极拳谱》为武式太极拳理论体系的建构提供了依据;武汝清在北京积极推荐太极拳,介绍杨禄禅北京授拳,才使太极拳成为显学,才有了今日太极拳的蓬勃之气象、流派之纷呈。武氏兄弟以《王宗岳太极拳谱》为理论依据,经多年实践研究创立了武式太极拳,李亦畬及李启轩昆仲也承前启后参与其中,为完善和形成武式太极拳自身独特技术和理论发挥了重要作用。

武澄清,1854年官补河南舞阳县知县,任职期间得《王宗岳太极拳谱》,后携此谱回乡,赠予胞弟武禹襄。在此期间,武澄清亦习此术,参与了武禹襄研创武式太极拳的全过程,并作理论文章《释原论》《拳论》等。其中《释原论》解析拳理精辟透彻、形象生动,对后人多有启发,是第一篇阐释《王宗岳太极拳论》的理论文献。《拳论》中的"老三着"是最早论述打手的著述,为后世展现了早期武式太极拳打手练习的基本形态和方法。

武汝清,道光二十年(1840)庚子科进士,咸丰三年(1853)返乡,亦研习太极拳。在刑部任职期间"每乘公余之暇,练习数遍,名闻当时"。可见其有意无意间向统治阶层士大夫们推介了太极拳。武汝清又荐乡友杨禄禅进京教拳,使太极拳技艺从乡村走向了大都市。经武汝清多方推介,太极拳逐渐被政治、文化中心北京的武术和文化阶层所认识和了解。

武禹襄,晚清贡生,武术世家出身,自幼习练拳术,秉性豪爽,崇侠尚义,主创武式太极拳。他以《王宗岳太极拳谱》为指导,结合陈清平所授理法,潜心研练,细心揣摩,完成了《十三势说略》《身法》《太极拳解》(三则)又名《打手要言》《四字秘诀》等多篇拳论,为武式太极拳搭起了基本理论框架。以太和堂药店所学拳术为基础,又延请身强力壮、精于武技的壮士试招、验证,经多年消化、融合、去粗取精,逐步形成了异于其他拳术的太极拳技术体系。武禹襄不以教拳为业,得其传者有李亦畬、李启轩等。

李亦畬,咸丰三年(1853)始从母舅武禹襄学太极拳,身体力行者二三十年,仿武禹襄总结经验体会之法,随时记录,并将所记录的内容粘贴于墙壁,一再进行修订,对武禹襄的太极拳技术和理论框架进行了细化和可操作化的完善,作《太极拳小序》《五字诀》《走架打手行功要言》《十三势行功歌解》《撒放秘诀》《论虚实开合》《打手歌》等理论文章阐发自己的见解。1881年前后李亦畬又将王宗岳拳论、武禹襄拳论以及自己的理论成果集合成册手抄完成"老三本",为武式太极拳完整的技术和理论体系的形成奠定了基础。其传人有葛福来、姚洛朝、葛顺成、李洛同、魏庆祥;郝为真、王明德尤为精巧;其子宝廉、宝让亦精于是术。

李启轩与兄亦畬同学太极拳于母舅武禹襄,终身研习。著有《一字诀》(即敷字诀解)和《太极拳行工歌》(即各势白话歌)。得启轩传者有清河葛顺成、南宫马静波。其子宝琛、宝箴、宝恒三人亦精太极拳。

李家子弟中的李宝相(辅吕)、李宝极皆能承太极拳艺。

二、传播发展期(1882—1962)

1883年,葛福来、葛顺成叔侄,赴广府向李亦畬、李启轩投师学艺。李亦畬二子李宝廉、李宝让继承家学,发扬光大,特别是李宝让(逊之)在国难当头的1940年前后,收了魏佩林、姚继祖、赵允元、刘梦笔四位高徒,为武式太极拳的传承、发展保留了火种。

郝为真的公开授拳,推动了武式太极拳在近代的蓬勃发展。郝为真谦逊和蔼,拳技神乎其神,远近闻名,从学者遍及各层各界。郝为真首先把武式太极拳传到了邢台。1903年,天吉货栈东家申老福礼聘郝为真教其子侄。后邢台南关万顺皮店东家吴某也聘郝为真到邢台教拳[1]。曾三次下邢台教拳,当时较出名的有申文魁、申文翰、申文岺、李宝玉、王延久、郝中天、李圣端等多人。为武式太极拳在邢台的传播打下了坚实基础,使邢襄成为武式太极拳的第二故乡。

郝为真后进京访友,入北京武术学社,始将武式太极拳传入北京。在北京教授了孙禄堂,为孙禄堂创孙式太极拳奠定了基础。1914年,郝为真回乡任直隶(今河北省)广平府中学堂武术教师,首次把武式太极拳引入学校,进行集体教学。郝为真在永年家乡传拳,教出了郝月如、郝文勤、郝砚耕、李福荫、韩钦贤、张振宗、陈秀峰、李集峰等当地太极拳名人。

伴随着"强国强种"的国家需求,郝为真的众多传人、弟子顺应时代发展潮流,积极推动武式太极拳的发展。武式太极拳迎来了一次发展的小高潮。随着1928年中央国术馆的成立,各地国术支馆相继成立。永年县国术支馆于1928年成立,由郝月如、韩钦贤、李福荫、李集峰、张安国、陈秀峰等担任教员,为当地培养了大批武式太极拳人才,推动了永年武式太极拳的发展。1928年前后,李福荫曾在永年十三中、国术馆永年支馆多次石印、油印李氏太极拳谱。1940年李逊之收赵允元、刘梦笔、魏佩林、姚继祖四名弟子,开始公开传授太极拳。

苏沪地区,1928年李香远受邀到苏州教拳。1929年郝月如受邀到江苏国术馆任教习。1930年,经李香远介绍,郝月如到南京教拳,先后被国立中央大学、南京审计部和最高法院聘为国术教授。当时有中央大学英语教授张士一,审计部官员冯超如、陕西冯卓、徐震、吴知深等名士随其学拳。1932年,郝月如任正德武技学社总教练。1933年夏,郝月如受新亚药厂董事长和省立中学校长之邀,来上海授拳。1933年郝少如到私立上海中学教拳,并到武进正德学社任教;同年郝少如还应邀到常州市国术馆教拳。1935年春,郝月如经张士一推荐,被中央大学聘为国术教授。1936年郝少如到国立中央大学教授教师班太极拳,1937年,郝少如在上海创"郝派太极拳社"。

山西地区,1932年李香远、郝向荣及李福荫赴山西推广武式太极拳。1934年1月,李香远受山西省国术促进会三位名誉董事荣甲三司令、李冠亭副官长、张汉杰使长等特聘教授多人太极拳。1935年,韩钦贤偕

---

[1] 吴文翰. 吴文翰武术文存[M]. 太原:山西科学技术出版社,2006年:第58-61页.

徒二三人到晋,住在精营东二道街三十一号。连日来偕李槐荫(子固)拜访省垣各国术名家及太极拳爱好者,打算常居于此,并加入山西省国术促进会[①]。1935年,受李槐荫之邀,李福荫将《李氏太极拳谱》在山西太原铅印出版,使武式太极拳理论得到了更为广泛的传播。

沈阳地区,最早把武式太极拳传到沈阳的是河北清河人顾印珂。他1910年拜葛顺成为师,1926年随父顾文灿到奉天(今沈阳)的南市场开饭店,闲暇时习练武式太极拳。1933年在大西门开馆授徒,名"清河太极顾武馆",并请师兄霍梦魁来奉天协助教授。1938年担任奉天武道振兴会教授。

河北清河人霍梦魁,1933年经顾印珂邀请,到奉天太极顾武馆与师弟一起教授武式太极拳。1947年,应沈阳众弟子之邀在沈阳大北关火神庙开设清河太极霍武馆。

清河人阎志高,他在天津向中华武士会表演太极十三式、太极枪(杆)、太极刀和打手(推手)四项拳技,推介武式太极拳。被1923年出版的《近今北方健者传》(又名《拳勇见闻录》)一书详载,1950年,受邀到沈阳教授太极拳,10年间授徒600余人。其弟子中陈明洁、卜荣生、刘长春等传人较多。

"七七事变"后,国难当头,武式太极拳处于缓慢发展状态。1951年,郝向荣到永年师范供职,兼教武式太极拳。20世纪50—60年代魏佩林在永年县刘营、刘宋寨、马军营一带义务授拳,并往返于邯郸、邢台、鸡泽等地传艺。1951年郝为真侄孙郝振铎开始在天津传拳,弟子有么家帧、王家骏等。1961年,郝少如到上海市体育宫举办武式太极拳培训班。

三、普及推广期(1963年至今)

1963年,郝少如出版专著时,采纳顾留馨建议将书名确定为《武式太极拳》,"武式太极拳"之名开始被广泛采用,从此拉开了武式太极拳推广、普及的序幕。

1976年,郝少如在上海南洋公园教拳。郝少如弟子浦公达、郑正之、刘积顺、施雪琴、杨德高、王慕吟等均积极推广武式太极拳。

---

① 永年太极拳名家来晋[J]. 山西国术体育旬刊,1935年:第1辑,第18期,第7页.

1978年，姚继祖于永年创办河北省永年太极拳学校，公开传授武式太极拳，迎接全国各地慕名来广府的学拳者。

1983年，姚继祖接待全日本太极拳协会访华团，切磋交流，谈术论技。

1984年，姚继祖携弟子翟维传应邀参加武汉"国际太极拳（剑）表演观摩会"，在大会上讲学、表演，被评为全国太极十三名家之一。

1986年，吴文翰应邀出席第一届全国太极拳名家研讨会。

1986年，施雪琴应日本函馆市太极拳研究会邀请，赴日本授拳。

20世纪80—90年代在永年广府传播武式太极拳的还有翟文章、李锦藩、李光藩、李迪生等人。2000年以后，积极传播武式太极拳的有翟维传、胡凤鸣、钟振山、魏高义、魏高志、翟会传、孙建国、郝平顺等人。

武式太极拳在邯郸市的传播，发挥影响力的是韩钦贤、马荣、贾朴、魏高申、乔松茂、祁悦增等人。

1989年，吴文翰于北京开始传授武式太极拳。

1991年，首届河北·永年国际太极拳联谊会在永年广府召开，各地武式太极拳传人齐聚广府，商讨武式太极拳推广普及大计。

1992年，刘积顺到新加坡开设武式太极拳短期培训班。

1993年9月，姚继祖、钟振山应中国武协，中国武术研究院邀请，参加在杭州召开的全国太极拳推手规则研讨会。

1994年，刘积顺赴美国洛杉矶教授武式太极拳。

1995年，翟维传、钟振山、姚志平应邀参加《武式太极拳竞赛套路》编审会。

1997年，高连成先后六次赴日教授武式太极拳，帮助日本的田野铃木创办中国武式太极拳研究会。

1999年，美国国家精武总会会长王国强成立"北美武（郝）派太极拳总会"。

1999年，翟维传支持弟子贾海清创办永年武式太极武校。

2001年，李光藩赴日本讲学，传授武式太极拳。

2001年3月，钟振山应中国武协邀请参加海南省三亚市召开的首届世界太极拳健康大会，作为武式太极拳名家代表做演示。

2002年，翟维传成立永年县维传武式太极拳研究会。

2003年，广州俏佳人发行"中华武术展现工程"为翟维传摄制《武式太极拳》系列VCD教学光盘。

2003年，钟振山参编《永年太极拳志》，编写武式太极拳部分。

2003年崔志光发起成立北京大学武式太极拳研究会，钟振山为名誉会长。

2004年，吴文翰弟子组建北京市武式太极拳研究会。

2004年以后，钟振山常住北京辗转于北京大学、清华大学、北京邮电大学、北京外国语学院、北京中医药大学等北京高校传播教授武式太极拳。

2006年3月，钟振山演练的武式太极拳、剑、刀、杆等，经中国武协及其专家认定，收入大型系列电视教学片《武藏》。

2008年，钟振山主编邯郸市中小学普及太极拳专用教材《中国杨武式太极拳中小学经典教程》。

2008年，钟振山、杨德高、崔志光参与编写段位制系列教程《武式太极拳》，钟振山执笔。

2008—2010年，钟振山携弟子王艳萍、李建民在邯郸市教育局共同举办六期太极拳教练员培训班，培训近几百名中小学骨干体育教师。

2010—2012年，钟振山三次应邀参加在广西省举办的东盟八国太极拳一家亲活动作为武式太极名家进行讲学。

2011年李建民到邯郸学院太极文化学院教授武式太极拳。

2014年牛钟明在天津率弟子参加了第一届全国运动大会，展演武式太极拳段位套路。

2014年，钟振山赴美国路易斯维尔市参加第二届国际太极拳论坛，获美国"肯塔基上校荣誉奖"。

2016年，钟振山被北京中医药大学聘为太极拳导师。

2016年8月，钟振山被第十三届中国·邯郸国际太极拳运动大会聘为太极拳推介大使。

2016年，钟振山应全球养生长寿协会邀请作为武式太极拳代表人物参加在美国召开的2016首届国际健康养生文化博览会。

2017年7月，王艳萍获第十三届全国运动会群众组太极拳项目女子武式太极拳冠军。

2018年12月，石家庄市武式太极拳研究会成立，会长，钟振山；执行会长，崔志远；名誉会长，李剑方。武林（武澄清后人）、李旭藩（李亦畬后人）、李永章（李亦畬后人）、翟维传、胡凤鸣、王印海、杨书法、杨书太、魏高志、李志忠、冀长宏、张永清、王振红、高立新、苗红强、王艳萍、李建民等武式传人到会祝贺。

2019年，钟振山被中华体育报业总社《中华武术》杂志评选为"中国太极拳最具影响力人物"（武式太极拳唯一一位）；被人民网所属的"人民体育"创办的"人民太极"聘请为"人民太极健康中国公益形象大使"。

2019年5月，钟振山应邀作为武式太极拳代表人物参加意大利召开的太极拳国际论坛。同年又到达美国在中部（艾奥瓦州）和西部（丹佛和西雅图）召开多个武式太极拳培训班。

2019年李建民被《世界太极拳蓝皮书》编委会聘为智库专家，组织编写《武式太极拳发展报告》。

2020年，武式太极拳开始进入河北省重点中学河北正定中学，聘任钟振山先生为河北正定中学武式太极拳名誉校长，聘任钟永军、曹小连、曹立军、郝维新为河北正定中学武式太极拳名誉教师。钟永军每年面向教职员工和社会召开武式太极拳暑期培训班，培训学生上千人。

2023年钟振山在永年广府举办第七期技理提高培训。

2023年钟永军、石新志、周永林等在河北省直属机关工会所辖各单位工会传授武式太极拳。

钟振山及其弟子组织的武式太极拳培训班遍布北京、河北、天津、湖北、广东、山东、四川、广东、安徽、海南、意大利、美国、斯里兰卡等地区和国家。

第二节　武式太极拳的技法特点

武式太极拳姿势小巧紧凑，动作舒缓，气势鼓荡，身正势圆，形似干枝老梅。走架时法度严谨，中正安舒，严格遵循武式太极拳提顶吊裆，含胸拔背，裹裆护肫，松肩沉肘，腾挪闪战的身法十要；身躯左右旋转，多以扣擦步法，实腿足跟转身，虚实清楚，灵活稳实；手法以竖掌为主，出手高不过眼，低不过口，远不过足，上下相齐，左右各半，各尽其责，不相逾越；以腰带手转，进退相机，顺随圆活，刚柔相济；完全以内气的潜转和内劲的转换支配外形,开合隐现,松静自然。

其拳以"起、承、转、合"的节序编排动作,以中捋架为入门姿势,练习时注重身法的修炼,使左右相应,内外相合,五弓合一,周身一家。推手以"沾连粘随,不丢不顶"的活步三步半推手为练习方式,重内劲而不重花法,具有古朴典雅的独特技术风格。

武式太极拳技法特点具体可归纳为以下五点:姿势紧凑、步法灵活、身法严谨、虚实清楚、开合有致。

一、姿势紧凑

武禹襄、李亦畬均为晚清文人,出生于书香门第。谨遵儒士衣冠服饰之规仪,不愿赤膊露体做短打扮。练拳、教拳时不愿脱去长衫、棉袍等长衣,长此以往,形成了武式太极拳从中架子开始教、练的习惯。武式太极拳走架中规中矩,尾闾正中,支撑八面,不前俯后仰,左歪右斜。出手高不过眼,远不过足,左右手各管半身,不相逾越,全身的进退、旋转始终保持中正。迈步以舒适自然为度,定势时膝盖不前跪,小腿基本垂直地面。强调外三合,即手与足合,肘与膝合,肩与胯合。练习时用意气的变换来支配外形的运动,强调走内劲而不露外形。整个套路以懒扎衣为母式,起、承、转、合贯穿始终,一气呵成,如行云流水,绵绵不断,中正儒雅,别具神韵。习者的身姿要练出张弓放箭蓄势待发、将发未发的状态,独具含苞待放之美。

二、步法灵活

步法是太极拳技术的灵魂。"米"字型步法,贯穿于武式太极拳的每一个拳势之中,它以实腿脚跟为中心,脚尖或左或右或前或后摆扣,达到拳架所要求的"米"字方向,迈出脚与支撑脚形成的夹角始终为45°。扣碾步法,实腿转身,武式太极拳在身躯转换方向时,以实腿脚跟为轴,脚尖内扣、外摆,虚脚以脚掌碾转来完成身体的方向转变。实腿转身的同时保持立身中正,这样既可使身体的变化快捷、灵敏,又能方便地做到劲由脚跟起。

三、身法严谨

自武禹襄祖师就提出了"提顶、吊裆、含胸、拔背、裹裆、护肫、松肩、沉肘、腾挪、闪战"的身法十要。后郝月如又丰富了"尾闾正中、气沉丹田、虚实分清"成为身法十三条。身法是武式太极拳习练时对人体各部位姿势的特定要求,是组成内形产生内劲的关键环节。武式太极拳的身法以中正为基础,以尾闾正中为基准,在前进、后退、左转、右旋时,始终保持躯干的中正。身法既切合技击实战的规律,又符合人体运动的生理解剖原理。

四、虚实清楚

武禹襄祖师在《十三势说略》中率先提出"虚实宜分清楚,一处自有一处虚实,处处总此一虚实"的说法。李亦畬也在他的《五字诀》中强调"一身之劲练成一家,分清虚实",同时又强调"左虚则右实,右虚则左实。虚非全然无力,气势要腾挪;实非全然站煞,精神要贵贯注"。后又专门绘制《左右虚实图》,并作文《论虚实开合》,描述太极拳技术动作的虚实要领。因此,武式太极拳每一个动作的练习,应分清楚虚实,不可双重。如虚实分不清,动作就不能一气贯通,身体必致散乱。

五、开合有致

李亦畬先生在《五字诀》"气敛"中对开合如此描述,"吸,为合为蓄;呼,为开为发",在"神聚"中又详细指出"气向下沉,由两肩收于脊骨,注于腰间,此气之由上而下也,谓之合;由腰行于脊骨,布于两膊,施于手指,此气之由下而上也,谓之开"。又说,"能懂开合,便知阴阳,到此地位,功用一日,技精一日"。姚继祖先生也撰文指出"在走架时,开则俱开,即周身骨节和肌肉群都微有开展的意思,开为发,发力的神意微现于体外;合则俱合,即周身的骨节和肌肉群都微有收缩的意思,合为收,把运力的神意收隐于体内"。因此,武式太极拳的开合不仅是运动学层面形态特征的外在表象,更是动力学层面内劲、内气的内在行拳要旨。

第三节　学练武式太极拳的注意事项

一、学练武式太极拳要循序渐进

（一）学练内容方面

武式太极拳的内容体系丰富且完备，主要包括有传统武式108式太极拳、武式十三刀、四刀法（对练）、武式十三连环剑、武式十三杆、沾黏四杆、四散杆、四缠杆、武式活步三步半推手等内容。学练时要根据自身需求，决定是选练部分内容，还是传承全部内容。武式太极拳108式中又有掤、捋、挤、按、採、挒、肘、靠八种手法；提顶、吊裆、含胸、拔背、裹裆、护肫、松肩、沉肘、腾挪、闪战、尾闾正中、气沉丹田、虚实分清十三条身法；以及进、退、顾、盼、定五种步法等具体的内容。因此，在学习时要科学规划，循序渐进地完成学练任务。

（二）学练层次方面

首先，初学武式太极拳首先要模仿姿势，包括起始姿势、过程姿势和结束姿势。也就是要弄清楚每个姿势的位置、方向、角度、运行路线等内容。在身体基本中正的基础上，力求每一个动作姿势端正、准确、熟练，打好拳架的基础。

其次，在练熟拳架的基础上，进行身法的塑造。身法是形成内形的基础，是武式太极拳遵循的最基本的、最重要的法则，也是练好太极拳的最关键一环。然而，要掌握好身法绝不可能一蹴而就，应先从尾闾正中练起，待有了一定的基础之后，再循序渐进地将含胸、拔背、裹裆、护肫、提顶、吊裆、松肩、沉肘等法则逐步增加，直至全部掌握并将它们联成一体。使全身形成"上下内外，一动无有不动，一静无有不静"的"周身一家",建立起周身协调发力所需的最稳固的人体间架结构。

最后,学习掌握意气的运用和变化,学习用意去揣摩松沉劲、贯串劲、开合劲、折叠劲、抽丝劲、混元劲等内劲的练习方法,实现以意行气、以气运身,用内形来指挥外形,使内外相互结合。练成神、意、气、形的运动统一,使全身由外形到内形,周身宛若充满气的气球一般,不论前进后退,左旋右转,内外合一,无有凹凸,说有即有,说无即无,浑然皆忘。

二、学练武式太极拳要注重身法

身法在太极拳运动中有着特殊重要的地位,是组织内形、产生内劲的关键环节。武式太极拳对身法的要求严格而缜密,有着详细且具体的要求,练习者必须在长期的行功实践中力求身法准确、自然,才能使自己的一举一动均能合乎法度,使身体形成推之不散的整劲,具有牢固的间架结构。武式太极拳中的"身法"一词是被作为身、手、步法的统一体来说的,历代武式太极拳的传习,都特别强调身法,突出身体要"中正",并将身法的教学和习练作为一个至关重要的阶段来对待。身法是太极拳调形的有效方法,身体各部位只有按照特定的要求和法则来进行运动,才能做到相互间的协调配合,达到以内形来支配外形的目的,实现太极拳的良好养生功效和有效技击效果。

身法的具体要求是:

(1)提顶。头颈正直,意向上升,神贯于顶,称之"提顶"。

练拳时要收颌竖项,使头部保持自然垂直,百会穴若被悬起,颈椎关节节节松开,背后大椎有上顶之意,肩井部位有沉坠的感觉,头部有松开轻灵之感,统领一身之气,使人精神提起,身体有凌空之感。

(2)吊裆。两股用力,臀部前送,小腹有上翻之势,裆如吊空,谓之"吊裆"。

(3)含胸。胸部向下松沉,两肩微向前合,不可挺胸,谓之"含胸"。

含胸是要求胸肌从锁骨处向下松坠,两肩外侧有前合包抄之势。但胸骨不能内凹,胸部不可向体内收缩,而是在向下松开的情况下有向外扩张的感觉。这样能使腹胸宽舒,气沉小腹,自然形成深呼吸。因此含胸不在外形变化,而是内在机体的宽松活动。含胸在技击上起着重要作用,含胸即是胸部"蓄势",运用化劲都离不开含胸的辅助,"紧要全在胸中腰间变化"。

（4）拔背。两肩之间大椎处似有鼓起上顶之意，两肩灵活，不可低头，谓之"拔背"。

能含胸就能拔背，拔背时应将肩背肌肉顺着脊背向下松沉至腰臀与腹斜肌相连，肩胛骨向下有宽松之感，脊椎从腰椎处感到有节节向上顶提胸椎，大椎处有向上鼓起，背部皮肉有绷紧的感觉，正确的拔背有气贴背的感觉。

与含胸身法结合，在技击上有蓄发相变的关系。"力由脊发"说明拔背在发劲时的作用。

含胸拔背的姿势要自然，胸背肌肉的松沉不能故意用力做作。"含胸拔背落自然"告诉我们肌肉松沉是用意而不是用力。

（5）裹裆。两膝着力，有内向之意，两条腿如一条腿，能分清虚实。

裹裆是随着吊裆要求，使两膝着力，并有内向相连之意。同时两胯内侧微向外撑，并从臀部外侧向前包抄至大腿外侧，延伸到膝部内沿，使两腿如一条腿，但是又要将两条腿分清虚实，即虚腿依靠实腿，实腿支持虚腿，虚中有实，实中有虚，合而为一，同时分清虚实，一分为二。

（6）护肫。两肋微敛，取下收前合之势，谓之"护肫"。

护肫即指两肋有下收前合之势，背后背阔肌与腹肌相连接，形成两肋与上腹饱满而轻松自然的感觉，由于背部肌肉两侧向体前包抄与腹肌相连接，就使腰椎微向前挺而竖直，也称"竖腰"，使腰周围一带形成一股气满腹的感觉，两臂松沉有力，用以护住肫部。

（7）松肩。以意将两肩松开，气向下沉，肩要灵活，谓之"松肩"。

以意将两肩松开，两肩关节有脱开之感，气向下沉与胯连接，前与两胸相连，后与两背相接，则两臂伸缩缠绕，随心所欲，毫无滞机。肩不能松，则气不能沉，就会影响含胸拔背，气沉丹田，更无蓄发相变之势。因此松肩是练好各种身法的关键。

（8）沉肘。以意运气，行于两肘，手腕要能灵活，肘尖常有下垂之意，谓之"沉肘"。

能松肩才能沉肘。沉肘时，气向下沉。而沉肘时，以意运气行于两肘，手腕要灵活，肘尖常有下垂之意。同时肘内侧与两肋相吸相系，肘外侧与腰背相连。即使手臂高举过肩时，肘劲仍要下垂。而肘与两肋接而不脱，肫部与胯相连，松肩沉肘可以使手臂在伸缩旋转中加大力量，只有在松肩沉肘的前提下才能加强坐腕。

（9）腾挪。蓄势发人之力，有动之意而未动，即预动之势，谓"腾挪"。

腾挪贯串在每个姿势的练拳过程中,任何举动在未动之前已存动意,提顶,拔腰,蹬足,撑臂,力含上腾之意,转腰,扣膝,裹裆,甩胯,挪动对方来力方向之势,即预动之意,也就是心静而思动。始终保持心静意灵,精神贯注在劲作用处和腰胯上,乃蓄发人之力,就是预动之势,是讲静。

(10)闪战。引空来力,意贯周身而发之,劲如发箭,迅如雷霆,一往无敌,谓之"闪战"。

闪是引劲落空,击不中我的劲根和身体,战是对敌发放,此时要求身体上下一致,完整一气,身、手、步、腰、腿相顺相随,由脚而腿而腰,一气呵成,劲如放箭,迅如雷霆,一往无敌,发劲须沉着松静,专注一方,谓之"闪战"。

以上十种身法是武式太极拳的基本身法要求,练拳时头顶上领,似有绳悬百会之感。再放松,身体各部肌肉和关节,任其被地心引力向下牵拉而沉坠,手部和足部有沉实感,人体在这种上悬下沉的作用下,被对拉拔长,肩、肘、腕、脊柱、髋、胯、足等关节都被放松撑开,胸腹部随之宽舒,身体就能灵活运转,头部端正,颈项顺直,躯干中正。

三、学练武式太极拳要重视意念导引

武禹襄在《十三势说略》中指出"始而意动,既而劲动,转接要一线串成"。最后又说"凡此皆是意,不是外面"。李亦畬也在《十三势行功歌诀》中说"势势存心揆用意,得来不觉费工夫"。因此,练习武式太极拳特别强调"用意不用力"。

用意不用力是指在练习太极拳拳架的过程中要用意去放松肌肉,用意去贯穿住关节、骨头去打拳,用意从慢、柔中练出一种柔性的内劲来,"有意求柔,无意成刚"。用意去体会骨升肉降的感觉,体会头顶百会、会阴、重腿脚跟连成的上下贯通躯干的"意轴",体验全身在意轴的引领下如何运动,用意练习出腰腿劲的传导感,实现劲力在体内有效的、无损耗的传递,形成神、意、气、形的合一。

武禹襄讲练拳时要做到:"每一动,唯手先着力,随即松开,尤须贯串。"武禹襄讲太极拳的接手与发劲时说:"始而意动,即而劲动,转接要一线串成。"太极拳推手上的用意,是指用意顺随对方的来劲,调整转换自身的重心,目的是错开对方的劲头,使对方的劲走空失中。也就是以

腰为轴,调整转换重心,同时以臂为轮顺势错开接力点,使其劲与我臂之圆形成一条切线,开个口子(圆与切线之间的夹角),同时,使自己的劲与对方的劲相接不离,恰到好处,合为一体。利用对方重心失衡,而顺势发力,对方力大向前,我顺势一撅(即挒采),使对方向其身前跌扑;若对方向后调整重心,劲力后抽,我顺势向其身后撅(即挫按),使其向身后跌出。总之,对方劲向前,使其前扑,对方向后抽劲使其向后跌;对方左偏,则使其左倒;右偏则使其右倒;如对方僵滞,则贯串其重心发出;对方劲猛,我则急应,对方劲小,我则缓随。能达此,才是用意不用力的真意。

四、学练武式太极拳要形成圆满的气势

武禹襄在《十三势说略》中说"气宜鼓荡,神宜内敛,勿使有缺陷处,勿使有凹凸处,勿使有断续处";《四字秘诀》中又强调"此四字无形无声,非懂劲后,练到极精地位者不能知,全是以气言,能直养其气而无害,始能施于四体。四体不言而喻矣"。郝月如也在《武式太极拳的走架打手》开篇指出"太极拳不在样式,而在气势"。

练拳欲达到圆活的境界,首先气势要圆满。拳论中有"腰如车轴,气如车轮"之说。圆而活,方而滞,气势是靠人体内的功夫(能量)来决定的,功夫愈深,气势愈大。

气势圆满,形似车轮,没有缺陷,必然会形成中心和边缘。意想以腰为气势的中心,四肢所及就是车轮的外缘即为气势的边缘。以腰为中心,用意念向八个方向推出或支撑出八条长度相等的线,就形成了腰脊为轴,肢体如辋辐,行气如车轮的气势圆满的状态。因此,练拳时一举一动都不能超出边缘,也不能不及边缘,这样气势才能无棱无角,没有缺陷,没有凹凸,饱满圆活,活似车轮(图1-1)。

图 1-1　平面气势图

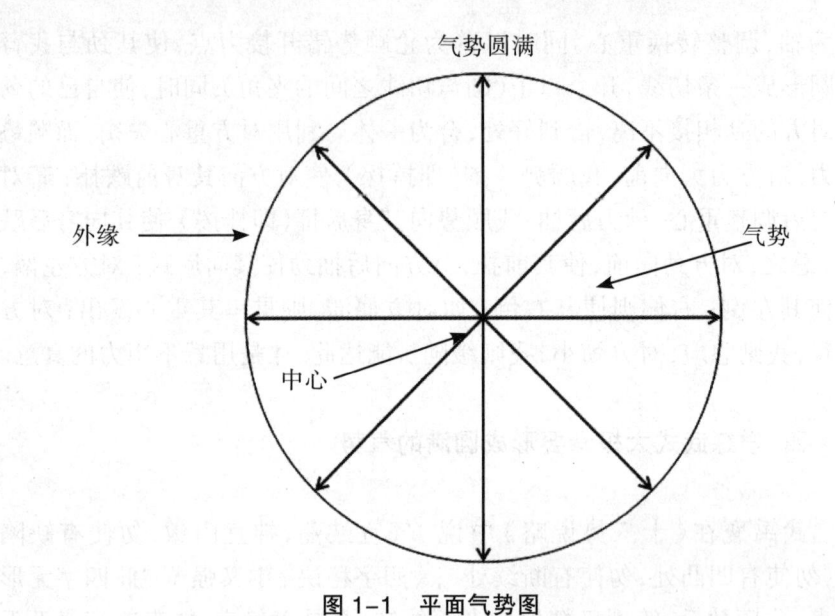

这种饱满的气势要靠精神贯注，支撑八面。这八条线就如同长短相等的车轮辋辐，既向外撑，又同时向圆心争拉，气势才能圆满。如果八条线长短不齐，气势便会出现凹凸（图1-2）。

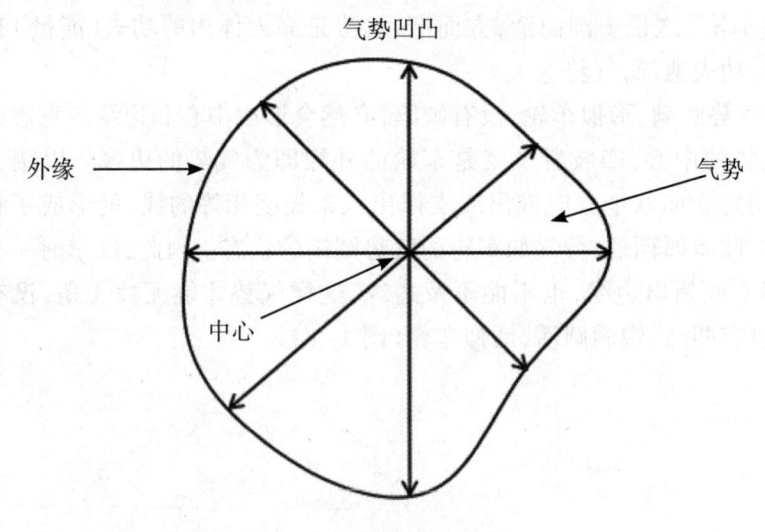

图 1-2　平面气势凹凸图

以上举的例子画的图是气势在一个平面图里，实际过程中，气势是一个三维立体的浑圆形。要有前就有后，有左就有右，有上就有下（图1-3）。

气势浑圆

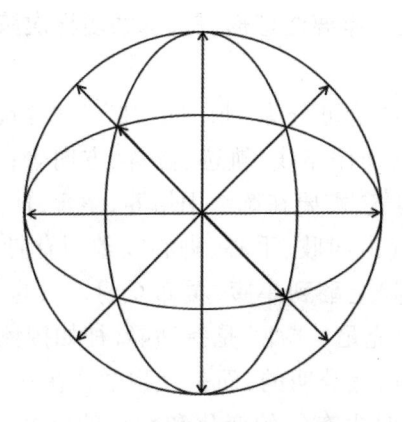

图1-3 立体浑圆气势图

太极拳的开合蓄发就是气势的放大和收小，人体有如膨胀的气球，开、发即是气势的放大，是以腰为中心向上下、前后、左右不同的方向推出无数条线，这些线共争一心，形成"得中"的状态；合、蓄是气势的收小，气势由边缘回收至腰这一中心点上。无论气势放大或收小，边缘永远是被动的，主宰在腰。

五、学练武式太极拳要结合古典拳论

武禹襄、李亦畲二人出身书香门第，为儒生练武，重视太极拳理论研究，并著书立说，开太极拳学术研究之先河。武术史家顾留馨说："关于拳理的钻研和总结，首推武、李，他们较之王宗岳《太极拳论》抽象性的概括，远为具体切实，有继承，有发展，乃能自成一家。"武禹襄外甥李亦畲集毕生精力苦心钻研将王宗岳、武禹襄拳论益以己作手书三册，一自存，一交胞弟，一交门人郝和，被后世称之为"老三本"。这是迄今为止发现最早的太极拳理论文献，"太极拳"之名见诸文字记载便出于此本。"老三本"中的武式太极拳理论为近百年来各太极拳家出版的专著所附录或引述，备受推崇，为太极拳理论体系的形成做出了突出贡献。因此，在学习武式太极拳时，要仔细研读历代先贤的经典著作，首先在思维意识层面上建立起对太极拳阴阳之理的正确认知；其次虚心求教武式太极拳优秀前辈传承人，请其为之解读拳论的窍要之处，领会武式太极拳代代口传心授、身授之内容，做到准确无误地承传武式太极拳。

六、学练武式太极拳要注意形、气、神的境界次第

太极拳练习的进阶可分为"形、气、神"三个阶段。"形"有内形和外形之说,外形是指动作路线、轨迹、位置、方向等;内形是指身法的规范。"气"是元气、内气,需要在练拳中培养、孕育,使其充足、饱满。"气"有开合之分,合则气由四肢、手心、脚心收敛到脊骨,注入腰间,收归于丹田;开则气由尾闾上翻到小腹,覆布全身。气也为肾气,意注两肾,对其按摩,使其肾气充足。"神"是指动静,神如抟兔之鹘,如扑鼠之猫。形、气、神三者不是截然分明的,而是互相融合在一起的,很难找出其间明显的界限。练形时也有气的变化和精神的涵养,气和神又均需通过形向外表现出来。但三个阶段之间的进阶是有诀窍的,诀窍是什么呢?就是"忘",即不执著于。经学家、哲学家,魏晋玄学的主要代表人物及创始人之一王弼在《周易略例·明象》中载:"忘象者,乃得意者也;忘言者,乃得象者也。得意在忘象,得象在忘言。故立象以尽意,而象可忘也;重画以尽情伪,而画可忘也。"基于此,太极拳三个阶段需要通过"忘"字来进阶,在内、外"形"基本规整后要想向上进阶,就不要太执着于"形",执着于"形"则不产生气;在内气基本顺遂合度后,就不要再执着于"气";执着于"气"则不产生"神"。"形、气、神"三个阶段又需要通过用"意"来实现其上下的联通。

七、学练武式太极拳要明确知己、知人

武式太极拳注重理论与技术紧密结合,依"知己知彼"的进阶进行技术修炼。武禹襄首先提出:"彼不动,己不动,彼微动,己先动,以己依人,务要知己,乃能随转随接。以己粘人,必须知人,乃能不后不先。"[1]李亦畬明确指出"欲要引进落空,四两拨千斤,先要知己知彼",又进一步说"平日走架,是知己功夫,一动势先问自己周身合上数项不合,少有不合,即速改换","打手是知人功夫,动静固是知人,仍是问己[2]"。因此,武式太极拳技术的修炼是从"知己""知彼"两个维度来进行的。

---

[1] 姚继祖. 武式太极拳全书[M]. 太原:山西科学技术出版社,1999年:第276页.
[2] 姚继祖. 武式太极拳全书[M]. 太原:山西科学技术出版社,1999年:第280~282页.

第一章　武式太极拳概述

（一）"知己"的修炼

"知己"是对己身的内在要素进行修炼,达到"外部的手、足、肘、膝、肩、胯的上下相随,与内部的神、意、气上下运行,内外相合,形成周身上下内外,一动无有不动,一静无有不静的统一运动"状态,"即周身一家"[1]。"知己"需通过盘架子、塑身法、耗桩功、走单式、练器械五个方面来完成。

1. 盘架子

初学者学"架子",要首先做到外形姿势规范合度、线路清楚、方向正确,形成外三合;在外形肢体自然顺遂、合度后,每一动要以心为令,意念引导内气收敛入骨,意到气到,以气运身,实现以内动带动外形;其次要刻刻留意在腰际,腰部以上向上提领,腰部以下向下松垂,腰部舒松,尾闾中正,全身的左旋、右转、前进、后退都以腰脊、尾闾为先,身之尾闾犹如船之鼻首,首先破水前行。最后全身宛如气球,一收无不收,一放无不放,周身一家,内外合一,无内无外,一举一动自然支撑八面、浑圆一体。

2. 塑身法

武式太极拳视身法为行拳标准和习拳规范。行拳分内外,"身法是内形的基础,是练好太极拳的关键一环,所以它是武式太极拳最基本的,也是最重要的法则"[2]。演练时遵循"提顶、吊裆、含胸、拔背、裹裆、护肫、松肩、沉肘、腾挪、闪战、尾闾正中、气沉丹田、虚实分清"十三条原则。身法练好了,才能维持重心平稳,增强平衡力;保持身体姿态,提高控制力;同时使力量更有效地上下传达。

---

[1] 姚继祖.武式太极拳全书[M].太原:山西科学技术出版社,1999年:第261页.
[2] 郝少如.武式太极拳[M].北京:人民体育出版社,1992年:第13页.

3. 耗桩功

树无根则枯，楼无基则倾。若脚下无根，则如无根浮萍，随波逐流。通过桩功的练习可使太极步法稳实，根基稳固，同时又可求得放松，去掉周身拘滞之力，体悟松柔沉坠之感。桩功有太极桩、虚实桩、活步桩等。

4. 走单式

走单式，是将武式太极拳中具典型性的懒扎衣、手挥琵琶、野马分鬃、搂膝拗步、玉女穿梭等动作进行专门训练，通过单式的练习不仅可把各条身法装到身上，还可领会"掤、捋、挤、按、采、挒、肘、靠"等太极拳劲法，同时还能锻炼出"进、退、顾、盼、定"五行步法。

5. 练器械

器械是手臂的延伸，手持器械可把身体动作放大，便于更好地理解拳理，明确太极拳由大圈到小圈的练习意图。经过器械的训练可把身体内的劲传输贯送到器械末梢；同时也可视器械为打手对象，体会身械间的粘走变化，达到以身随械，以械带身。剑如游龙，动作柔和，招式连贯，剑法、身法、步法协调配合，式式相连。刀如猛虎，简洁顺畅，柔韧浑厚，有劈、斩、抹、带、撩、扎、推、截、缠、托、拦、扫、按等刀法，沾粘运转，轻灵沉着，内固精神，外示安逸。杆法细腻，套路精练，一招一式，蕴含无穷威力，有掤、挑、合、按、捅、拦、劈、拖、扫、挥、抖、架等杆法，用法逼真，没有舞花动作。

（二）"知彼"的修炼

武式太极拳在推手过程中，以"从人""依人""粘人""由人"的理念求得"知彼"，达到"称彼劲之大小，分厘不错；权彼劲之长短，毫发无差"。

平日通过武式太极拳活步三步半推手等练习项目，运用"沾、连、黏、随"的方法在动态中在沾着点上听寻对方劲力的大小、方向、快慢，清晰把握对方的劲路走向，明晰对方的劲根、劲源，以达到"知彼"的修炼。

八、学练武式太极拳要注意一些习拳常识

平时练拳，一般应选择阳光充足、空气新鲜、空间旷达平坦、环境幽静之处，再配上一件棉质透气且宽松的衣服和平底软鞋。春季处于冬夏极阴极阳的交替时节，地气虽然渐渐回暖，但春寒料峭，练习者一定要注意"春捂"；夏季应注意不要让太阳暴晒，外界气温高，人体的体表毛细血管处在扩张状态，汗毛孔都敞开着，切忌贪图一时凉快，脱衣裸体，或用冷水擦洗，以防患病。秋冬季节不要被烈风直吹，忌在天气有大雾或霾的室外进行太极拳练习。

习练太极拳之前，需要做一些"热身"活动。如活动各关节、压腿、踢腿等，使人体在生理上产生"预热"，以免在练习中由于过度牵拉而受伤。如果时间充裕，可以合理科学安排锻炼内容，动静结合，单操、套路结合，拳、械、推手结合，每天练习半小时至两小时都可以。如果时间不充裕，练习可以有间隔，不同形式也可交替进行。学员需培养自身正确的学、练、研究三种意识，学不等于练，学是要学习真正传统太极拳理法和动作；练是将学到的东西反复练习打磨，研究是琢磨、反思的过程。养成每日规律练，定期找老师学的习惯，既要学，又要练，还要研究，都不可偏废。

练习太极拳不能简单地只从量上来衡量，更应当看"质"。要领正确每天20分钟，比要领不符每天练一个小时效果要好得多。姚继祖先生常讲，练太极拳好练又不好练，好练就是要你按规矩、持之以恒地去练就能练成；不好练，就是朝三暮四盲目瞎练，不求甚解，练一辈子拳也是白练。若按规矩又下功夫去练，自然慢慢功夫就上身了；再加上老师简明扼要的点拨，三言两语，就像窗户纸，一捅就破，心有灵犀，一点就通。因此，练习太极拳只有到了一定火候，再得名师指点，口授窍要，才能步入正轨，登堂入室，踏进太极拳的殿堂。

练太极拳收势以后，仍应保持和练拳时的情绪一样，精神不可散乱，做缓慢散步，非必要时不说话，以养气敛神，至散步3—5分钟以后，再恢复正常活动状态。这是因为练拳时在体内产生了许多良性反应及条件联系,练完拳收势以后这种反应和联系仍在发挥作用,最好使之慢慢缓和下来,巩固良好反应的应得效用;否则,精神散乱,就会降低运动效果。因此收势以后,应进行缓慢的散步,使各部分生理活动渐趋缓和,逐渐恢复正常状态,以有益身体健康。

第二章 武式太极拳功法

第一节 桩功练习

树无根则枯,楼无基则倾。有根是一切功夫之源,若脚下无根,则如无根浮萍,随波逐流。桩功是武式太极拳静中求动、动中求静的训练方法,是通过内功换劲提高技击能力的有效手段,有"百练不如一站"之说。通过桩功的练习可以训练放松,去掉周身的拘滞之力,体悟松柔沉坠的感觉。桩功是练习内劲、蓄养能量、培养根基最有效的方法。

桩功由桩架和功法两项内容构成。身体的任何间架状态均可作为桩架进行练习,因此桩架就是桩功的姿态。武式太极拳拳架套路中的每一个动作都可以作为一个桩架拿出来,进行专门的功法修炼。每一种桩架又各有其特定的指征和功效,因此练习功法时要有目的地选择特定的桩架来提高某种功效。刚开始练习桩功时,只要桩架的外形不错,体态自然,心神宁静,舒适得力即可,小节尽可不拘,待气足以后,桩架自然规范、标准。桩功练习时要遵循武式太极拳各项身法的要求。

桩功练习每次以半小时为宜,贵在持之以恒。一天半小时天天不断,效果比苦练一天休息九天要好得多。大多数人每天时间有限,不可能面面俱到,因此桩功取式须因人而异,如能在一段时间内着重修炼一种功法,效果比频频换式换力要好得多。

武式太极拳桩功的练习,有定步桩和活步桩之分。定步桩是使太极步法稳实,根基稳固。活步桩是在打稳定步桩根基的基础上,改变只站定步桩、步法欠灵活的缺陷,增加步法的灵活性。定步桩是活步桩的基础,活步桩又是定步桩的继续。当定步桩练到脚步稳固、周身一家时,就可以进行活步桩的练习。

定步桩的练习是体验静中有动,外静内松,外(形体)静内(意气)动、使脚下生根的最好办法。因此,依循序渐进的原则把桩功分为松桩、欲动桩、动桩三个层次,三层功法环环相扣,层层递进,又各有侧重。

松桩练习是在精神放松,神气内敛,情绪安宁,排除心中一切杂念,用意将全身节节松开、松透,又能虚虚领起,不可有丝毫僵滞之力后,使人进入一种"恬淡虚无"的入静状态。桩架站好,筋骨自然舒展,肌肉自能蓬松。坚持久之,血脉偾张、体力充盈、精神焕然。长时间保持此功架,待通体热透直达指梢并且持续不退之后,身体就会产生麻、热、胀、痒的气感,随后即可由松桩转入第二步欲动桩的练习。

欲动桩练习的是桩架的欲动之势。通过桩架的练习要使人体内形成上下、前后、左右各个角度、各个方向的对争之力,即"八面支撑"之势,也就是习惯上说的"身备五弓""五弓合一"的状态。练到此时桩架要具有"拆之不散、撞之不开、推拉不动"的匀整的间架结构,整个身体形成弓态,宛如球体。欲动桩是在肢体原位不动的状态下,实现肌肉的向心收缩、离心收缩和等长收缩,全身筋骨开展,成一触即发之势。在站欲动桩的过程中运用意气的延伸,达到骨骨之间分开缝隙,骨肉分开,皮肤向外膨胀,皮与肉分开,使气在皮里膜外运行,使气把皮肤撑起来,培养出空松圆活的"太极态"。当肢体具备了此状态之后,即可转入动桩的修炼。

动桩练习的是调动全身力量"全力以赴"进入有效工作的状态,即拳论中讲的"八面转换"。动桩的练习方式是在保持欲动桩的功态基础上模拟实战用力,为日后的整体发力做充分准备。动桩是以小幅度、短距离、慢速度并结合呼吸来实施身体点的移动、线的伸缩和面的变换。

动桩又称"活步桩",是在保持定步桩身势不变的前提下,步幅由小变大,由慢变快,循序渐进,两脚前进或后退迈步,变化随心所欲,一步一桩。直至迈步轻灵敏捷、稳固,腾挪闪战,上下相随。活步桩的过程中要体会重心在腰的带动下进、退、顾、盼、定。武式太极拳的动桩一般采用进步懒扎衣、退步手挥琵琶两个活桩进行练习,此处不作赘述。

本节先介绍松桩的练习方法:

一、无极桩

无极桩：能静心养气，体悟虚无，使身体康健。

动作方法：两脚自然站立，收颌，竖项；松肩，圆背，收腹，立腰；坐胯，敛臀；压膝，松踝；脚掌放松，重心落于两脚跟。两目平视，呼吸调匀；顶提，气沉，两手自然放于两大腿前。意念放松，全身肌肉放松（图2-1）。

动作要领：（1）"沙地立杆"，意想自己的身体犹如是在沙漠中屹立不倒的竹竿，太阳初升，投影斜长；（2）呼吸均匀，鼻吸口呼，刚开始采用自然呼吸，有一定基础后，采用腹式内呼吸；（3）内气寻经络导引，打通大周天。百会穴与会阴穴及两脚涌泉穴连线中点成一直线，两耳垂、两肩峰、两胯根、两脚底构成的截面平行，称为"四平一竖"，达"中正安舒"。

易犯错误：仰头，头部后仰；含肩，两肩胛骨后突，肩部未松开；身体重心未落至脚跟。

纠正方法：收颌竖项，使两耳于肩垂直；两肩放松，向下松沉，向左右松开，使肩部松、活；身体重心后调，松踝，使身体处于将倒未倒的临界位置；调控身姿，增强平衡能力。

图 2-1　无极桩

二、浑圆桩

浑圆桩又称"太极桩""三圆桩"(虎口抱圆、两臂抱圆、后背圆撑),是培养内功的重要桩法,站此桩能端正姿势,放松身体,培元养气,稳固根基,增强体质,使形神合一。

动作方法:两脚平行分开,与肩同宽,两膝微屈;两手臂微屈,环抱于胸前,手心向里,手指自然展开,虎口撑圆,两手指尖相距约20cm,目视前方。上体正直,头正悬顶,下颌微收,沉肩垂肘,松腰敛臀坐胯,意守丹田,呼吸自然。根据体质情况,每次练习5至10分钟(图2-2)。

动作要领:站此桩时,意念想象自己在一望无际的大草原上,沐浴在阳光明媚、空气清新的大自然中,与大自然融为一体,心旷神怡。

易犯错误:头颈不正,或仰头,或低头,或头部侧歪;两脚站立成外八字或内八字;腰部紧张,塌腰凸臀。

纠正方法:藏喉、竖项、领头,头部虚虚领起,枕骨上提,下颌微收,两目平视,头颈正直,提领全身;两脚平行站立,两脚外侧与两肩峰外侧上下垂直,两膝朝前与两脚尖对齐,两膝内裹有内向之意;腹部与腰部前后相对,"腹松气敛入骨",腹部放松减少对腰椎的牵拉,腰椎各关节慢慢舒展,尾骨微微前送,臀部有下坐之意,使胯关节屈,形成折叠之势,产生坐胯。

图2-2 浑圆桩

三、技击桩（虚实桩）

技击桩，又叫"懒扎衣桩""虚实桩"，是培养内劲的重要方法之一。此桩除端正姿势，稳定身体重心外，还可以增强两手臂劲力，提高身体的平衡能力、听劲感应能力和把握虚实分清的能力，培养武式太极拳的基本间架结构，同时又能贮劲蓄力，增长功力。虚实桩有低架和高架之分，是先练低架还是练高架，依据具体情况而定。

动作方法：两脚并立，身微左转，左脚向45°斜角方向迈出一步，重心前移，落于两脚跟之间的连线上，两臂垂直上举至头顶上方手心相对；两臂屈肘自然下落，左手落至与口同高，右手落至胸口位置，两手心向内；身体随手臂下落自然屈胯下蹲，重心后移，臀部坐于右脚脚跟上，右腿弯曲，大小腿之间后侧面夹角为135°；左脚随重心的后移脚尖微翘起，身体成虚实分清的状态，两目平视最远处（图2-3①、②）。

动作要领：站桩过程中身体中要建立起"意轴"和"形轴"两个上下垂直的轴，"意轴"是从头顶百会穴贯穿躯干的中心下行至尾闾，再往下沿小腿内侧至脚内踝入地；"形轴"是从枕骨至肩、背、臀、脚跟的后侧面，上下贯通的一条线；实腿有上提之意，虚腿有悬空之感，气向下沉，意向上升，有动之意而未动，即"欲动"之势；两臂合抱，两膝内裹，有如身前抱一棵大树，有"内撑外包"之势。

易犯错误：由于下肢力量不足，身体前俯、后仰、左右歪斜；右腿膝盖外撇或内扣过大。

纠正方法：两胯要平，重心刚开始可以放在两脚之间的中心位置上，随腿部力量的加强，重心再慢慢移到右脚脚跟上。右腿膝盖和脚尖严格地上下对齐，方向一致。

①左势　　　　②右势

图 2-3　技击桩

第二节　臂功练习

一、甩臂功

（1）前甩臂。两脚与肩同宽成开立步，屈膝半蹲，从两手臂合抱于胸前始，两臂同时内旋或外旋向前甩出，力达指尖，此动作可以重复练习数次（图 2-4①、②、③、④）。

①预备　　　　②外旋

③预备　　④内旋

图 2-4　前甩臂

（2）左右甩臂。两腿重心随腰变换,以腰胯带动双臂向相反的方向前后甩动,当手臂甩动达到极限时,保持该姿势 1-2 秒,尔后重复练习此动作(图 2-5①、②)。

动作要领:平心静气,自然放松。

①右前甩　　②左前甩

图 2-5　左右甩臂

二、太极揉手

此功法为借鉴其他拳术而来,主要为练习臂膀的腋力及松肩发力的方法,通过练习可使手臂灵活,两肩松沉耸动有力。练习方法有定步单揉手、定步双揉手、行步单揉手、行步双揉手之分,练习时要循序渐进合理变换推揉方式。

(1)定步单揉手。两脚前后站立,一手由耳侧向前推揉,另一手顺势手提于耳侧,两臂交替依次进行;随两臂的推揉,两腿前弓后坐,与两臂相协调,可左右腿交替在前进行练习。

动作要点:手臂推揉时要松肩、沉肘、坐腕,力达指尖;推揉过程中要两臂协调,上下相随。

(2)定步双揉手。两脚前后站立,身体后坐,两手自然收提于两耳侧,重心前移,两臂随弓腿向前推揉,循环往复,以腰带臂,上下相随。

动作要点:两腿屈膝半蹲,随弓步、坐步交替,两臂前推后提,上下协调。

(3)行步单揉手:两腿屈膝半蹲,行步前进,行步过程中两手交替推揉,上下相随,协调连贯。

(4)行步双揉手。两腿屈膝半蹲,行步前进,行步过程中两臂由耳侧同时向前推揉,循环往复,协调连贯。

动作要点:从每日推揉二十余次开始,逐渐增加次数至每日能推揉300次左右,至此两肩即能松动有力,吞吐灵活;再练则能两臂轻快有力,劲力顺达于掌根或指尖。

第三节　腰功练习

一、坐板凳

两脚自然开立,背对板凳而立,两手自然下垂,身体中正,松身垂直下坐,当臀部触凳将坐未坐时保持这一姿势一定时间后,再慢慢将臀部的后三分之一坐于凳上;臀部坐凳后,身体正直,下颌微收,两目平视,头部、大椎上领起身,当臀部于凳上将起未起时保持这一姿势一定时间后,再缓缓起身立起。练习时间后去掉板凳,仍有坐板凳之感。

动作要点:下坐或起身时膝盖均不能超过脚尖;下坐时注意尾闾前扣,命门后撑;本功法主要练习将坐未坐和将起未起两个瞬间的腰胯放松;注意循序渐进,保持的时间要随功力的大小而定(图2-6)。

①开步站立 　　②松身下坐

图2-6　坐板凳

二、蹲墙根

面壁而立,两脚并拢,重心落在前脚掌上,两手自然下垂,手心向内,身体中正,脚尖顶着墙根,两肩放松前扣,含胸收腹;全身放松,安静片刻,让思绪平和。然后腰向后放松,尾闾下垂前扣,命门后突,由尾闾拉着整个脊柱向下,使身体缓缓放松地下蹲,下蹲时头不可后仰、不可倾斜,同时头部、大椎要有上领之意;彻底蹲下后尾闾可用力前扣一下,然后再缓缓上起;上起时,注意用百会上领,大椎上拔,百会处好像有一根细线向上轻轻拽着脊柱逐节升起、押动、拉直,如此一蹲一起为一次(图2-7)。

动作要点:动作与呼吸要协调一致;自始至终鼻、膝、脚尖不能离开墙壁,尤其是头部绝对不能向左右偏斜;注意下颏回收、松腰、松胯、垂尾闾;注意尾闾下垂、百会上领、大椎上拔使颈椎、胸椎、腰椎节节松拨开;注重意念的配合,全身整体协调用力,意念里一发"蹲"的命令就往下蹲,一发"起"的命令就往上起;注意练养结合、循序渐进,快蹲、慢蹲、耗蹲结合练习。

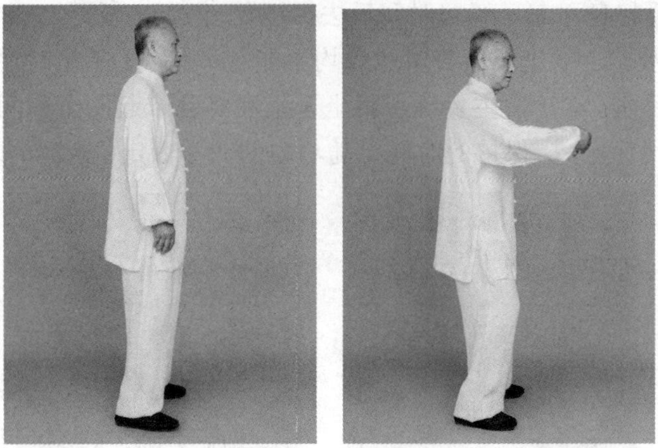

①面壁站立　　②面壁半蹲

图 2-7　蹲墙根

三、甩腰

屈膝半蹲，两臂后伸；以腰、髋关节为轴，上体由前向后甩腰，两臂伸直随上体向后甩出，脚跟微提，头微后仰，目视两手方向，反复练习（图 2-8 ①、②）。

动作要点：两臂保持伸直状态，随上体前后摆动；向后甩腰时，肩、胯、踝等关节全部处于伸展状态。

①屈蹲蓄势　　②展体甩腰

图 2-8　甩腰

第四节　腿功练习

一、起脚

一腿支撑,另一腿先提膝,再绷脚尖向外踢出,力达脚尖;两臂随脚的踢出向两侧分撑,高与耳齐(图2-9①、②)。

动作要点:支撑稳定,踢脚高过腰,高练低用,练习时起高腿,以提高腿部柔韧性,灵活性,用时一般高不过腰,以防踢腿半边空;上下相随,手脚并用,上惊下取,指上打下,凡起腿都有双手的分撑。

①预备　　②前踢

图2-9　起脚

二、蹬脚

一腿支撑,另一腿先提膝,后由屈到伸向外蹬出,力达脚跟;两臂随脚的踢出向两侧分撑,高与耳齐(图2-10①、②)。

①预备　　　　　　②前踢

图 2-10　蹬脚

三、二起脚

二起脚又名"腾空飞脚"。并步站立，右脚向前上一步，同时两臂前后摆动，左臂向上举，掌心向前，右臂略向后摆。然后左腿由后向前上绷脚摆踢，右脚蹬地向上跳起，同时右臂由后向前上摆，身体在空中时右脚绷脚前踢，右掌下落迎击右脚面，左掌向后摆置于身体左平侧，掌心朝下。左右脚先后落地（图 2-11 ①、②、③）。

四、摆莲脚

一腿支撑，全脚着地，另一腿从体侧踢起经面前向外做扇面弧形外摆动作，两手在额前依次迎拍脚面，击拍两响，要准确响亮（图 2-12 ①、②）。

第二章　武式太极拳功法

①预备　　　　　②腾空　　　　　③拍脚落地

图 2-11　二起脚

①预备　　　　　②踢脚

图 2-12　摆莲脚

第三章　武式太极拳单操

第一节　基本形态

一、静型

（一）手型

五指自然张开，掌心微含，拇指与小指对撑，虎口撑圆，指腹在同一面上，指尖朝上或斜朝上，小指一侧朝前或斜朝前，坐腕竖掌（图3-1①）。武式太极拳向前推出的掌一般均为竖掌，又叫"侧立掌"，又称"荷叶掌"。侧立掌有虚、实之分，手心内吸，五指微拢，蓄而不张为虚掌（图3-1②）；在前推时，掌心逐渐前凸，劲力由掌跟前贯，掌指向四外撑展，大小鱼际向两侧撑开，拇指与小指对争，坐腕竖掌为实掌（图3-1③）。

动作要点：手指宜松柔微曲，不可太直犯硬；实掌时指肚胀满，劲贯十指；手腕要灵活。

①侧立掌　　　　　②虚掌　　　　　③实掌

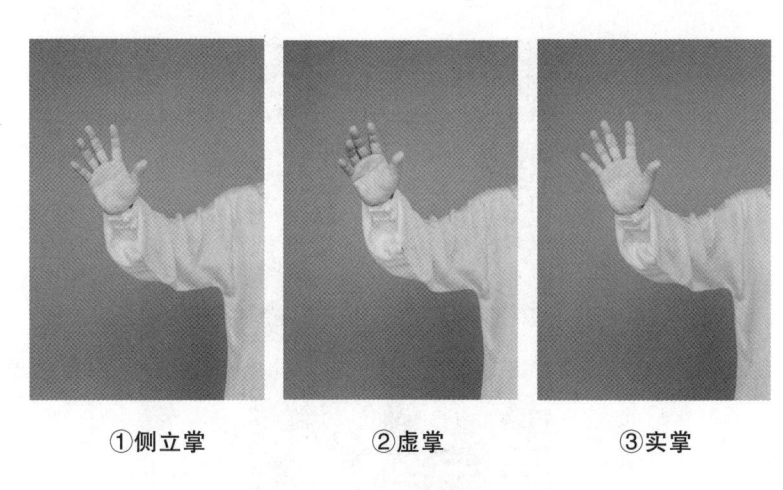

图 3-1　掌

（二）步型

（1）并步：两脚尖并拢，两腿并拢，双膝微屈；两臂自然松垂贴于身体两侧，下颌微收，头部虚领，心静体松，目视前方（图3-2）。

图 3-2　并步

（2）开立步：并步直立，两膝微屈，松腰沉胯，重心移至右脚；左脚提起向左开步，两脚与肩宽，重心左移至两脚中间，两脚平行站立（图3-3）。

动作要点：身体正直；提腿开步时，不左右歪斜；开步宽不过肩。

图 3-3　开立步

（3）虚步：上身正直，松腰坐胯，一腿脚尖外摆 45°，屈膝半蹲支撑体重；另一腿前迈，脚跟虚着地或前脚掌虚点地。前后脚之间的距离根据自身身体条件和架势高低而定（图 3-4 ①、②）。

动作要点：两脚内侧在一条直线的两侧，两膝微内裹，圆裆。

①前脚掌着地　　②脚跟着地

图 3-4　虚步

（4）弓步：上体正直，一腿前迈，脚跟先着地，全脚掌踏地，脚尖朝前，微内扣，屈膝前弓，膝盖不可超过脚尖；松腰落胯，尾闾前送；另一腿脚尖外展45°。屈膝坐腿，脚跟蹬地绷膝伸腿（图3-5）。

动作要点：前弓腿不可出胯；蹬伸腿不可形成"跪膝"，蹬伸腿之足跟及足外缘均不可离地。

图3-5 弓步

二、动态

（一）手法

武式太极拳的手法以侧立掌为主，左右手各管半边身体，分工严格，不可逾越，出手高不过眼，低不过口，远不过前脚尖，手与足合，以腰带手。

（1）掤手：开步直立，松腰、沉胯；右脚尖微内扣，重心收蓄于右腿，臀部坐于右脚跟；同时身体微左转，左脚向左前方45°斜角上步，脚跟着地；松肩、沉肘，两臂斜掤于胸前，掌心朝内，气向下沉，意贯两前臂外侧，内撑外包；左手与口同高，右手在右胸前，目视左手方向（图3-6①、②）。

①开步直立　　　②虚步掤手

图3-6　掤手

（2）提掌：开步直立，身体右转，右手外旋侧掌上提至右面颊旁，大拇指朝上，其余四指朝前，小指与右嘴角齐高，掌心朝内，左手按于胸腹前。一般在搂膝拗步、倒撵猴的蓄势时会出现提掌（图3-7①、②）。

①开步直立　　　②提掌

图3-7　提掌

（3）搂掌：左脚前迈，掌随转身向前向下向外，经膝前弧形横搂，落于左胯旁，掌心朝下，掌指朝前。一般在搂膝拗步、抱虎推山中会出现搂掌（图3-8①、②）。

①开步直立　　②搂掌

图3-8　搂掌

（4）推掌：掌由耳侧面颊嘴角经胸前向前内旋切推，小指领劲，松肩、沉肘、旋臂、坐腕，力达掌跟，小指侧朝前成竖掌前推。搂膝拗步、白鹅亮翅、玉女穿梭、倒撵猴、高探马等动作均会出现推掌（图3-9）。

图3-9　推掌

（5）捋按掌：两手臂翻转拧裹合力向右后捋按，右手掌心斜向上，左手掌心斜向下，两掌斜相对形成合力，右手含有捋引之意，左手含有制

41

按之势,化中有发。捋按掌多用于手挥琵琶式(图3-10①、②)。

动作要点:身体后坐时以命门着意后拉,身体右转带动形成捋按掌。

①撤步后捋　　②虚步捋按

图3-10　捋按掌

(6)架掌:掤臂内旋向上撑举,臂掌斜架于额前上方,掌心斜向外(图3-11①、②)。多用于白鹅亮翅、玉女穿梭、对心掌等势中。

①上步掤提　　②弓步翻掌撑架

图3-11　架掌

（7）掤按掌：两手合抱于胸腹前，两手心斜相对；左手向左侧前上方掤起，略高与肩，手心斜向上，右手向右下按至右胯旁，手心向下（图3-12①、②）。

①虚步合手　　　　　　②弓步掤按

图3-12　掤按掌

(二)步法

（1）进步：开步直立，右腿腰眼向下沉落，右胯根内抽落实；左腿向前迈步，脚跟着地。随即，右腿沉胯蹬地，尾闾前送，左腿松膝、抽左胯根、屈膝弓腿，膝盖不过脚尖，尾闾与头顶百会穴上下成一条直线（图3-13①、②、③）。

动作要点：注意实腿的屈膝变化，保持灵活性；虚腿前迈以先提大腿，带起膝，劲蓄于膝，带脚前迈的用力顺序运行。

①松身直立　　②提脚进步　　③屈膝弓步

图 3-13　进步

（2）退步：右弓步站立。松腰、沉胯，右腿抽胯、提脚，向右后方退步，脚尖着地，重心移至右腿。随即，左脚尖翘起内扣，脚掌扒地，回收半步，脚掌踏地（图 3-14 ①、②、③）。

动作要点：右脚后退，命门后拉，逐渐全脚踏实后，左脚再收回半步，成虚步。

①弓步站立　　②提腿收步　　③虚步站立

图 3-14　退步

（三）身法

（1）提顶：头颈正直、意向上升、神贯于顶、提挈全身。在练习太极拳时，要收颌竖项，头颈自然垂直，头顶百会穴有悬起的感觉，颈椎节节松开，大椎向上向后微提，两肩肩井穴有向下沉坠的感觉。提顶可使头颈松开，有轻灵之感，可以统领一身之正气，使人精神提起，身体有凌空高大的感觉（图3-15）。

（2）吊裆：两股用力，臀部前送，小腹有上翻之势，自然形成吊裆。练太极拳时，两大腿前侧肌肉微微用力，松腰敛臀，意念由腰脊命门处向下，有尾闾朝前送托起小腹，小腹有上翻之势。

提顶和吊裆就是太极拳要求的有上就有下、上顶下沉、中间放松的状态，这是太极拳的一对身法。

（3）尾闾正中：两股有力，臀部前收，尾椎骨向前托起（小腹），百会穴和会阴穴上下自然垂直。

图3-15 身法

第二节　武式太极拳单操

一、动作名称

武式太极拳单操是挑选武式太极拳中具典型性的懒扎衣、手挥琵琶、野马分鬃、搂膝拗步、玉女穿梭等动作进行专门训练，长期的单式练习不仅可把各条身法装到身上，还可领会掤、捋、挤、按、採、挒、肘、靠等太极拳劲法，同时还能锻炼出"进、退、顾、盼、定"五行步法。

武式太极拳单操内容：

1. 懒扎衣

2. 手挥琵琶

3. 搂膝拗步

4. 倒撵猴

5. 野马分鬃

6. 玉女穿梭

以上六个动作既可以单式直线来回连续练习，也可以两式组合直线进退练习，还可把六个单操动作组合成一个小套路来整体练习。教学时可依场地大小、学生掌握程度灵活组合。现将常用的组合实例列出，供教学参考使用。

组合一	进步懒扎衣 + 退步手挥琵琶	组合三	进步野马分鬃 + 退步手挥琵琶
	进步懒扎衣 + 撤步玉女穿梭		进步野马分鬃 + 撤步玉女穿梭
	进步懒扎衣 + 撤步倒撵猴		进步野马分鬃 + 撤步倒撵猴
组合二	进步搂膝拗步 + 撤步倒撵猴	组合四	进步懒扎衣 + 退步手挥琵琶 + 进步搂膝拗步 + 撤步倒撵猴 + 进步野马分鬃 + 撤步玉女穿梭
	进步搂膝拗步 + 退步手挥琵琶		
	进步搂膝拗步 + 撤步玉女穿梭		

二、动作图解

（一）单操1——懒扎衣

1. 起式

（1）并步直立：两腿并拢，双膝微屈；两臂松垂自然贴于身体两侧，手指向下，下颌微收，心静体松，目视前方（图3-16①）。

动作要点：体态自然，精神内敛，头部正直，下颌微收，虚领顶劲，两肩松开，气向下沉。

（2）开步直立：左脚轻提，向左横跨一步，与肩同宽（图3-16②）。

（3）旋臂托掌：两手慢慢外旋，向上托起，手心向上，五指自然张开，上托至与肩齐高，两手臂向前伸展，用意把肩、腰拔开（图3-16③）。

（4）松身下按：肩部向下松沉，上体保持端正，头部微领，两手内旋，掌心翻转下按，胸部之气向下沉落至小腹；松胯坐身，两胯根向内抽缩，臀部下坐，至两脚跟连线，两手继续下按与肚脐齐高，内气由小腹过胯根，下行过膝，落于脚跟（图3-16④）。

动作要点：上托时身体要微沉，手臂托至与肩平时，手指前伸把全身关节，节节拔开，两肩、两背向左右撑开，全身气势饱满，精神贯注。双手下按时内气下沉，头、背上领，上下对拔。

①并步直立　　②开步直立

③旋臂托掌　　　　　　　　④松身下按

图 3-16　起式

2. 左懒扎衣

（1）虚步前掤：重心右移，右脚脚踝内旋，脚尖微内扣，身体左转45°，左脚微收，大腿微提，成虚点地，右腿屈膝半蹲；两手臂随转体上掤，左手举至口前，右手举至胸口部，成侧立掌，掌心相对（图3-17①）。

动作要点：提起精神，右实左虚，右腿有上提之意，右脚脚心含空。"起"时先全身松沉，意想从头顶百会穴到胸部膻中穴（两乳连线中点）之"气"，沿身体中轴线向下行，经小腹（丹田），至胯间后向右脚底下沉，同时左胯根微内缩上提，用腰带起左腿向前迈步。

（2）上步前挤：左腿提起前迈，脚跟着地，右腿坐实，双臂前伸迎接对方来势（图3-17②）。

动作要点：两肩打开，两臂抱圆，有"八面支撑"之感，身体欲动向前，双臂有前挤之意。

（3）弓步捋按：身体向下松沉，右腿顺势蹬地，左膝前弓，左胯下落后抽，双臂顺势旋臂向前推出（图3-17③）。

动作要点：左胯后抽，左肩后缩，劲往前；胯往下沉，劲用意节节往上贯穿；尾闾往前送，随身体左转左前臂有回捋、前按之势。

（4）跟步合掌：身体继续前移，右腿向前跟半步，脚尖点地；同时两手臂顺势向前合置于口胸之间（图3-17④）。

动作要点：换步时，劲蓄满左脚跟，左胯下落后抽，不可上起，右腿顺势跟步；两臂要顺势捋按；左腿坐实，此势的成势即为右懒扎衣的起。

①虚步前掤 　　　　②上步前挤

③弓步捋按 　　　　④跟步前合

图 3-17　左懒扎衣

3. 右懒扎衣

如图 3-18 ①、②、③、④。

①扣脚摆掌 　　②上步前挤

③弓步捋按 　　④跟步前合

图 3-18　右懒扎衣

依据场地的长度,左右连续进步,重复左右懒扎衣动作,进到一定的

位置后,身体后转,继续练习,到起始位置后身体后转,身体直立,两臂前伸自然下落于身体两侧,神态自然,呼吸调匀。

(二)单操 2——手挥琵琶

1. 预备式

开步直立:两腿开步站立,双膝微屈;两臂松垂自然贴于身体两侧,手指向下,下颌微收,心静体松,目视前方(图 3-19)。

动作要点:体态自然,精神内敛,头部正直,下颌微收,虚领顶劲,两肩松开,气向下沉。

图 3-19 开步直立

2. 左手挥琵琶

(1)撤步掤手:背对行进方向,右脚提起向后退一大步,脚掌触地;两臂前伸做后捋状,左手在前在上,手心斜朝下,高与胸平,右手在下与左肘同高(图 3-20①)。

(2)后坐捋按:重心后移至右腿上,随重心后移身体微右转,左脚尖翘起向内扣;两手臂合力向右后捋按(图 3-20②)。

(3)虚步合按:坐实右腿,左腿提起微回收半步,成左虚步;右臂后捋,左臂掌前按,两臂相合(图 3-20③)。

动作要点：重心后移时，命门后拉，全身动作随后拉而运动；两臂之间要有捋按之势，左脚掌回收扒地下按，与左掌的向前侧的切按上下相合。

①撤步掤手 　　②后坐捋按 　　③虚步合按

图 3-20　左手挥琵琶

3. 右手挥琵琶

左脚提起向后退一大步，其余动作与左手挥琵琶相同（图 3-21 ①、②、③）。

①撤步前掤 　　②后坐捋按 　　③虚步合按

图 3-21　右手挥琵琶

根据场地的长度,连续退步做左右手挥琵琶练习,做一定的数量后至左手挥琵琶势时,左脚向前上一小步,脚跟着地,重心左移,脚尖内扣,身体右转,两臂随转体右摆,转身成右手挥琵琶。然后连续退步,重复左右手挥琵琶动作,回到起始位置后,身体直立,两臂前伸平举;两臂慢慢下按,自然垂落于体侧,左脚回收,并步还原。

(三)单操3——搂膝拗步

1. 起式

开步直立:两腿开步站立,双膝微屈;两臂松垂自然贴于身体两侧,手指向下,下颌微收,心静体松,目视前方(图3-22)。

动作要点:体态自然,精神内敛,头部正直,下颌微收,虚领顶劲,两肩松开,气向下沉。

图 3-22 开步直立

2. 左搂膝拗步

(1)虚步提掌:身体右转,随体转右手上提至耳侧,手心向内;左手臂平举于胸前;提左脚前迈,脚掌踏地,成左虚步(图3-23①)。

动作要点:右手上提时,右手与右肩要有向右后的引蓄之势。忌身体不转而只提右臂,而成背肩之误。右手与右面颊相合,左手与右肘相合，左脚心与右手心相合。

（2）上步搂掌：左脚提起向左前方45°上步，脚跟先着地，身体微左转，左掌向前下搂按（图3-23②）。

（3）弓步搂推：重心前移成左弓步；随身体重心的前移，左掌经胸前、左膝上方，向左划弧搂至左膝外侧，掌心向下；右手随左手的前搂，向前切推，手指向上，高与口平（图3-23③）。

动作要点：左搂、右推与重心前移弓腿要同时到位，左膝不可过脚尖，右腿的蹬伸不可僵直；右手推出，掌跟的作用力要落在左脚跟上，形成左脚尖、右手尖、鼻尖三尖相照；左手搂与右手推要一致，有"引""蓄"之势。

①虚步提掌　　　②上步搂掌　　　③弓步搂推

图3-23　左搂膝拗步

3. 右搂膝拗步

（1）扣脚提按：身体左转，左脚尖内扣45°，右脚顺势向前跟步至左脚侧前方，前脚掌点地；左臂化弧向后向上提至耳侧，右手向下搂按至胸前，眼看左掌方向（图3-24①）。

动作要点：身体以头顶百会、尾闾、左脚跟确立的纵轴为轴向左旋转；左臂的上举与右腿的前跟要与重心的前移相配合，不可机械；跟步时左胯要向下沉落，不可上起，胸臂之间要圆活。

（2）上步搂掌：右脚提起向右前方上步，脚跟先着地，身体微右转，右掌微向前下搂按(图3-24②)。

（3）弓步搂推：重心前移成右弓步；随身体重心的前移，右掌经胸前、右膝上方，向右划弧搂至右膝外侧，掌心向下；左手顺势向前切推而出，小指侧朝前，手指向上，高与口平，目视左手方向(图3-24③)。

①扣脚提按　　②上步搂掌　　③弓步搂推

图3-24　右搂膝拗步

依据场地大小，左右连续进步，重复搂膝拗步动作，进到一定位置后，身体后转，继续练习，到起始位置后身体再后转，两脚收至平行站立，两臂前伸平举，身体直立后两臂自然下落于身体两侧，神态自然，呼吸均匀。

（四）单操4——倒撵猴

1. 预备式

开步直立：两腿开步站立，双膝微屈；两臂松垂自然贴于身体两侧，手指向下，下颌微收，心静体松，目视前方(图3-25)。

动作要点：体态自然，精神内敛，头部正直，下颌微收，虚灵顶劲，两肩松开，气向下沉。

图3-25 开步直立

2.左倒撵猴

（1）撤步举臂：左脚向左后方撤步，脚尖点地，重心仍在右腿上，同时右掌上提至右耳侧，左臂平举至胸前，两臂有相合之意（图3-26①）。

（2）转身平带：右脚以脚跟为轴，脚尖内扣，身体左转至斜后方45°，左前臂内旋向左向后平带（图3-26②）。

（3）上步蓄势：坐实右腿，左脚向前上步，脚跟着地，身体有欲动之势（图3-26③）。

（4）弓步带推：右腿蹬地，左腿前弓成左弓步；随身体重心前移左臂继续向左挂带横于胸前，掌心朝下，右手内旋向前推按，手心朝前，高与口平，目视前方（图3-26④）。

（5）跟步前合：左腿坐实，右脚提起向前跟半步，脚尖着地；同时两臂划弧合抱于口前，虎口相对，目视双手方向（图3-26⑤）。

①撤步举臂 　　②转身平带

③上步蓄势 　　④弓步带推 　　⑤跟步前合

图 3-26　左倒撵猴

3. 右倒撵猴

如图 3-27 ①、②、③、④、⑤。

武式太极拳

①撤步举臂　　②转身平带

③上步蓄势　　④弓步带推　　⑤跟步前合

图3-27　左倒撵猴

依据场地大小,连续重复做倒撵猴动作,到左(右)弓步带推时,重心后坐,左(右)脚后撤步,举右(左)臂向左(右)转身平带,换方向继续做倒撵猴动作,到起式位置后收步转身,两手臂平伸,两脚开立,随身体直立两臂慢慢放回身体两侧,收脚并步,还原收势。

（五）单操5——野马分鬃

1. 预备式

开步直立：两腿开步站立，双膝微屈；两臂松垂自然贴于身体两侧，手指向下，下颌微收，心静体松，目视前方（图3-28）。

动作要点：体态自然，精神内敛，头部正直，下颌微收，虚灵顶劲，两肩松开，气向下沉。

图3-28 开步直立

2. 右野马分鬃

（1）左摆脚抱掌：左脚尖外摆45°，右脚提起向前跟至左脚内侧，脚尖着地；随转体左手内旋左捋，右手外旋前抄，两臂划弧合抱于胸腹之间，掌心上下相对，目视左手方向（图3-29①）。

（2）右上步肩靠：身体左转，右脚向前上步，脚跟着地，右臂微下沉，右肩有前靠之意（图3-29②）。

（3）右弓步掤按：重心前移成右弓步，同时身体右转，右臂向右上方掤出，掌心斜向上，高与肩平，左掌下按至左胯外侧，掌心朝下，目视右手方向（图3-29③）。

武式太极拳

①左摆脚抱掌　　　　②右上步肩靠　　　　③右弓步掤按

图 3-29　右野马分鬃

3. 左野马分鬃

（1）右摆脚抱掌：重心继续前移，右脚尖外摆45°，左脚提起向右脚内侧跟步，脚尖着地，同时两手掌划弧合抱于胸前，掌心上下相对，右手在上，左手在下，目视右手方向（图 3-30 ①）。

（2）左上步肩靠：身体右转，左脚向前上步，脚跟着地，左臂微下沉，左肩有前靠之意（图 3-30 ②）。

（3）左弓步掤按：左脚向左前方上步踏实成左弓步，同时身体左转，左臂向左上方掤出掌心斜向上，高与肩平。右掌下按至右胯外侧，掌心朝下，目视左手方向（图 3-30 ③）。

依据场地大小，左右连续进步，重复做野马分鬃动作，进到一定位置后，身体后转，继续练习，到起始位置后身体再后转，两脚平行站立，两臂前伸平举，身体直立后两臂自然下落于身体两侧，神态自然，呼吸均匀。

①右摆脚抱掌　　　　②左上步肩靠　　　　③左弓步掤按

图3-30　左野马分鬃

（六）单操6——玉女穿梭

1. 预备式

开步直立：两腿开步站立，双膝微屈；两臂松垂自然贴于身体两侧，手指向下，下颌微收，心静体松，目视前方（图3-31）。

动作要点：体态自然，精神内敛，头部正直，下颌微收，虚领顶劲，两肩松开，气向下沉。

图3-31　开步直立

61

2. 左玉女穿梭

（1）撤步提手：背对行进方向做起式动作后，左脚提起向左后方45°斜角撤步，脚尖着地，重心仍在右腿上；同时右手上提至耳侧，左臂前掤于胸前（图3-32①）。

动作要点：立身须中正，劲蓄于腰，全神贯注于实腿，重心要稳定。

（2）转身合臂：以右脚跟为轴，脚尖内扣，身体向右后转身；随转身左臂后抽，右臂沉落到右胸前，手心向内（图3-32②）。

动作要点：两手运动要与身体的转动协调一致，要做到以腰带手，手到脚到。

（3）上步掤提：左脚提起向前上步，脚跟着地，同时身体微左转，左臂微内旋向上掤提（图3-32③）。

（4）弓步架推：左腿前弓成左弓步；同时左手臂经胸前向上掤架至额上方，右手由右胸前旋臂坐腕推出，掌心朝前，手指向上，高与口平，目视右手前方（图3-32④）。

动作要点：左手上掤时，左胸要有下沉之意；右手推出，右手不可松懈丢塌，身体保持中正。

（5）跟步合臂：右脚提起跟步至左脚右后方，脚尖着地；同时两臂微向下松沉相合（图3-32⑤）。

①撤步提手 　　②转身合臂 　　③上步掤提

④弓步架推 　　　　　⑤跟步合臂

图 3-32　左玉女穿梭

3. 右玉女穿梭

如图 3-33 ①、②、③、④、⑤。

①撤步合手 　　　　　②转身合臂

③上步掤提　　　　　④弓步架推　　　　　⑤跟步合臂

图 3-33　右玉女穿梭

依据场地大小,连续重复做玉女穿梭动作,换方向继续做玉女穿梭动作,到起式位置后收步转身,两手臂平伸,两脚开立,随身体直立两臂慢慢放回身体两侧,收脚并步,还原收势。

第四章 武式13式循环太极拳

第一节 基本形态

一、静型

（一）手型

1. 掌

仰掌：掌心微内含，五指自然分开，大小鱼际撑开，虎口撑圆，手指肚在一个平面上，掌心朝上或斜朝上（图4-1①）。

俯掌：坐腕，掌心微内含，五指自然分开，大小鱼际撑开，虎口撑圆，手指肚在一个平面上，掌心朝下（图4-1②）。

合掌：两手坐腕竖掌合于口前，虎口相对，掌指上翻，两拇指成八字型，十个手指在一个球面内，掌心朝斜前上方，如托球状（图4-1③）。

动作要点：两手掌要有合劲，有托持一球向斜上的感觉，忌两拇指前伸与其余手指不在一球面内。

①仰掌　　　　　　　②俯掌

③合掌

图 4-1　掌

2. 拳

平拳：四指并拢弯曲，手指尖微触手心，拇指扣在食指第二指关节上，拳心朝下，拳背朝上（图 4-2 ①）。

仰拳：四指并拢弯曲，手指尖微触手心，拇指扣在食指第二指关节，拳心朝上，拳背朝下（图 4-2 ②）。

①平拳　　　　②仰拳

图 4-2　拳

(二)步型

(1)跟步:一腿抽胯坐实,另一腿向前跟进半步,前脚掌踏地(图 4-3)。

动作要点:前脚跟与后脚掌分别落在一脚长为边长的正方形对角的两个顶点上。武式太极拳弓步完成后,多与跟步相接。

图 4-3　跟步

（2）侧弓步：一腿屈膝半蹲，膝盖不可超脚尖；另一腿向体侧迈出，脚跟先着地，脚尖微内扣，重心前移屈膝坐腿，重心偏于弓腿一侧为侧弓步。左腿弓为左侧弓步，右腿弓为右侧弓步。武式太极拳的单鞭、左云手、弯弓射虎等动作采用侧弓步（图4-4）。

图4-4 侧弓步

（3）插步：一腿屈膝半蹲，另一腿顺支撑腿后插，前脚掌着地（图4-5）。

图4-5 插步

二、动态

(一)手法

(1)开合掌:松腰、沉右胯,松肩、沉肘,两肩横向打开,两手沉落于胸前为开;两肩前合,两手合于口前为合(图4-6①、②、③)。

①虚步举掌　　②沉胯开掌　　③跟步合掌

图4-6　开合掌

(2)双分掌:两手合于口前,左脚向左横跨一步,脚跟先着地,松腰、沉胯、身体左转,屈膝弓步,松肩沉肘,两手向左右化弧分开,坐腕竖掌,掌心朝外,左手与眼平,右手与右耳齐平(图4-7①、②)。

(3)双推掌:两臂内旋,坐腕,两掌由胸腹间向前合力搓、推,力达两掌根,掌心朝前,两拇指成八字(图4-8)。

(4)十字架掌:两手臂同时外旋上掤,两前臂十字交叉于面前,手心均向内。如起脚、蹬脚前的手臂动作(图4-9)。

(5)分掌:两臂由体前十字交叉始,臂内旋上架,向左右两侧分撑,两臂与肩同高。如蹬脚、起脚时的手臂动作(图4-10)。

①提脚合掌　　　②弓步双分掌

图 4-7　双分掌

图 4-8　双推掌

图 4-9　十字架掌 　　　图 4-10　分掌

（6）架掌：屈臂内旋翻掌上撩，臂掌横架于额前上方，掌心斜向上向外推架（图 4-11 ①、②）。

①上步撩掌 　　　②弓步架掌

图 4-11　架掌

（7）云手：重心右移坐于右腿，随后坐右手上托至右额上方，左手收合于腹前成垂掌；身体左转，左手随体转上提，经面前向左划弧翻掌前推，右手顺势向下垂落于腹前；身体右转，右手上提，经面前向右划弧翻掌前推，左手顺势收落于腹前成垂掌（图 4-12 ①、②、③）。

71

动作要点：一手上提，一手下落要协调配合；两臂左右云摆要划立圆，两手臂要经过左胯、左肩、头、右肩、右胯、裆等部位；主动手要做出"提、挂、掤、翻、掷、推、按"七个劲法，另一手自然下垂护裆。

①坐腿托按 　　　　②弓步左云 　　　　③收步右云

图4-12　云手

（8）抱拳：悬腕、抓握、抱拳于腰间，拳心朝上（图4-13）。

图4-13　抱拳

（9）冲拳：拳从腰间拧旋向前打出。拳高不过肩，着力点在拳面。如搬拦捶、肘底捶等均含有冲拳动作（图4-14①、②）。

动作要点：平拳打出时中指跟节领劲。

①正面 　　　　　　　②侧面

图 4-14　冲拳

（二）步法

（1）"米"字步：一腿屈膝坐腿，脚跟站于"米"字的中心点，脚尖踏于米字的直线方向上；另一脚朝 45°斜前方迈出，脚跟先着地，尾闾前送，落胯弓步，脚尖微内扣（图 4-15①、②）。

动作要点：迈出脚内侧与支撑脚内侧向后的延长线相交成 45°角，两脚夹角为 45°的步法要求贯穿于武式太极拳的每个拳势，犹如在地面上建立起一个个"米"字一样，因此，形成武式太极拳独特的"米"字型步法。

①坐腿上步 　　　　　　　②落脚弓步

图 4-15　"米"字步

（2）扣碾步：一腿屈膝坐腿为实腿，一腿插步后撤为虚。身体后转时以实腿足跟为轴，脚尖内扣；虚腿脚掌碾转。

动作要点：扣碾步转身时要保持立身中正，实腿的肩根、胯根内抽，带动身体以实腿足跟和百会穴形成的竖线为轴转动，转体时要做到头平、肩平、胯平、两脚平（图4-16①、②）。

①撤步坐腿　　②转身扣碾

图4-16　扣碾步

（3）进必跟，退必撤：一腿向前进步，成弓步，然后另一腿跟进半步；一腿向后撤步后坐，另一腿收回半步成虚步（图4-17①、②、③、④、⑤、⑥）。

动作要点：武式太极拳具有进步往往与跟步相连；退步往往有收步相随的步法特点。即进步弓步形成后，再沉胯跟步；退步一腿坐实后，另一腿再收回半步，成虚步。跟步、收步时，要与胯的松沉相配合，动作连贯，上下相随，重心平稳，不可忽高忽低。

（三）腿法

（1）起脚：一腿支撑，另一腿提膝向前，绷脚尖向外踢出，脚高过腰，力达脚尖；两臂随脚的踢出向两侧分掌撑开，高与耳齐（图4-18①、②）。

动作要点：支撑腿稳定，踢脚高过腰。高练低用，练习时起高腿，以提高腿部的柔韧性、灵活性，用时一般高不过腰，以防踢腿半边空；手脚并用，上下相随，上惊下取，指上打下，起腿与双手的分撑配合运用。

第四章 武式13式循环太极拳

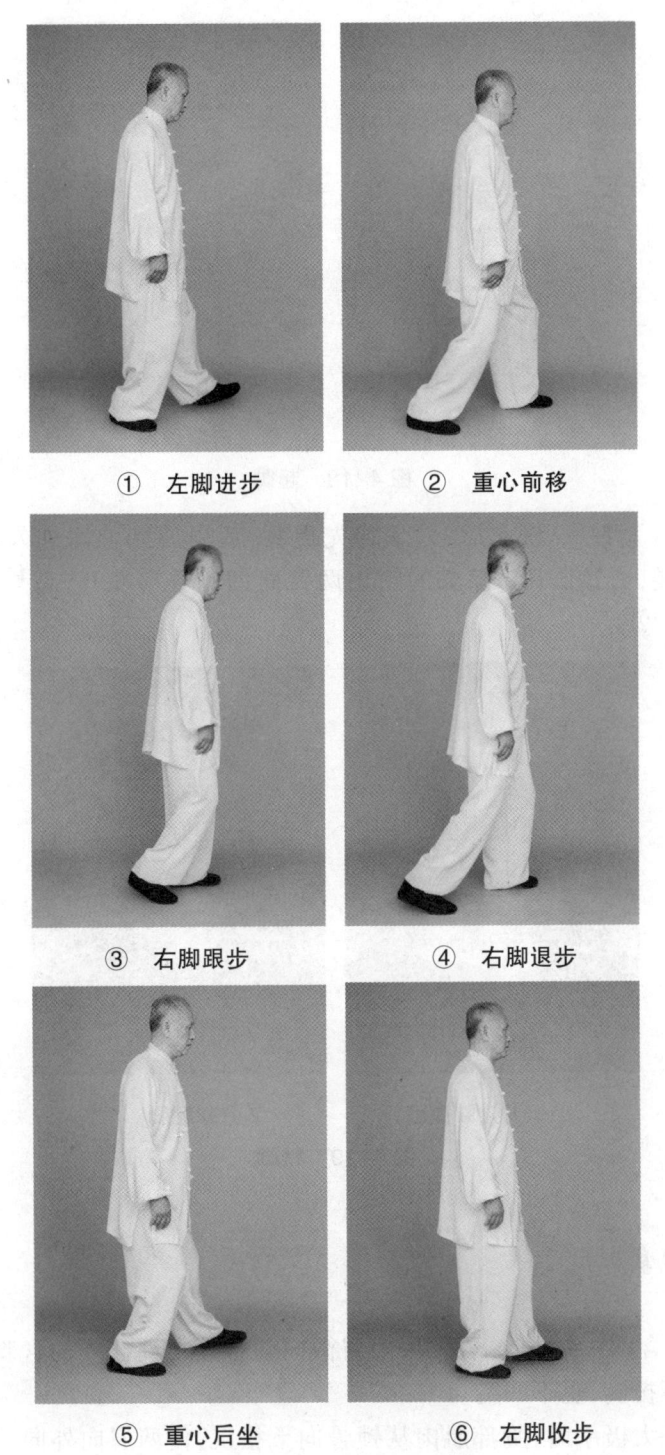

① 左脚进步　　　　　② 重心前移

③ 右脚跟步　　　　　④ 右脚退步

⑤ 重心后坐　　　　　⑥ 左脚收步

图 4-17　进必跟，退必撤

①架掌提膝 　　　　②分掌踢脚

图 4-18　起脚

（2）蹬脚：一腿支撑，另一腿先提膝，后由屈到伸向外勾脚蹬出，脚高过腰，力达脚跟；随脚的蹬出两臂向两侧分掌撑开，高与耳齐（图 4-19①、②）。

①架掌提膝 　　　　②分掌蹬脚

图 4-19　蹬脚

（四）身法

（1）含胸：胸部向下松沉，两肩微向前合，不挺胸，即为含胸。含胸是指既不挺胸，也不凹胸。

在练太极拳时，胸部肌肉从锁骨向下松沉，使两肩向外向前有包抄前合之势，这是个意念。但胸部不可内凹（不可过）；胸部也不可向内收小、缩小。而是在胸部肌肉向下松沉的情况下,胸部向外扩张,有宽松、宽舒的感觉,气能沉于小腹,就形成深呼吸,进而气沉丹田。含胸不是胸部外在的变化,而是胸部机体内在的宽舒活动。

在技击上,凡是走化对方劲力的时候,都离不开胸部的变化,也就是含胸的配合,含胸是蓄势、蓄劲的一个姿势。在李亦畬《五字诀》拳论上说"紧要全在胸中腰间变化,不在外面",这里的"胸中",就是指含胸时的胸部蓄势,没有外形的动作。

(2)拔背:两肩之间脊骨大椎处有向上向后顶起之意,但两肩要灵活,不可挺胸,就是拔背。能含胸就能拔背,这是身法在前后的要求,有前就有后。

拔背是指肩背肌肉顺脊背向下松沉至腰胯,并与腹肌相连。两肩肩胛骨向下有宽松的感觉,肩胛骨向下,下插到腰间。

脊柱从腰部(命门处)感觉到关节一节一节向上顶起来,顶开胸椎,大椎有上顶之意。这时候感觉到背有开的感觉,背形成鼓面,背要微圆,不是平的,这就是拔背。

在李亦畬拳谱《五字诀》中说,劲"发于脊背""气由脊发",这都是说发劲与脊背有重要的关系。在太极拳中对后背的练习是非常主要的,主要是用于发劲,气、劲都是从后背发出来的。因此,后背的肌肉一定要松开,它与含胸相配合,有蓄发相变之势,胸化劲,背发劲,蓄变发,含胸与拔背是互相离不开的,有含胸必须有拔背。真正的拔背是气贴背,感到气贴到背上,在练习当中必须慢慢去体会。

第二节 武式13式循环太极拳

一、13式循环太极拳动作名称

起式	1.左右懒扎衣	2.单鞭	3.白鹅亮翅
4.左右搂膝拗步	5.上步搬拦捶	6.如封似闭	7.抱虎推山
8.左右野马分鬃	9.左右分脚	10.转身左蹬脚	11.左右云手
12.对心掌	13.手挥琵琶	收势	

武式 13 式循环太极拳是从传统武式 108 式老架精简而成。其拳式简洁，短小精悍，突出了武式太极拳的特点，易学易练。练习一套此拳，需要用时 2—3 分钟，并且能循环往复练习。练习时间长短可以因人而异。卧牛之地就可行拳，不受时间和地点限制，办公室也可以练习。武式 13 式循环太极拳是一套人人皆能练习的入门精选套路。

二、武式 13 式太极拳动作图解

（一）起式

（1）并步直立：两腿并拢，双膝微屈；两臂松垂自然贴于身体两侧，手指向下，下颌微收，心静体松，目视前方（图 4-20 ①）。

动作要点：体态自然，精神内敛，头部正直，下颌微收，虚领顶劲，两肩松开，气向下沉。

（2）开步直立：左脚轻提，向左横跨一步，与肩同宽（图 4-20 ②）。

（3）旋臂托掌：两手慢慢外旋，向上托起，手心向上，手指自然张开，高与肩平（图 4-20 ③）。

（4）坐身下按：上体保持端正，两手内旋，掌心翻转，轻轻下按于腹前，臀部下坐，两腿缓慢屈蹲，两手继续下按（图 4-20 ④）。

①并步直立　　　②开步直立

第四章 武式13式循环太极拳

③旋臂托掌　　　　　　④坐身下按

图4-20 起式

(二)13式太极拳

1. 左右懒扎衣

(1)虚步前掤(起):重心右移,右脚脚踝内旋,脚尖微内扣,身体左转45°,右腿屈膝半蹲,左腿轻提,脚跟抬起,左脚微收,成左虚步;双手随转体向斜前上方掤举,左手举至口前,右手举至胸口部,成侧立掌,掌心相对(图4-21①)。

动作要点:提起精神,右实左虚,右腿有上提之意。

(2)上步撑掌(承):左腿提起前迈,脚跟着地,右腿坐实,双臂前伸迎接对方来势(图4-21②)。

动作要点:两肩打开,两臂抱圆。

(3)弓步推掌(转):身体向下松沉,右腿顺势蹬地,左腿前弓,左胯下落后抽,双臂顺势旋臂向前推出(图4-21③)。

动作要点:前胯后抽,前臂后缩,劲往前;胯往下沉,劲用意节节往上贯穿;尾闾往前送。

(4)跟步合掌(合):两手顺势前合,高与口平,右腿向前跟半步,脚尖点地(图4-21④)。

动作要点:跟步时左胯下落,不可上起;胸臂之间要圆活。

(5)扣转摆掌(起):以左脚跟为轴,脚尖内扣45°,身体右转,同时

79

两臂随体转向右平捋，两掌平抹前按，两手合抱手心向内，右手在前在上，高与口平，左手在下与胸平齐，目视右手方向（图4-21⑤）。

动作要点：转身时，运用扣撑步法，以头顶百会和左脚脚跟形成的意轴为轴，在腰胯的带动下，左脚脚跟为轴，脚尖内扣，右脚脚掌碾转，要求重心稳定，转换灵活。

（6）上步撑掌（承）：右脚提起向右前方（45°斜角）上步，脚跟着地，重心仍在左脚上，同时两臂微上举，以意用右前臂外侧承接对方的来势，右手高与口平，左手与胸平齐，目视右手方向（图4-21⑥）。

动作要点：虚实分清，左腿支撑，裆劲有力，右腿进退自如，右脚上步时要轻灵，落地要轻；松腰，坐胯，两臂撑圆，两肩左右打开，劲蓄于肘。

（7）弓步推掌（转）：两臂内旋，两掌前按，左脚脚跟蹬地，右腿前弓，右膝前顶，右胯下落，重心前移，右手高不过眼，左手在右肘里侧，高与胸平（图4-21⑦）。

动作要点：前按时，顶劲上提，气向下松沉，意往后缩，劲往前贯。两臂圆屈，不能伸直，推掌时，前臂有后缩之意，同时尾闾前送，立身中正，不可前俯。

（8）跟步合掌：左脚向前跟步，脚尖点地，两脚为右实左虚，同时两手合于胸前，两手虎口相对，高与口平，目视前方（图4-21⑧）。

动作要点：跟步合掌时，右胯要向下沉落，不可上起，胸臂之间要圆活。

①虚步前掤 　　　　②上步撑掌 　　　　③弓步推掌

第四章 武式13式循环太极拳

④跟步合掌 　　⑤扣转摆掌 　　⑥上步撑掌

⑦弓步推掌 　　　　⑧跟步合掌
图4-21 左右懒扎衣

2.单鞭

（1）扣脚转体：以右脚跟为轴，身体左转，两臂随体转外旋，并向内裹合，两掌合于口前，手心向内，目视双手方向（图4-22①）。

（2）弓步分掌：身体微左转，左脚向左横跨一步，脚跟先着地；两臂继续内旋，随弓腿转体两掌左右撑开，左掌立掌高不过眼，远不过脚，右手坐腕竖掌高不过肩；目光随左手移动，目视左肩前方向（图4-22②、③）。

动作要点：跨步落地要轻灵；弓步分掌时，意想两肩沉到两胯，两肘沉到两膝，两掌沉落至两脚上；两掌要相合，如撕扯一物，向左右分开；

两胯要沉住，意想两臀部向后向下坐到两脚跟的连线上；右腿蹬伸、左膝前顶与两掌的分撑要协调一致，同时左肩要有前靠之意；身躯中正，不可前俯。

①扣脚合手　　　②跨步蓄势　　　③弓步分掌

图 4-22　单鞭

3. 白鹅亮翅

（1）扣脚托按：身体重心向以左脚跟和百会穴形成的意轴收敛，同时身体以左脚跟为轴右转，脚尖内扣；左手顺势向上举托至左额前上方，掌心斜向上，右掌回收捋按至右膝上方；右脚轻提回收，脚掌按地，成右虚步；目视前方（图4-23①、②）。

动作要领：尾闾中正，左掌的上托与右掌的下按要相随；左臂上托时，左肩要注意向下沉落，左胯要坐住势，不可上浮；转身时要意想抽两胯根、两肩根。

（2）上步交臂：身体微左转，两臂微外旋内收，束身裹合；右腿提起上步，脚跟着地；同时左臂向右向下沉肘下落至胸前，右臂向左向上弧形上提，在胸前相交于左臂外侧，目视前方（图4-23③）。

动作要点：身体的左转带动左臂下落，右臂上提，头也微微左转；做此势时，身体要有束身之感，两臂有向内裹合之意；提脚上步与两臂相交要协调一致，迈步轻灵，重心稳定。

（3）弓步撩推：右膝前顶，落胯坐身成右弓步，同时右臂向上撩架于头上方，掌心向前，手指向左，左手向前下推按，掌心朝前，高与口平，目视前方，成势朝西南（图4-23④）。

动作要点：无论前推或上撩，双臂须保持弧形，不可伸直，手指舒展伸开，不得用力；右肩应注意松沉，不可随上撩而上浮；弓腿、撩臂、推按要协调，且同时到位。

（4）跟步合掌：右臂顺势下落，左掌继续前推，左脚蹬地提起，向前跟半步，两手慢慢相合于胸前，目视前方（图4-23⑤）。

动作要点：跟步与合掌要动作一致，胸臂之间要有圆活之趣；身体不可随跟步而重心上浮，跟步前应注意右胯的放松沉落，坐住胯。

①扣脚托按　　②收脚合臂　　③上步交臂

④弓步撩推　　⑤跟步合掌

图4-23　白鹅亮翅

4. 左右搂膝拗步

（1）撤步搂转：左脚提起向右后方撤半步，脚尖着地，随即以右脚跟为轴，身体左转，脚尖内扣135°，指向正东方向；随身体左转，右臂外旋，右掌翻转上提至右耳侧面颊处，掌心朝里，拇指向上，指尖朝前；左臂内旋下落外搂至胸前，掌心朝下，目视右手方向，胸朝东方（图4-24①、②）。

动作要点：扣碾步法转身，转身时以头顶百会穴与右脚跟上下形成的意轴转动，右脚脚尖内扣，左脚脚掌碾转，转动要做到平稳、均匀、轻灵。注意两胯根、肩根里抽，用两胸指挥两臂动作。

（2）弓步搂推：左臂继续下搂，左脚提起向左前方上步脚跟先着地，右臂内旋坐腕切掌前推；身体左转，左掌经左膝上方向外平搂，至膝外侧，高与胯平，掌心朝下；右掌向左脚的方向推按，高与口平，目视右手前方，成势动作朝东北方向（图4-24③、④）。

动作要点："拗步出掌手合足"，右掌要向左脚上沉劲，把右手的作用力落到左脚跟上；三尖相照，左脚尖、右掌食指指尖、鼻尖要在一个垂面内；上步弓腿与左手搂，右手推要一致，有"引""蓄"之势；两手的上下运动要有化开对方来劲之意，左手的下搂与左胸相吸相系，右手前推时，右胸有下沉之意。

（3）跟步合掌：右脚提起向前跟半步，脚尖点地，同时左手上举，右手微下落，两手合抱于胸前，虎口相对（图4-24⑤）。

动作要点：跟步合掌时，左胯要向下沉落，不可上起，胸臂之间要圆活。

（4）转身分掌：以左脚脚跟为轴，脚尖内扣45°，身体右转；同时左臂外旋，左掌划弧上提至左耳侧，掌心朝里，手指向前；右掌向下搂按至胸前，掌心朝下，手指向左，目视左手方向（图4-24⑥）。

动作要点：转身与提手、按掌要一致，两手有蓄发之势。

（5）弓步搂推：右脚提起向前上步，脚跟先着地，随即上体右转，右手臂经右膝上方右搂至膝外侧，左手坐腕切掌前推，同时右膝前顶成右弓步，目视右前方（图4-24⑦、⑧）。

动作要点：搂膝、推掌、弓步要协调一致。推掌时，身体不可前俯，手往前推，意往后靠，意气向后缩敛至脊骨。

第四章　武式13式循环太极拳

①撤步合手　　②转身搂转　　③上步蓄势

④弓步搂推　　⑤跟步合掌　　⑥转身分掌

⑦上步蓄势　　　⑧弓步搂推

图4-24　左右搂膝拗步

85

5. 上步搬拦捶

（1）抱拳跟步：左掌继续向前向右推拦，右掌向外向后搂转抱拳于腰间，右拳虚握，拳心向上；左脚顺势向前跟步至右脚内侧（图4-25①）。

动作要点：右胯向下沉落，拦掌、抱拳、跟步要协调连贯，衔接自然。右拳有旋臂前冲之意，身体有蓄势待发之势。

（2）弓步冲拳：左脚提起向前方上步，脚跟先着地；身体微沉，左手向下搂按，左脚脚踝放松，脚掌放平，左膝前顶；右腿微蹬地，身体随地面的反弹力重心前移，右臂内旋向前经左手背上方冲出，成弓步冲拳；右拳为平拳，拳心向下，高与胸平（图4-25②③）。

动作要点：弓膝时不宜过脚尖；打拳时，右臂不可僵直，臂微曲，拳打九分。

（3）跟步打拳：沉左胯，右拳继续前打，右脚提起向前跟半步，脚尖点地（图4-25④）。

动作要点：打拳与跟步要一致；松肩、沉肘、坐胯，尾闾中正，身体不可前俯。

①抱拳跟步　　②上步蓄势

③弓步冲拳　　　　　　　　④跟步打拳

图4-25　上步搬拦捶

6. 如封似闭

（1）退步分手：右脚提起向后撤半步，命门后拉，重心后移右腿坐实；同时两臂外旋，右臂经左手腕上方回抽变掌，两臂相交成十字；随即左脚后收半步，脚尖点地，两肩外开，两肘继续回抽，两臂分开，双掌心斜朝上，目视前方（图4-26①、②、③）。

动作要点：撤步、收脚、分掌要协调一致；要松腰坐胯，两手回收分开后，要有分按蓄劲之势。

（2）上步搓推：身体微沉，两臂内旋下按至腹前，左脚提起向前上步，脚跟先着地；同时两臂内旋前搓，随弓腿两掌前推；手指向上，高与肩平，目视前方（图4-26④⑤）。

动作要点：两手前推时要注意松肩、沉肘、含胸、拔背，上体中正不偏。

（3）跟步按掌：右脚提起向前跟进半步，脚掌着地，同时双掌继续向前推按，目视双手前方（图4-26⑥）。

①右脚退步　　②后坐分手　　③收脚按掌

④上步搓推　　⑤弓步推掌　　⑥跟步按掌

图4-26　如封似闭

7. 抱虎推山

（1）撤步分掌：右脚提起向左后方插步，脚尖着地，同时身微右转，双手分开，目视左手前方（图4-27①）。

动作要点：撤步，转身，分掌要相随一致，要松腰坐胯，重心仍在左腿上。

（2）转身平搂：以左脚跟为轴，脚尖内扣180°（脚尖指向西方），身体右转，同时右手随体向右搂于胸前，掌心朝下，手指向左。左手至左耳侧方，目视西北方向。（图4-27②）

动作要点：要松肩，沉肘，坐胯，以左脚跟为轴，以腰为主宰，带动四肢运转,尾闾中正,重心稳定,不可摇摆。

(3)弓步抱推:右脚提起向右前方上步脚跟先着地,重心前移弓腿成右弓步;同时右掌向右下弧形搂抱于右腹前,虚握拳,拳心朝内,左掌内旋向前推按,高与口平,目视左手前方(图4-27③、④)。

动作要点:右手臂抱虎之势要饱满,左手前推要沉着。

①撤步分掌 　　②转身平搂

③上步抱拳 　　④弓步推掌

图4-27　抱虎推山

8. 左右野马分鬃

（1）左野马分鬃

1）跟步抱掌：左脚提起向前跟进半步，脚尖着地；同时右手变掌向上提起，左手下落，两手划弧合抱于胸前，掌心上下相对，右手在上，左手在下，目视双手方向（图4-28①）。

2）弓步掤按：左脚向左前方上步踏实成左弓步，同时身体左转，左臂向左上方掤出掌心斜向上，高与肩平。右掌下按右胯外侧，掌心朝下，目视左手方向（图4-28②③）。

（2）右野马分鬃

1）摆脚抱掌：左脚尖外摆45°，右脚提起向前跟至左脚内侧，脚尖着地，同时两手掌划弧合抱于胸前，掌心上下相对，左手在上，右手在下，目视双手方向（图4-28④）。

动作要点：抱掌时，两臂要撑圆，胸部要向下松沉圆活。

2）弓步掤按：右脚向右前方上步踏实成右弓步，同时身体右转，右臂向右上方掤出，掌心斜向上，高与肩平，左掌下按至左胯外侧，掌心朝下，目视右手方向（图4-28⑤、⑥）。

动作要点：右掤左按，要以腹部旋转来带动，分掌与弓腿快慢协调一致，两臂不可伸直，重心要稳定。两手运动要有圆活之趣，身体要中正，不可前俯。

（3）左野马分鬃

1）跟步抱掌：右脚尖外摆45°，左脚提起向前右脚内侧跟步，脚尖着地，同时两手掌划弧合抱于胸前，掌心上下相对，右手在上，左手在下，目视双手方向（图4-28⑦）。

2）弓步掤按：左脚向左前方上步踏实成左弓步，同时身体左转，左臂向左上方掤出掌心斜向上，高与肩平。右掌下按右胯外侧，掌心朝下，目视左手方向（图4-28⑧、⑨）。

第四章 武式13式循环太极拳

①跟步抱掌　　②上步蓄势　　③弓步分按

④摆脚抱掌　　⑤上步掤手　　⑥弓步分按

⑦跟步抱掌　　⑧上步掤手　　⑨弓步分按

图4-28 左右野马分鬃

9. 左右分脚

（1）右分脚

1）提膝交臂：左手向左外掤，右手下抄，两臂交叉于胸前，右手在外，左手在内，掌心朝里，高与口平，同时右膝提起，高与腰平，目视前方（图4-29①）。

动作要点：两手划弧交臂要圆活，与提膝相随一致，提膝时，小腿要放松，脚尖自然下垂，劲蓄于膝。

2）分掌踢脚：右脚尖着力，向右前方踢出，高与腰平；同时两掌顺右腿方向左右分开，高与眼平，目视右手方向（图4-29②）。

动作要点：右踢脚时，脚背要绷平，两手臂外撑，重心稳定。

（2）左分脚

1）落步收身：右脚向右前方落步重心前移；同时两手臂向前合至身前，左脚顺势跟进半步，目视左前方（图4-29③）。

2）提膝交臂：双掌向上划弧交叉至胸前，左手在外，右手在内，掌心朝内，高与口平，同时提起左膝，目视前方（图4-29④）。

3）分掌踢脚：左脚尖着力，向左前踢出，高与腰平；同时两掌顺左腿方向左右分开，高与眼平，目视左手方向（图4-29⑤）。

①提膝交臂 　　②分掌踢脚 　　③落步收身

④提膝交臂　　　　　　⑤分掌踢脚

图 4-29　左右起脚

10. 转身左蹬腿

（1）转身落掌：左脚收回向右脚右后落步脚尖着地，随即以右脚跟为轴身体左转，脚尖内扣135°，同时两手随体转下落至体侧（图4-30①、②）。

动作要点：转身落掌时，要松肩沉肘，松腰坐胯，尾闾中正，重心稳定。

（2）提膝交臂：两手由下向上弧形交叉至胸前，掌心向内高与口平，同时左膝提起，高与腰平，目视前方（图4-30③）。

（3）分掌蹬脚：左脚跟着力向前蹬出，高与腰平，同时两掌顺左腿方向分开，左掌与肩相平，右掌与耳相齐。目视左脚方向（图4-30④）。

动作要点：蹬脚分掌要协调一致，重心腿向下松沉，发周身之力。

①收脚落地　②转身落掌

③提膝交臂　④分掌蹬脚

图 4-30　转身左蹬腿

11. 左右云手

（1）云手一

1）收脚落掌：左脚收回落地，脚尖着地，同时左手向下落于腹前，掌心向内，右手外撑，掌心朝外，高与头平（图 4-31 ①）。

动作要点：落掌，撑臂，重心微向右移，左脚有腾挪之势，身体有凌空之感。

2）上步左云手：左手经胸前向上向左划弧至脸前，右手弧形下落至腹前，掌心朝里，目视左手前方；左脚提起向左侧跨步，弓腿，同时左手翻掌前推（图 4-31 ②、③）。

3）收脚右云手：以左脚跟为轴，脚尖内扣45°，重心不变，右脚掌碾转，同时右手随身体转动经胸前向上划弧由面前摆掌向右，左手弧形下落至腹前，掌心朝里，目视右手方向；右脚收回，脚跟着地，右手翻掌坐腕微前推（图4-31④、⑤）。

动作要点：两手的运动要与身体的转动协调一致，要做到提顶吊裆，以腰带手，重心水平运动。

①收脚落掌 　　②转身左云 　　③上步推掌

④转身右云 　　⑤收脚推掌

图4-31　云手一

武式太极拳

（2）云手二

1）上步云手：以右脚跟为轴，脚尖内扣同时重心移至右腿上，同时左手经胸前向上划弧至左脸前，右手弧形下落至腹前，掌心朝里，目视左手方向；随即左脚提起向左侧横跨一步，脚跟着地；随之弓腿，左臂内旋坐腕前推（图4-32①、②）。

2）收脚右云手：以左脚跟为轴，脚尖内扣，重心不变，同时右手随身体转动经胸前向上划弧至右脸前翻掌坐腕，左手弧形下落至腹前，掌心朝里；右脚收回，脚跟着地，右掌坐腕前推（图4-32③、④）。

①转身左云 　　②上步推掌

③转身右云 　　④收脚推掌

图4-32　云手二

（3）云手三

1）上步云手：以右脚跟为轴，脚尖内扣同时重心移至右腿上，同时左手经胸前向上划弧经面前左云，掌心朝里，目视左手方向；随即左脚提起向左侧跨步，左手翻掌前按（图4-33①、②）。

2）收脚右云手：以左脚跟为轴，脚尖内扣，重心不变，收回右脚，脚跟着地，同时右手随身体转动经胸前向上划弧至面右侧翻掌坐腕，左手弧形下落至腹前，掌心朝里（图4-33③、④）。

动作要点：云手时，无论手心向内或向外，运转的圈要圆，动作速度要均匀，臂不可伸直或屈成三角形，手高不过头部，肩不可耸，重心移动时转腰松胯，不可只摆动双臂，身体重心水平运动，不可或高或低。上步收脚，脚尖应朝身体前方，上身要保持中正。

12. 对心掌

（1）转身掤掌：以右脚跟为轴，脚尖内扣90°，身体左转，同时左手向左由下向上划弧掤于胸前，右手随转身成推掌状，与胸同高（图4-34①）。

动作要点：转身掤臂，相随一致，重心在右腿上，重心稳定，两臂抱圆，要有掤劲。

（2）上步掤推：左脚提起向左前方上步，同时左臂向上向前架于额头前方，高与头平，掌心朝前；重心前移左腿前弓成左弓步，右手立掌前推，高与胸平，目视前方。（图4-34②、③）。

动作要点：左脚迈出时，两臂要有蓄劲之意，要松肩沉肘，蓄而后发。

（3）跟步合臂：右脚提起向前跟半步，脚尖着地，同时两肘松沉，双臂内合（图4-34④）。

武式太极拳

①转身左云　　　　②上步推掌

③转身右云　　　　④收脚推掌

图 4-33　云手三

①转身掤掌　　　　②上步掤架

③弓步架推　　　　④跟步合臂

图 4-34　对心掌

13. 手挥琵琶

（1）撤步后捋：右脚提起向右后退步，同时两掌合力后捋（图 4-25①）。

（2）后坐捋按：重心后移，右腿踏实，两臂捋至胸腹前，左手有前按之意（图 4-35②）。

（3）收步合臂：左腿收回半步，成左虚步，两臂微合，左手高与胸平，右手与腹平齐，两手心斜相对（图 4-35③）。

此式结束后，可衔接第一式进行循环练习。

①撤步后捋　　　　②后坐捋按　　　　③收步合臂

图 4-35　手挥琵琶

（三）收势

（1）收脚抱拳：身体右转，左脚收回，两脚平行成开立步，两腿屈蹲；同时两手顺势收回至腰间成抱拳状（图4-36①）。

（2）起身按掌：两腿伸膝，身体慢慢升起，两手变掌向下按至两胯侧，掌心朝下，目视前方（图4-36②）。

（3）并步直立：身体直立，左脚提起与右脚并拢，两手外旋下落贴于大腿两侧，目视前方，定势向南（图4-36③）。

动作要点：两拳慢慢下落与两腿缓缓直立，并腿动作要缓慢，速度均匀，调息，呼吸自然。

①收脚抱拳　　　②起身按掌　　　③并步直立

图4-36　收势

第三节　拆招

一、左懒扎衣

（1）对方用左掌（拳）向我胸面部击来，我右腿屈坐，左臂上掤来掌，随即旋腕掌根下塌，左臂以尺骨处粘贴乙方左小臂，截堵来劲。左胯根内抽，双掌微向左下引化，使对方落空。随即双手向对方胸心部位挤按。

第四章　武式13式循环太极拳

同时，左腿插入乙方裆部踏实，将对方发出（图4-37①、②、③）。

（2）对方用右掌（拳）向我胸面部击来，我左臂屈肘向外掤接对方肘部化解来劲，右掌护胸防其左拳进击；同时，左脚上步弓腿，双掌合力，将其发出（图4-37④、⑤、⑥）。

①左顺步打拳　　　②坐步掤接　　　③弓步挤按

④右顺步打拳　　　⑤上步掤护　　　⑥弓步击发

图4-37　左懒扎衣

二、单鞭

对方以右顺步拳向我胸面部打来，我右臂上掤其腕，顺势旋腕向右将採；同时，我左腿向对方右脚后上步套腿，左手顺其右臂下，向对方胸部掤发（图4-38①、②、③、④）。

①右顺步打拳　　　　②转身掤接

③套步穿臂　　　　④弓腿击发

图4-38　单鞭

三、白鹅亮翅

对方以右顺步击我头部,我身体右转避其锋,我右臂自其臂外掤接,手掌内旋捯其右肩,左掌按其右胯,进步插裆,身体右旋,将其发出(图4-39①、②、③)。

①右顺步打拳　　　　②转身掤接　　　　③弓腿捯按

图 4-39　白鹅亮翅

四、搂膝拗步

对方以左拳击我胸部,我含胸左臂以尺骨处粘贴其臂肘部向下向左搂开,速左腿插裆,右掌根向下对其肩部发出(图4-40①、②、③)。

五、搬拦捶

对方用右拳击我,我身体右转,左肘臂尺骨部向下按截其肘部,随即左腿上步弓腿。右拳前击其胸,把其击出(图4-41①、②、③)。

武式太极拳

①左顺步打拳　　　②含胸外搂　　　③插裆击肩

图 4-40　搂膝拗步

①右顺步打拳　　　②上步拦按　　　③弓步击胸

图 4-41　搬拦捶

六、抱虎推山

对方由我后方用顺步拳击来，我速向右转身，右手顺势掤按旋拧其腕。同时右腿上步弓腿，左掌推按其肩将其发出（图 4-42 ①、②、③）。

104

第四章 武式13式循环太极拳

①右顺步打拳　　　　②右转旋拧　　　　③上步推按

图4-42 抱虎推山

七、野马分鬃

对方以右顺步拳击我面部，我右臂上掤内旋采住其腕，向我右侧引化。同时进左脚管住其右腿。我左臂上穿其腋下，然后弓腿转腰进身，或肩靠，肘击或横挒发放（图4-43①、②、③、④）。

①右顺步打拳　　　　②上步左掤

105

③弓腿肩靠　　　　　　　　④转腰横挒

图 4-43　野马分鬃

八、左起脚

对方以右顺步拳击我面部，我身体右转，右手顺势上掤採其腕，与左臂合力掤架其臂肘；对方反抗，我左掌顺势向左挒其臂，同时起左脚踢其腰肋（图 4-44 ①、②、③）。

①右顺步打拳　　　　②上步掤架　　　　③臂分脚踢

图 4-44　左起脚

九、转身左蹬脚

对方用拳向我左侧击来，我身体左转，左臂上掤化解来拳。同时起左脚向其腿膝腰肋蹬去，使其失重跌出（图4-45①、②、③）。

①左顺步打拳　　②回身掤臂　　③分掌蹬脚

图4-45　转身左蹬脚

十、右云手

对方以右顺步拳向我胸部击来，我右臂上掤右引。同时我右脚向前上步弓腿，随即右手前按其胸，将其发出（图4-46①、②、③）。

①左弓步打拳　　②右上步掤引　　③进步前按

图4-46　右云手

十一、对心掌

对方以左直拳向我面门击来，我身体左转，左手臂向左上掤接其腕，左脚上步弓腿，右掌向对方胸部推发（图4-47①、②、③）。

①左顺步打拳　　②右转掤架　　③弓步架推

图4-47　对心掌

第五章 武式 29 式太极拳

第一节 基本形态

一、静型

(一)手型

(1)亮掌:手臂上举内旋外翻,翻掌亮于额头前上方(图 5-1)。如白鹅亮翅、玉女穿梭、对心掌、提手上式、退步跨虎等式中上举于额上方的掌,均为亮掌。

图 5-1 亮掌

（2）反拳：四指并拢弯曲，手指尖微触手心，拇指扣在食指第二指关节上，小臂内旋，拳心朝前，拳眼朝下（图5-2）。

图 5-2　反拳

(二)步型

（1）仆步：一腿屈膝全蹲，另一腿自然伸直、全脚掌着地（图5-3）。

动作要点：屈蹲腿脚尖外展45°，膝盖外展与脚尖相对，全脚掌踏地，足跟不得离地；平铺腿自然伸展，脚尖横扣，脚掌放平，脚外侧不得翘起离地；上体不可前倾撅臀，也不可左右歪倒、挺胸塌腰。

图 5-3　仆步

（1）独立步：一腿直立支撑；另一腿屈膝提起，膝与胯平，脚心里扣，脚尖自然下垂（图5-4）。如更鸡独立式。

图5-4 独立步

二、动态

（一）手法

（1）双摆掌：以身带臂，双臂同时向身体左（右）侧弧形挥摆，左（右）臂外伸与耳同高；右（左）臂平屈于胸，手臂圆撑（图5-5①、②）。

（2）指裆捶：右腿屈膝坐实，右手抱拳腰间，拳心向上；另一手拦掌胸前，左脚上一大步，松胯坐身，左手向左搂掌，随上步，右拳以肩为轴前甩撩击，力达拳背，右腿随势跪步于左脚侧，前脚掌着地（图5-6①、②）。

①左摆掌 　　　　　　②右摆掌

图 5-5　双摆掌

①抱拳拦掌 　　　　　　②跪步撩拳

图 5-6　指裆捶

（3）双贯拳：身体右转，两手从腹前同时握拳上提至与耳同高；随身体左转，两肩外开，两臂内旋外撑蓄势，两拳同时向左前方横行贯打；左臂圆撑置于胸前，力达拳轮，右臂圆撑于额前上方成反拳，力达拳面，如弯弓射虎(图 5-7 ①、②)。

①转身提拳　　　　②侧弓步双贯拳

图 5-7　双贯拳

（4）七星拳：左拳向前上勾打，拳心斜向上，力达拳面；左臂前掤，右拳由后下经左臂下向前上弧形勾打，力达拳面，两前臂相交成十字，如上步七星（图 5-8）。

图 5-8　七星拳

（二）步法

（1）侧行步：也叫"横移步"，两脚交替向身体一侧平稳横移。两腿屈膝半蹲,右腿坐实,左脚向左横跨一步,成左侧弓步;左腿坐实,身体右转,右脚收回半步,脚跟着地;重心右移,右脚内扣,坐实右腿,左脚再向左横跨一步成侧弓步(图5-9①、②、③),如云手一式。

①坐腿虚步　　　　②左脚上步弓腿　　　　③扣脚收步

图5-9　侧行步

(三)腿法

(1)起脚:一腿支撑,另一腿提膝向前,绷脚尖向外踢出,脚高过腰,力达脚尖;两臂随脚的踢出向两侧分掌撑开,高与耳齐(图5-10①、②)。

动作要点:支撑腿稳定,踢脚高过腰。高练低用,练习时起高腿,以提高腿部的柔韧性、灵活性,用时一般高不过腰,以防踢腿半边空;手脚并用,上下相随,上惊下取,指上打下,起腿与双手的分撑配合运用。

(2)十字蹬脚:左腿支撑,右腿由曲到伸,右脚尖回勾,脚跟着力向正前方蹬击,与腰齐平;同时两手左右分开,手高与肩相平;两臂与右腿形成大写的"十"字。(图5-11①、②)

①架掌提膝　　　　　　　②分掌踢脚

图 5-10　起脚

①架掌提膝　　　　　　　②分掌蹬脚

图 5-11　十字蹬脚

（3）转身扫腿：以右脚跟与左脚掌为轴向右后碾转；双臂右摆带动身体以右脚掌为轴继续右转，左腿随势抡起，扣脚贴地扫转；左脚跟先着地，重心左移，左腿踏实，右腿变为虚，双掌摆至身体右侧（图5-12①、②）。

①摆臂拧身 　　　　　　②转身扫腿

图 5-12　转身扫腿

（4）摆莲脚：左腿支撑，全脚着地，两手掌同时摆置于身体右侧；右腿提膝摆腿从身体左侧踢起经面前向右做弧形扇面外摆，同时两手左摆在面前依次迎击右脚面；击拍两响，要准确响亮（图 5-13 ①、②）。

①摆手提膝 　　　　　　②摆腿拍脚

图 5-13　摆莲脚

（四）身法

提顶、吊裆是身法在上下方向的要求，含胸、拔背是身法在前后方向的规范，下面讲腰裆与腿的要求——裹裆、护肫。

（1）裹裆：实际上就是两膝着力，有内向之意。裹裆与吊裆有一定联系，因为在吊裆的时候臀部前送，两股有力，这个时候两膝就会微微着力，并且两膝盖内侧有内向相连之意，但没有外形动作。两胯内侧微微外撑，从臀部外侧包抄至两大腿外侧到两膝内侧，两膝内侧有相连之意。裹裆实际上就是开裆，裆部要撑圆，两条腿合成一条腿，并步、弓步、虚步都要做到裆撑开、两膝相连，两条腿合成一条腿，两胯向两边撑开，再向前包抄到膝，膝有内向之意，这就是裹裆。

（2）护肫：按照武式太极拳的传承来讲，肫是指两肋、软肋、肋骨；护肫指两肋微微下收、前合。

在练习太极拳护肫的时候，就是要做到两肋向下向前合住，这时候感觉后背背阔肌向下与腹部相连，下收、前合，后背肌肉向下与腹部连起来，感觉两肋与上腹部有饱满、轻松之感；同时又感觉腰椎微向前挺，由后背向下从两侧向前包合到腹肌，就使腰椎微向前挺，腰就竖直了，这叫作"竖腰"，有的叫"拔腰"，有的叫"塌腰"，都是一个意思。护肫时的向前包合，再加上含胸、拔背就能感觉劲力由下而上贯串至手臂的力量非常的大。

第二节　武式29式太极拳

一、29式武式太极拳动作名称

1. 起式	2. 左右懒扎衣	3. 单鞭	4. 提手上势
5. 白鹅亮翅	6. 左右搂膝拗步	7. 上步搬拦捶	8. 如封似闭
9. 抱虎推山	10. 左右野马分鬃	11. 左右玉女穿梭	12. 手挥琵琶
13. 右懒扎衣	14. 单鞭	15. 云手	16. 左右起脚

续表

17. 转身十字蹬脚	18. 上步指裆捶	19. 左右更鸡独立	20. 左右倒撵猴
21. 对心掌	22. 下势	23. 上步七星	24. 退步跨虎
25. 转身摆莲	26. 弯弓射虎	27. 左懒扎衣	28. 双抱捶
29. 收势			

二、29式太极拳动作图解

（一）起式

（1）预备式：并步直立，两脚并拢，双膝微屈，身体自然直立，肩臂松垂，手指向下，心静体松，目视前方（图5-14①）。

动作要点：双脚并立站定时，要做到体态自然，精神集中，头部正直（头正颈直），下颌微收，虚领顶劲，两肩松开（松肩、沉肘），气向下沉（气沉丹田），即含胸、拔背、裹裆、护肫、提顶、吊裆、松肩、沉肘。

（2）开步直立：左脚轻提，向左横跨一步，与肩同宽（图5-14②）。

（3）旋臂托掌：两手慢慢外旋，向上托起，手心向上，手指自然张开，至高与肩平（图5-14③）。

（4）屈蹲按掌：上体保持端正，两手内旋，掌心翻转，轻轻下按于腹前，然后两腿缓慢屈蹲（图5-14④）。

动作要点：起式动作要注意保持上身端正，开步时两腿不可伸直，要保持微屈，两手内旋和外旋，要随动作的上举和下落动作渐渐完成，不要突然翻转。两腿屈蹲时，要上体中正，要松腰、敛臀、坐胯，不要凸腹、撅臀、跪膝，整个动作要协调一致。

①预备式　　②开步直立

③旋臂托掌　　④屈蹲按掌

图 5-14　起式

（二）左右懒扎衣

1. 左懒扎衣

（1）虚步掤手：身体重心移至右腿，左脚跟微提，同时两臂向左前方（45°斜角）徐徐举起（图 5-15 ①）。

（2）上步撑掌：左脚提起上步，脚跟着地，重心仍在右脚。两臂内旋前撑，左掌指向上，高与口平，右掌高与胸平，指尖斜向上，掌心向左前方向，目视左手方向（图5-15②）。

动作要点：上步和撑掌要一致，两臂撑圆，要松腰、坐胯、沉肘。

（3）弓步推掌：重心移向左腿，左脚掌踏实成左弓步。同时两掌向前徐徐推出，左手高不过眼，右手在后，与胸平齐。右腿要有腾挪之势，目视左手前方（图5-15③）。

动作要点：弓步、转腰、推掌要上下相随。松肩沉肘两臂圆屈，不能伸直。推掌时要含胸拔背，尾闾前送，立身要中正。

（4）跟步合掌：右脚向前跟步，脚尖点地，两脚为左实右虚，同时两手合于胸前，两手虎口相对，高与口平，目视前方（图5-15④）。

动作要点：跟步合掌时，左胯要下落不可上起，胸臂之间要圆活。

2. 右懒扎衣

（1）转身摆掌：以左脚跟为轴，脚尖内扣45°，身体右转，同时两掌随体后转弧形落至右前方，右手在前在上，高与口平，左手在下与胸平齐，目视左手方向（图5-15⑤）。

动作要点：转身时，重心仍在左脚上，以左脚跟为轴左转，同时右脚掌左碾，重心要稳定。

（2）上步撑掌：右脚提起向右前方（45°斜角）上步，脚跟着地，重心仍在左脚上，同时两掌弧形向右前方举起，右手高与口平，左手与胸平齐，目视右手方向（图5-15⑥）。

动作要点：上步与撑掌要一致，两臂撑圆，要松腰，坐胯，劲蓄于肘。

（3）弓步推掌：重心移向右腿，右脚掌踏实成右弓步。同时两掌向前徐徐推出，右手高不过眼，左手在后，与胸平齐。右腿要有腾挪之势，目视右手前方（图5-15⑦）。

动作要点：弓步转腰，推掌要上下相随。松肩沉肘，两臂圆屈，不能伸直。推掌时要含胸拔背，尾闾前送，立身要中正，不可前俯。

（4）跟步合掌：左脚向前跟步，脚尖点地，两脚为右实左虚，同时两手合于胸前，两手虎口相对，高与口平，目视前方（图5-15⑧）。

动作要点：跟步合掌时，右胯要向下沉落，不可上起，胸臂之间要圆活。

第五章　武式 29 式太极拳

①虚步掤手 　　②上步撑掌

③弓步推掌 　　④跟步合掌

⑤转身摆掌 　　⑥上步撑掌

⑦弓步推掌　　　　　　　⑧跟步合掌

图 5-15　左右懒扎衣

（三）单鞭

（1）扣脚转体：以右脚跟为轴内扣 45°踏实,同时身体左转,两掌随体左转合于胸前,高与口平,目视双手(图 5-16①)。

（2）弓步分掌：身体左转,左脚向左横跨成弓步,两手随体转左右分开,左手立掌高不过眼,远不过脚。右手坐腕高不过肩,目视左手方向(图 5-16②)。

动作要点：转身,跨步,分掌要连贯,要以腰为轴带动四肢运动,身体中正,不可前俯。

（四）提手上势

（1）扣脚托掌：身体右转,以左脚跟为轴,脚尖内扣 45°,同时左手向上举托于左额前上方,掌心斜向上,右臂微沉下落。

（2）收步合臂：右脚轻提,微收回半步,脚尖着地,右手划弧向下按于右胯前,两臂相合,目视前方。（图 5-17）

动作要点：转身时重心要稳定,脚手上下相随,尾闾中正。

①扣脚转体　　　　②弓步分掌

图5-16　单鞭

（五）白鹅亮翅

（1）上步交臂：右脚提起上步，脚跟着地，同时左掌向右向下划弧下落，右掌向左向上划弧，相交于胸前，右臂在外左臂在内，目视前方（图5-18①）。

动作要点：提脚上步与两手相交要上下协调一致，重心要稳定。

（2）弓步撩推：右腿弓步；同时右臂上撩于头上方，掌心向前，手指向左。左手向前推按，掌心朝前，高与口平，目视前方，定势为西南（图5-18②）。

动作要点：无论前推或上撩，双臂须保持弧形，不可伸直，手指舒展伸开，不得用力。

（3）跟步合掌：左脚提起向前跟至右脚内侧，脚尖着地；同时右手下落与左手合抱于胸前，虎口相对，目视前方（图5-18③）。

动作要点：跟步与合掌要动作一致，胸臂之间要有圆活之趣。

武式太极拳

图 5-17 提手上势

①上步交臂　②弓步撩推　③跟步合掌

图 5-18 白鹅亮翅

(六)左右搂膝拗步

1. 左搂膝拗步

(1)转身搂掌：左脚提起向右后方撤半步，脚尖着地，同时右掌提至右耳旁，掌心朝里，手指向前，左手落到胸前，掌心朝下，目视右手。以右脚跟为轴身体左转135°,脚尖指向东方;同时右手翻转手心向内,左手平搂胸前胸朝东方(图5-19①)。

(2)弓步推掌:左脚提起向左前方上步,弓腿成左弓步;同时左掌经左膝上向左划弧,平搂至左膝外侧,高与胯平,掌心朝下。右掌向前推出,手指向上高与口平,目视右手前方,定势动作朝东北方向(图5-19②)。

动作要点:上步不可僵硬,上步要脚跟先着地,两手的上下运动要有化开对方之劲,左手的下落与左胸有相吸相系之意。右手前推时,右胸要有下沉之意,右手作用力落在左脚跟上,左手搂和右手推要一致,有"引""蓄"之势。

(3)跟步合掌:右脚提起向前跟至左脚内侧,脚尖点地;同时右手下落与左手合抱于胸前,虎口相对(图5-19③)。

动作要点:跟步合掌时,左胯要向下沉落,不可上起,胸臂之间要圆活。

2. 右搂膝拗步

(1)转身分掌:左脚以脚跟为轴,脚尖内扣45°。(脚尖指向东方)。身体右转,同时左掌向上划弧提至左耳侧,掌心朝里,手指向前。右掌向下搂按至胸前,掌心朝下,手指向左,目视双手(图5-19④)

动作要点:转身与提手、按掌要一致,两手有蓄发之势。

(2)弓步推掌:右脚提起向前上步弓腿,成右弓步;随即上体右转,右手经右膝上方向右搂至右膝外侧,高与胯平,掌心朝下,手指向前,同时左掌向前推出,掌心朝前,手指向上,高与口平,目视左手前方。面朝东南方(图5-19⑤)。

(七)上步搬拦捶

(1)跟步抱拦:左脚提起向前跟至右脚内侧,脚尖着地,同时身体右转,右掌虚握拳收至腰间,拳心向上,左手立掌向右前推拦(图5-20①)。

(2)弓步打拳:左脚提起向左前方上步弓腿成左弓步;同时左手向左拦按,右拳内旋经左手背上方平拳出击,高与胸平,拳心朝下(图5-20②)。

动作要点:各动作之间要协同连贯,衔接自然;弓步膝不宜过脚尖,

武式太极拳

右臂打拳不可伸直。尾闾中正,重心稳定。

(3)跟步冲拳:右脚提起向前跟至左脚内侧,脚尖着地,同时右臂继续前冲,两臂相合,目视前方(图 5-20 ③)。

动作要点:跟步与冲拳要一致,要松肩沉肘,坐胯,重心稳定。

①转身搂掌　　②弓步搂推　　③跟步合掌

④转身分掌　　⑤弓步推掌

图 5-19　左右搂膝拗步

①跟步抱拦　　　　　②弓步打拳　　　　　③跟步冲拳

图 5-20　上步搬拦捶

（八）如封似闭

（1）退步分手：右脚提起向后撤半步落实，重心移至右腿上，随即左脚后收半步，脚尖着地，同时右手外旋变掌与左手相交于胸前，随重心后移，右臂经左手腕上方抽回，双掌心斜向上，目视前方（图 5-21①）。

动作要点：撤步，收脚，分掌要协调一致，要松腰坐胯，两手回收，有分按蓄劲之势。

（2）上步推掌：左脚提起向前上步弓腿，成左弓步；同时两手翻掌向前推按，手指向上，高与口平，目视前方（图 5-21②）。

动作要点：两手前推要注意松肩，沉肘，含胸，拔背，上体要中正不偏。

（3）跟步合掌：右脚提起向前跟进半步，脚尖着地，同时双臂屈肘，继续前推两掌合于胸前，高与口平，目视双手（图 5-21③）。

①退步分手　　　　②上步推掌　　　　③跟步合掌

图 5-21　如封似闭

（九）抱虎推山

（1）撤步分掌：右脚提起向左后方插步，脚尖着地，同时身微右转，双手分开，目视左手前方（图 5-22 ①）。

动作要点：撤步，转身，分掌要相随一致，要松腰坐胯，重心仍在左腿上。

（2）转身搂抱：以左脚跟为轴，脚尖内扣180°（脚尖指向西方），身体右转，同时右手随体转向右围腰平搂于胸前，掌心朝下，手指向左。左手提至左耳侧方，目视西北方向（图 5-22 ②）。

动作要点：要松肩，沉肘，坐胯，以左脚跟为轴，以腰为主宰，带动四肢运转，尾闾中正，重心稳定，不可摇摆。

（3）弓步抱推：右脚提起，向右前方上步弓腿，成右弓步；同时右掌向右下弧形搂抱于腹部右侧，虚握拳，拳心朝内，左掌内旋向前推按，高与口平，目视左手前方（图 5-22 ③）。

动作要点：右手抱虎之势要饱满，左手前推要沉着。

①撤步分掌　　　　　②转身搂抱　　　　　③弓步抱推

图 5-22 抱虎推山

（十）左右野马分鬃

1. 左野马分鬃

（1）跟步抱掌：左脚提起向右脚内侧跟步，脚尖着地，同时两手掌划弧合抱于胸前，掌心上下相对，右手在上，高与胸平，左手在下与腹同高，目视双手方向（图 5-23 ①）。

动作要点：抱掌时，两臂要撑圆，胸部要向下松沉圆活。

（2）弓步掤按：左脚向左前方上步踏实成左弓步，同时身体左转，左臂向左上方掤出掌心斜向上，高与肩平。右掌下按右胯外侧，掌心朝下，目视左手方向（5-23 ②）。

动作要点：左掤右按，要以腰部旋转来带动，分掌与弓腿快慢协调一致。两臂不可伸直，重心要稳定。两手运动要有圆活之意。身体中正，不可前俯。

2. 右野马分鬃

（1）跟步抱掌：左脚尖外摆 45°，身体左转，右脚向前跟半步，脚尖着地，同时两手合抱于胸前，掌心上下相对，左手在上，高与胸平，右手在下与腹同高,目视双手方向(5-23③)。

动作要点:抱掌时,两臂要撑圆,胸部要向下松沉圆活。

(2)弓步掤按:右脚向右前方上步踏实成右弓步,同时身体右转,右臂向右上方掤出,掌心斜向上,高与肩平,左掌下按左胯外侧,掌心朝下,目视右手方向(图5-23④)。

动作要点:抱掌时,两臂要撑圆,胸部要向下松沉圆活。

①跟步抱掌 　　②弓步掤按

③跟步抱掌 　　④弓步掤按

图5-23　左右野马分鬃

（十一）左右玉女穿梭

1.左玉女穿梭（一）

（1）跟步合臂：重心移至右腿上，同时两手翻掌，左手从左下向右划弧与右臂相合至身体右侧。左脚向右前方跟半步，脚尖着地，左手继续向上掤提，手心向内，左手在外右手在内，目视前方（图5-24①、②）。

动作要点：两手运动要与身体的转动协调一致，要做到以腰带手，手到脚到。

（2）上步架推：左脚提起左前方进步，弓腿，成左弓步。同时左手经胸前向上掤架至额上方，手心向上，右手落至胸前向前推出，掌心朝前，手指向上，高与口平，目视右手前方。定势西南方向（图5-24③）。

动作要点：左手上掤时，左胸要有下沉之意；右手推出，左手不可松懈丢塌，身体保持中正。

（3）跟步合臂：右脚提起跟步至左脚右后方，脚尖着地；同时肘向下松沉两臂相合，右手在外左手在内（图5-24④）。

动作要点：跟步沉肘合臂，要相随一致，要注意抽胯、坐腿，劲蓄于腰。

2.右玉女穿梭（一）

（1）撤脚转身掤臂：右脚提起，右脚向右后方撤步，脚尖着地，重心仍在左腿。同时两臂上下相交脸前；以左脚跟为轴，脚尖内扣225°，身体向右后转，右臂向上掤至面前（图5-24⑤）。

动作要点：撤脚交臂，劲蓄于腰，须立身中正，全神贯注于实腿，重心要稳定。

（2）上步架推：右脚向前（东南角45°）上步弓腿，成右弓步；同时右臂内旋经胸前上掤架至额前上方，掌心朝前上，指尖向左，左手落至胸前向前推出，掌心朝前，手指向上，高与口平，目视左手前方。定势东南方向（图5-24⑥）。

（3）跟步合臂：左脚提起向前跟步至右脚左后方，脚尖着地；同时两肘向下松沉，两臂内合，左手在外右手在内（图5-24⑦）。

3. 左玉女穿梭（二）

（1）扣脚交臂：以右脚跟为轴，脚尖内扣45°（正东方），身体左转，重心仍在右腿，同时左臂上掤，两臂上下相交脸前（图5-24⑧）。

动作要点：劲蓄于腰，须立身中正，全神贯注于实腿，重心要稳定。

（2）上步架推：随即左脚提起向左前45°（东北方）上步，弓腿，成左弓步；同时左臂内旋经胸前向上掤架至额头前上方，掌心朝前，右手立掌经胸前向前指尖向上，高与口平。定势东北方向（图5-24⑨）。

（3）跟步合臂：右脚提起向前跟步至左脚右后方，脚尖着地，同时两肘松沉，两臂内合，右手在外左手在内（图5-24⑩）。

4. 右玉女穿梭（二）

（1）撤脚交臂：右脚提起，右脚向左后方（西北角）撤步，脚尖着地，重心仍在左腿。同时两臂上下相交脸前，目视前方（图5-24⑪）。

（2）上步架推：以左脚跟为轴，脚尖内扣225°，身体右后转（正西方），随后右脚向前（西北角）上步弓腿，成右弓步；同时右臂内旋经胸前上掤架至额前上方，左手立掌经胸前向前推出，目视左手前方。定势朝西北方向（图5-24⑫）。

动作要点：扣脚转身，上步弓腿，架臂推掌，动作要连贯，架臂上掤时，要松肩沉肘，同侧胸要有下沉之意，推掌时要松腰坐胯，尾闾前送，身体保持中正。

（3）跟步合掌：左脚提起向前跟半步，脚尖着地，重心仍在右脚上，同时右手向下与左手相合，虎口相对，高与口平（图5-24⑬）。

①转腰合臂　　②跟步上掤　　③上步架推

第五章 武式29式太极拳

④跟步合臂 　　　　⑤撤脚转身掤臂 　　　　⑥上步架推

⑦跟步合臂 　　　　⑧扣脚交臂 　　　　⑨上步架推

⑩跟步合臂 　　　　⑪撤脚交臂

133

⑫上步架推　　　⑬跟步合掌

图 5-24　左右玉女穿梭

(十二) 手挥琵琶

左脚提起向后(右脚的正东方或正后方)退半步落实,重心移至左脚上(脚尖向西南方向);随即右脚提起左移,脚尖着地,同时两臂收合于胸前,右手在前在上,高与口平,手心斜朝下,左手在下与右肘同高,手心斜朝下,高与胸平(图 5-25 ①、②)。

动作要点:左脚后撤时,臀部不可向后凸起,胸部向下松沉,引导两手回收。

(十三) 右懒扎衣

(1) 上步撑掌:右脚提起向正前方(正西方)上步,脚跟着地,重心仍在左脚上,同时两掌弧形向右前方举起,右手高与口平,左手与胸平齐,目视右手方向(图 5-26 ①)。

动作要点:上步与撑掌要一致,两臂撑圆,要松腰,坐胯,劲蓄于肘。

(2) 弓步推掌:重心移向右腿,右脚掌踏实成右弓步。同时两掌向前徐徐推出,右手高不过眼,左手在后,与胸平齐。右腿要有腾挪之势,目视右手前方(图 5-26 ②)。

动作要点：弓步转腰，推掌要上下相随。松肩沉肘，两臂圆屈，不能伸直。推掌时要含胸拔背，尾闾前送，立身要中正，不可前俯。

（3）跟步合掌：左脚向前跟步，脚尖点地，两脚为右实左虚，同时两手合于胸前，两手虎口相对，高与口平，目视前方（图5-26③）。

动作要点：跟步合掌时，右胯要向下沉落，不可上起，胸臂之间要圆活。

①撤步捋手　　　　②虚步合按

图 5-25　手挥琵琶

①上步撑掌　　　　②弓步推掌　　　　③跟步合掌

图 5-26　右懒扎衣

（十四）单鞭

（1）扣脚转体：以右脚跟为轴内扣90°踏实（正南方），同时身体左转，两掌随体左转合于胸前，高与口平，目视双手（图5-27①）。

（2）弓步分掌：身体左转，左脚向左横跨成左弓步，两手随体转左右分开，左手立掌高不过眼，远不过脚。右手坐腕高不过肩，目视左手方向（图5-27②）。

动作要点：转身，跨步，分掌要连贯，要以腰为轴带动四肢运动，身体中正，不可前俯。

①扣脚转体　　②弓步分掌

图5-27　单鞭

（十五）云手

（1）收脚落掌：重心移至右腿，右腿后坐，左腿随身体收至右腿旁，左足尖点地，同时左手向下划弧收至左胯旁边，右手向上划弧至头右上侧，两腿为左虚右实，定势面向东南方向（图5-28①）。

动作要点：转身时，要松肩沉肘，两手有相合蓄劲之意。

（2）上步左云手：身体左转，左手经胸前向上向左划弧至脸前左侧，右手弧形下落至腹前，掌心朝里（图5-28②）；左脚提起向左侧横跨步，左脚尖对东南方向，重心左移，呈左弓腿；同时左手翻掌前推，目视左手前方，面向东南（图5-28③）。

（3）收脚右云手：以左脚跟为轴，脚尖内扣45°，身体右转，重心不变，收回右脚半步，脚跟着地，同时右手随身体转动经胸前向上划弧至脸前翻掌坐腕，左手弧形下落至腹前，掌心朝里，目视右手方向，面向西南方向（图5-28④）。

动作要点：两手的运动要与身体的转动协调一致，要做到提顶吊裆，以腰带手，重心水平运动。

（4）上步左云手：以右脚跟为轴，脚尖内扣同时重心移至右腿上，同时左手经胸前向上划弧至左脸前，右手弧形下落至腹前，掌心朝里（图5-28⑤）；随即左脚提起向左侧跨步，脚跟先着地，随之弓腿，左手翻掌前推，目视左手方向（图5-28⑥）。

（5）收脚右云手：同（3）。

①收脚落掌　　　　　②转身摆掌

③上步左云手 　　　　　④收脚右云手

⑤扣脚摆掌 　　　　　⑥上步左云手

图 5-28　云手

(十六)左右起脚

1. 左起脚

(1)提膝交臂：右脚上半步，脚尖外摆45°重心前移至右腿，左脚跟步，两臂外旋向上划弧交叉于胸前，左手在外，右手在内，掌心朝里，高与口平(图 5-29 ①)；同时左膝提起，高与腰平，目视前方(图

5-29②)。

动作要点：两手划弧交臂要圆活，与提膝相随一致，提膝时，小腿要放松，脚尖自然下垂，劲蓄于膝。

（2）分掌踢脚：左脚尖着力，向左前方踢出，高与腰平；同时两掌顺左腿方向左右分开，高与眼平，目视左手方向，定势面向西南方向（图5-29③）。

动作要点：左踢脚时，脚背要绷平，两手臂外撑，重心稳定。

2. 右起脚

（1）落步按掌：左脚向左前方落步弓腿，右脚跟步；同时双掌向前按，掌心朝下，目视双手（图5-29④）。

（2）提膝交臂：双掌向左向上逆时针划弧交叉至胸前，右手在外，左手在内，掌心朝里，高与口平，同时提起右膝，目视前方（图5-29⑤）。

（3）分掌踢脚：右脚尖着力，向右前踢出，高与腰平；同时两掌顺右腿方向左右分开，高与眼平，目视右手方向（图5-29⑥）。

①上步合臂 　　　　②提膝交臂 　　　　③分掌踢脚

④落步按掌　　　　　⑤提膝交臂　　　　　⑥分掌踢脚

图 5-29　左右起脚

(十七)转身十字蹬脚

(1)插步转体：右脚向左脚后侧插步，以左脚跟为轴，脚尖内扣225°，身体右后转，同时两臂下落交合随体摆转，目视前方(图5-30①)。

动作要点：插步，转身，交臂要协调一致，要松腰，坐胯，重心落在左腿上。

(2)提膝交臂：两臂随体转弧形抄起交叉于胸前，右手在外，左手在内，手心朝里，随即右膝上提，高与腰平，目视前方(图5-30②)。

动作要点：转身要轻灵，气向下沉，提膝时，身体要中正，小腿自然松沉。

(3)分掌蹬脚：右脚以脚跟用力向前方蹬击，高与腰平，同时两手左右分开，手高与肩相平，目视右脚方向。定势朝正东方向(图5-30③)。

动作要点：蹬脚时，脚尖尽量回勾，劲贯脚跟，支撑腿微屈，重心稳固，身体保持正直。

①插步转体　　　　　②提膝交臂　　　　　③分掌蹬脚

图 5-30　转身十字蹬脚

（十八）上步指裆捶

（1）落步抱拳：右脚向前落步，同时右手向下收至腰间握拳，拳心向上，左手立掌向右推挡至胸前，目视前方（图 5-31①）。

（2）跟步拦掌：重心前移右脚踏实，随即左脚向前跟步至右脚内侧，脚尖着地，随身体右转左手推拦（图 5-31②）。

（3）上步指裆：左脚提起向前上步屈腿下蹲，随即右脚跟进半步，脚尖着地，同时左掌向下向左搂按至膝外侧，掌心朝下，手指向前，高与膝平，同时右拳向前撩出，拳心朝下。目视前下方（图 5-31③）。

动作要点：注意步法虚实变化，搂手、上步、出拳、上下要协调一致，身法中正不可前俯。

（十九）左右更鸡独立

（1）右提膝托掌：提腰起身，左脚蹬地立起，右腿屈膝上顶，高与腰平，同时右拳变掌屈肘向上托举，置于脸右前方，掌心斜朝前上，高与眼平，左掌按至左胯外侧与胯同高，目视前方（图 5-32①）。

动作要点：支撑腿微屈，松腰沉胯，重心稳定，右膝上顶，劲蓄于膝，小腿自然放松,脚尖下垂。

（2）左提膝托掌：右脚落地踏实,重心移至右脚上,随即左腿屈膝上顶,同时左手向上托起,置脸前方,掌心斜向前上方,高与眼平,右掌按至右胯侧。与胯同高,目视前方(图5-32②)。

①落步抱拳　　②跟步拦掌　　③上步指裆

图5-31　上步指裆捶

①右提膝托掌　　②左提膝托掌

图5-32　左右更鸡独立

(二十)左右倒撵猴

1. 左倒撵猴

(1)撤步合掌:左脚提起向左后方撤脚,脚尖着地,重心仍在右腿上,同时右掌上提与左掌合抱于胸前,虎口相对,高与口平(图5-33①)。

动作要点:退步、合掌、要相随一致

(2)转身挂带:身体左转,右脚以脚跟为轴,脚尖内扣135°,同时左臂横于胸前旋臂向左挂带,掌心朝下(图5-33②)。

(3)弓步带推:左脚向西北方向上步弓腿,成左弓步;左手继续平带,右手内旋向前推按,右手手心朝前,高与口平,目视前方。(图5-33③)。

动作要点:身体左转,左臂有挂带化解之意,弓步右手推掌有发放之势。动作要连贯一致,尾闾前送,身法中正。

(4)跟步合掌:右脚提起向前跟半步,脚尖着地,同时两掌合抱于胸前,虎口相对,高与口平,目视双手(图5-33④)。

2. 右倒撵猴

(1)撤步合掌:右脚提起向右后西南方向撤脚,脚尖着地,重心仍在左腿上,同时身体右转,两掌合于胸前,面向正北方向(图5-33⑤)。

动作要点:退步、转身、合掌要协调一致。

(2)转身平带:身体右转,以左脚跟为轴,脚尖内扣225°,同时右臂横于胸前,旋臂向右挂带,掌心朝下(图5-33⑥)。

(3)弓步带推:右脚提起向西南方向上步弓腿,成右弓步;左手内旋向前推按,手心朝前,高与口平,目视前方(图5-33⑦)。

动作要点:身体右转,右臂有挂带化解之意,左掌推掌,有发放之势。动作要连贯一致,尾闾前送,身法中正。

(4)跟步合掌:左脚提起向前跟半步,脚尖着地,同时两掌合抱于胸前,虎口相对,高与口平,目视双手(图5-33⑧)。

武式太极拳

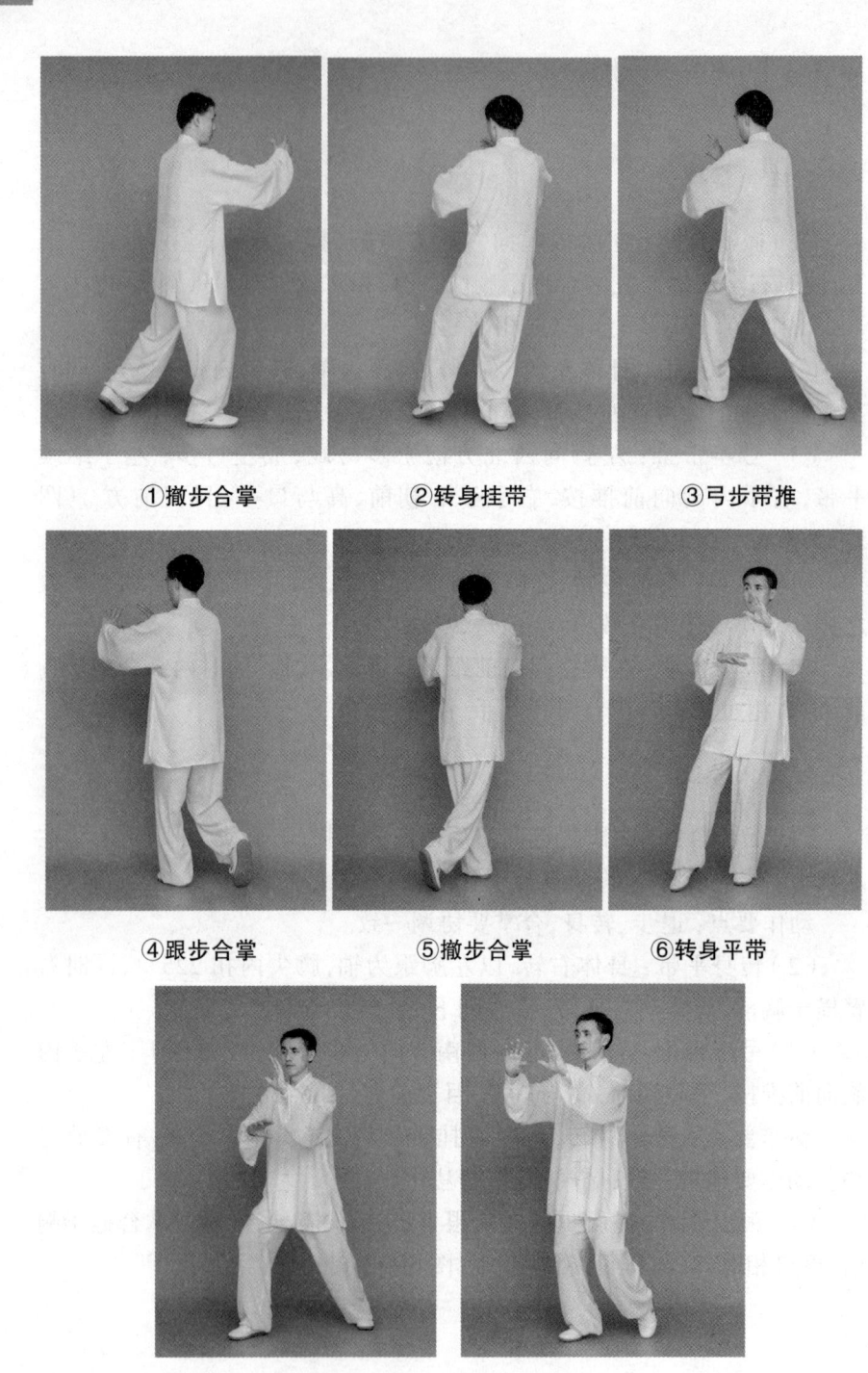

①撤步合掌　　②转身挂带　　③弓步带推

④跟步合掌　　⑤撤步合掌　　⑥转身平带

⑦弓步带推　　⑧跟步合掌

图 5-33　左右倒撵猴

（二十一）对心掌

（1）转身掤掌：身体左转，以右脚跟为轴，脚尖内扣90°，同时两手向下向左划弧置于胸前，左臂上掤，高与口平，右手俯掌，与胸同高（图5-34①）。

动作要点：转身掤臂，相随一致，重心在右腿上，重心稳定，两臂抱圆，要有掤劲。

（2）上步掤推：左脚提起向左前方上步弓腿成左弓步，同时左臂向上向前架于额头前方，高与头平，掌心朝前，右手立掌前推，高与胸平，目视前方，定势正东（图5-34②）。

动作要点：左脚迈出时，两臂要有蓄劲之意，要松肩沉肘，蓄而后发。

（3）跟步合臂：右脚提起向前跟至半步，脚尖着地，同时两肘松沉，双臂内合，右手在外左手在内（图5-34③）。

①转身掤掌　　②上步掤推　　③跟步合臂

图 5-34　对心掌

（二十二）下势

身体右转，以左脚跟为轴，脚尖内扣90°，右脚向右开步，屈蹲成左仆步，同时两臂左右分开下按，目视左手方向（图5-35）。

动作要点：右腿屈蹲动作要柔和富有弹性，两臂左右分展时，须松肩沉肘，屈蹲时脚跟不能离地，侧伸腿的全脚掌着地，上身正直。

图 5-35 下势

（二十三）上步七星

（1）弓步穿掌：重心前移，右脚尖内扣转身蹬地，左腿前弓成左弓步，同时左手臂前穿，右臂微下落至体侧（图 5-36 ①）。

（2）虚步冲架：左脚尖外摆 135°，随后右脚提起向前进步，脚掌着地，成右虚步；同时右手握拳经腹前向前上冲拳，与左手交叉架于胸前，左拳在内，右拳在外，拳心均朝内，目视前方（图 5-36 ②）。

动作要点：两手运动须与两腿运动协调相随，两拳交叉后胸部须有向前撑展之意，身体不可前俯后仰。

（二十四）退步跨虎

右脚提起向后退步落实，左脚再向后退半步，脚尖着地，同时身体右转，两拳变掌划弧旋臂上下分开，右手向上掤至头右侧上方，左手下按至左胯前目视前方，定势朝东（图 5-37）。

动作要点：双手掤按时，要松腰、坐胯、身体中正。

①弓步穿掌　　　②虚步冲架

图 5-36　上步七星

图 5-37　退步跨虎

(二十五) 转身摆莲

(1) 转体摆臂：以右脚跟为轴，脚尖外摆225°，左脚跟提起，身体右转，同时两臂随体右摆至胸前，掌心朝下，高与肩平，目视双掌（图5-38①）。

动作要点：转体时，重心不变，要提顶，吊裆，气沉丹田，以腰主宰，带动四肢运转,身体中正,重心稳定。

（2）扫脚盖步:拧腰扫腿,腰向右拧,左脚向右扫腿至右腿外侧盖步,重心移至左腿,同时双臂随体继续右摆至胸前,目视双手(图5-38②)。

（3）转身提腿:以左脚跟为轴,脚尖内扣45°,身体右转,两掌摆至右前方,同时右腿向左提起。脚尖下垂,目视左手方向(图5-38③)。

动作要点:双手右摆,右腿尽量向左提起,腰部放松。

（4）摆腿拍脚:右腿由左向上向右划弧外摆,脚面绷平,左右掌由右向下向左划弧,依次于面前拍击脚面,目视双手。定势面朝东南(图5-38④)。

动作要点:转身、扫腿、摆腿、拍脚动作要协调连贯。要以腰发力带动右腿外摆,重心要稳定。

（二十六）弯弓射虎

（1）上步按掯:右脚向右前方(西南角)落步,同时两掌下落按掯,高与胸平,掌心均朝下,目视双手(图5-39①)。

（2）转身提拳:身体右转,两手继续下掯至腹前,变拳提至胸部,掌心向内,目视前方(图5-39②)。

动作要点:转身掯手,举拳要相随一致,劲蓄于腰脊。

（3）弓步打捶:身体左转,右脚尖微扣成侧弓步,同时两臂内旋向前击出。右拳置于右额前方,拳心向下,左拳置于胸前,与胸平齐,目视前方。定势向东南方向(图5-39③)。

动作要点:要以腰为主宰带动两臂运转。两臂圆撑,不可伸直,呈拉弓状,身体中正,要顶头、松腰、沉胯、敛臀。

（二十七）左懒扎衣

（1）收脚落掌:身体重心移至右腿,左脚提起向左前方(45°斜角)收步,脚掌着地。同时两拳变掌,由左前上方徐徐下落收合,左掌高与口平,右掌高与胸平,目视左手方向(图5-40①)。

动作要点:收步和落掌要一致,两臂撑圆,要松腰、坐胯、沉肘。

（2）弓步推掌:左脚向斜前方上步,重心移向左腿,左脚掌踏实成左弓步。同时两掌向前徐徐推出，左手高不过眼，右手在后，与胸平齐。右腿要有腾挪之势，目视左手前方（图 5-40②）。

动作要点：弓步、转腰、推掌要上下相随。松肩沉肘两臂圆屈，不能伸直。推掌时要含胸拔背，尾闾前送，立身要中正。

①转体摆臂　　②扫脚盖步

③转身提腿　　④摆腿拍脚

图 5-38　转身摆莲

①上步按捋　　　②转身提拳　　　③弓步打捶

图 5-39　弯弓射虎

①收脚落掌　　　② 弓步推掌

图 5-40　左懒扎衣

(二十八)双抱捶

（1）跟步穿掌：重心前移,右脚向前跟步至左脚内侧半步,脚尖着地,同时右掌经左臂下方继续前推(图5-41①)。

（2）撤步握拳：右脚提起向后撤步，随身体后撤左掌经右臂下方前穿，两掌变拳，两臂十字交叉于胸前，拳心朝上（图5-41②）。

（3）开立步抱拳：重心右移，右腿踏实，左脚收至右脚内侧踏平，间距与肩同宽，两拳收至腰间抱拳，拳心向上（图5-41③）。

动作要点：收脚抱拳上下相随，立身中正，劲蓄于腰。

①跟步穿掌　　　②撤步握拳　　　③开立步抱拳

图5-41　双抱捶

（二十九）收势

（1）起身按掌：两腿伸膝，身体慢慢升起，两拳变掌向下按至两胯旁，掌心朝下，目视前方（图5-42①）。

（2）并步直立：左脚提起向右脚并拢，身体直立，同时，两手自然落于大腿两侧，目视前方（图5-42②）。

动作要点：两掌慢慢下落与两腿缓缓直立要缓慢，速度均匀。调息，呼吸自然。

①起身按掌　　②并步直立

图 5-42　收势

第三节　拆招

一、下势

对方击我头部，我以右腕掤接对方手腕右带，左脚向对方右脚后插步，身体微右转下势，左小臂下按其腰胯使其仰翻(图 5-43)。

二、上步七星

对方用右拳击我，我左掌以桡骨侧向外掤化，随即上步右拳自下向上挑打对方下颚(图 5-44 ①、②、③)。

图 5-43　下势

①左顺步打拳　　②上步外掤　　③虚步挑打

图 5-44　上步七星

三、退步跨虎

对方用双掌向我头胸部击来,我双手上穿对方双臂中间,右腿后退坐实。同时右手向上向外掤捌起左拳,左掌向下捋搂其右拳,左脚提起蹬踢对方裆膝(图 5-45 ①、②、③、④)。

武式太极拳

①弓步双按　　　　　　②退步上穿

③坐步挒搂　　　　　　④分掌踢裆

图 5-45　退步跨虎

四、转身摆莲

对方用拳向我胸击来,我右手向上掤接对方手腕,身体右转,右手顺势向右后将採对方右臂,左手托起对方肘部。同时左脚勾扫对方右腿或腿弯处。被对方闪开后,转身以右腿摆踢对方肩背(图 5-46①、②、③)。

①右顺步打拳　　　　　②右转掤接　　　　　③摆腿击背

图 5-46　转身摆莲

五、弯弓射虎

对方用拳向我头胸部击来，我右手向我右上方掤架化解。同时左拳乘虚击打对方胸肋(图 5-47①、②、③)。

①右顺步打拳　　　　　②上步掤架　　　　　③弓腿击肋

图 5-47　弯弓射虎

第六章　武式 37 式太极拳

第一节　基本形态

一、静型

(一) 手型

(1) 垂掌：指尖向下或者偏向下方，无论掌心向何方，都为垂掌（图 6-1）。

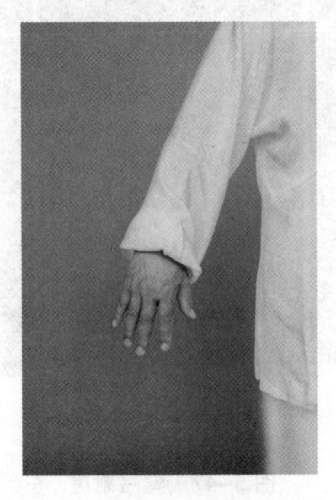

图 6-1　垂掌

（2）立拳：四指并拢弯曲，手指尖微触手心，拇指扣压在食指第二指节上，拳眼向上或向斜上方（图6-2）。

图6-2 立拳

（3）栽拳：手腕前卷，拳由上向下用力栽击，力达拳面（图6-3）。

图6-3 栽拳

(二)步型

跪步：上身微前倾，松腰落胯，左腿屈膝半蹲，右腿前跟，跪于左脚心内侧（图6-4）。

图 6-4 跪步

二、动态

（一）手法

（1）按掌：随蹲身，右手从右后经耳侧向前，弧形向下採按于右腿正前方，掌心朝下，成俯掌；左掌经身前弧形搂按到左膝外侧，成俯掌（图6-5），如按式。

图 6-5 按掌

（2）架推掌：一手竖掌前推，一手架于头上方，两臂成扇形打开有对拉之势（图6-6）。

图6-6　架推掌

（3）栽捶：拳由后向前向下弧形栽打，中指二节领劲，拳面斜向下，力达拳面（图6-7①、②），如践步栽捶。

①提拳上举　　　　　②俯身栽捶

图6-7　栽捶

（二）步法

（1）践步：左脚向前落步，右脚蹬地向前收脚，踏震于左脚站立的位置；同时左脚在右脚蹬地的瞬间，快速向前迈出一大步落实，右脚再跟进半步，前脚掌着地（图6-8①、②、③、④）。

①左脚落步　　②右脚震踏

③左脚前迈　　④右脚跟步

图6-8　践步

（2）跌步：左脚落地后，右脚用力向下踩踏，落在左脚位置处，左脚迅速收腿上提；随即左脚再向后撤一大步，踏实，带动右脚回收半步，脚尖着地，成右虚步（图6-9①、②、③、④）。

①左脚撤步　　②右脚踩踏

③左脚退步　　④右脚收步

图6-9　跌步

（三）腿法

二起脚：又名"腾空飞脚"。右脚向前上一步蹬地向上跳起，同时两臂前后摆动，左臂向上举，掌心向前，右臂略向后摆。然后左腿由后向前向上绷脚摆踢,同时右臂由后向前上摆,左臂向侧摆;身体在空中时,收腹右脚绷脚前踢,右掌向前迎击右脚面,左掌摆于身体左侧平举,掌心朝下。左右脚先后依次落地(图6-10①、②、③)。

①蹬地起跳　　②腾空踢脚　　③拍脚落地

图6-10　二起脚

(四)身法

(1)松肩:就是用意念将肩松开,肩与臂有脱开之感。肩松开,气向下沉与胯连接。气向下沉,由肩沉到胯上,与胯连住,前与胸腹相连,后与背相接,两手臂进退旋转,随心所欲,毫无滞点,非常得力,这就是松肩。

(2)沉肘:以意运气,形于两肘,手腕要灵活,肘尖有下垂之意。

练拳的时候,只要能够松开肩,就能沉肘。手臂高举过头,肘尖仍然有下沉之意。有的人手臂过头了,肘就竖起来了,这时要求肘部向下与腰胯相连,前与两肋相接。肘部的内侧与两肋相连,外侧与背相连。即使手臂高举过头,肘尖也要有下垂之意,不能跟肋相脱离。肘尖要与两肋相吸相系,不能脱开两肋。手臂再举得高也要与肋合住,再低也要与肋合住。沉肘的时候,肘尖始终有下沉之意,不能脱开两肋,前与肋相连,后与背相连,再往前不能过中线,往后不能过后背。不能违背武式太极拳"两手各管一边,不相逾越"的要求,像有两条线一样拉着肘尖,动作幅度不可过大。

松肩和沉肘两个身法相结合能加大手臂的力量。

（3）俯身：随蹲身，臀部下坐，躯干以两胯为轴，身体前俯30°左右，头、颈、肩、背、腰、臀等部位在一个倾斜的平面内，目视前下方。不可出现低头弯腰或塌腰撅臀等现象（图6-11）。

图 6-11　俯身

（4）翻身：腰背上提，头微上领起身，起身时带两臂上提；以左脚跟为轴，身体从左侧向体后翻转，两臂由头右上方化弧后抡；翻身时带右腿提起前迈（图 6-12①、②、③）。

①起身举手　　　　②扣脚翻身　　　　③迈步弓腿

图 6-12　翻身

第二节　武式 37 式太极拳

一、武式 37 式太极拳动作名称

起式	1. 左右懒扎衣	2. 单鞭	3. 提手上势
4. 白鹅亮翅	5. 左右搂膝拗步	6. 上步搬拦捶	7. 如封似闭
8. 抱虎推山	9. 右手挥琵琶	10. 右懒扎衣	11. 肘底看捶
12. 左右倒撵猴	13. 按式	14. 青龙出水	15. 翻身三通背
16. 左右云手	17. 左右高探马	18. 左右起脚	19. 转身蹬脚
20. 践步栽捶	21. 翻身二起脚	22. 跌步披身	23. 伏虎式
24. 左踢脚	25. 转身十字蹬脚	26. 上步指裆捶	27. 左右更鸡独立
28. 左右野马分鬃	29. 左右玉女穿梭	30. 对心掌	31. 下势
32. 上步七星	33. 退步跨虎	34. 转身摆莲	35. 弯弓射虎
36. 双抱捶	37. 左手挥琵琶	收势	

二、武式 37 式太极拳动作图解

（一）起式

（1）并步直立：两脚并拢，双膝微屈，身体自然直立，肩臂松垂，手指向下，心静体松，目视前方（图 6-13 ①）。

动作要点：双脚并立站定时，要做到体态自然，精神集中，头部正直，下颌微收，虚领顶劲，两肩松开，气向下沉，做到含胸、拔背、裹裆、护肫、吊裆、松肩、沉肘。

（2）开步直立：左脚轻提，向左横跨一步，与肩同宽（图 6-13 ②）。

（3）旋臂托掌：两手慢慢外旋，向上托起，手心向上，手指自然张开，

高与肩平(图6-13③)。

（4）屈蹲按掌：上体保持端正，两手内旋，掌心翻转，轻轻下按于腹前，然后两腿缓慢屈蹲(图6-13④)。

动作要点：起式动作要注意保持上身端正，开步时两腿不可伸直，要保持微屈，两手内旋和外旋，要随动作的上举和下落动作渐渐完成，不要突然翻转。两腿屈蹲时，要上体中正，要松腰、敛臀、坐胯，不要凸腹撅臀、跪膝，整个动作要协调一致。

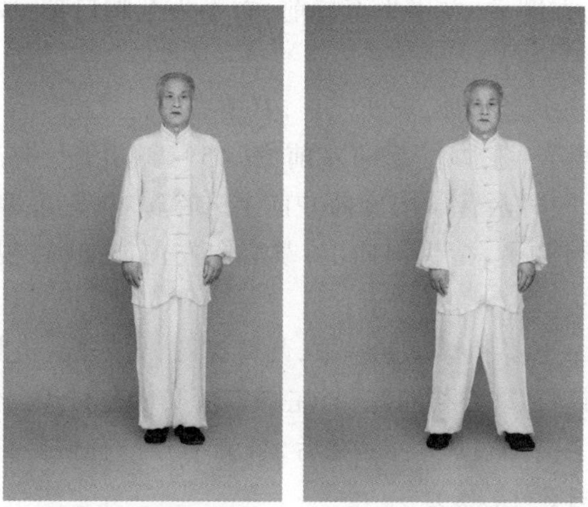

①并步直立　　②开步直立

③旋臂托掌　　④屈蹲按掌

图6-13　起式

(二) 37式太极拳

1. 左右懒扎衣

（1）左懒扎衣

1）虚步前掤：重心右移，右脚脚踝内旋，脚尖微内扣，身体左转45°。右腿屈膝半蹲，左腿轻提，脚跟抬起，左脚微收，成左虚步；双手随转体向斜前上方掤举，左手举至口前，右手举至胸口部，成侧立掌，掌心相对（图6-14①）。

动作要点：提起精神，右实左虚，右腿有上提之意。

2）上步撑掌：左脚提起向左前方（45°斜角）上步，脚跟着地，重心仍在右脚。同时两臂掌内旋向左前上方徐徐推按，左掌指向上，高与口平，右掌高与胸平，指尖斜向上，掌心向左前方向，目视左手方向（图6-14②）。

动作要点：上步和撑掌要一致，两臂撑圆，要松腰、坐胯、沉肘。

3）弓步推掌：重心移向左腿，左脚掌踏实成左弓步。同时两掌向前徐徐推出，左手高不过眼，右手在后，与胸平齐。右腿要有腾挪之势，目视左手前方（图6-14③）。

动作要点：弓步、转腰、推掌要上下相随。松肩沉肘两臂圆屈，不能伸直。推掌时要含胸拔背，尾闾前送，立身要中正。

4）跟步合掌：右脚向前跟步，脚尖点地，两脚为左实右虚，同时两手合于胸前，两手虎口相对，高与口平，目视前方（图6-14④）。

动作要点：跟步合掌时，左胯要下落不可上起，胸臂之间要圆活。

①虚步前掤 　　②上步撑掌 　　③弓步推掌

第六章　武式37式太极拳

④跟步合掌 　　　⑤转身摆掌 　　　⑥上步撑掌

⑦弓步推掌 　　　⑧跟步合掌

图6-14　左右懒扎衣

（2）右懒扎衣

1）转身摆掌：以左脚跟为轴，脚尖内扣45°，身体右转，同时两掌随体右转弧形落至右前方，右手在前上高与口平，左手在下与胸平齐，目视右手方向（图6-14⑤）。

动作要点：转身时，重心仍在左脚上，以左脚跟为轴扣转，同时右脚掌碾转，重心要稳定。

2）上步撑掌：右脚提起向右前方（45°斜角）上步，脚跟着地，重心仍在左脚上，同时两掌弧形向右前方举起，右手高与口平，左手与胸平齐，目视右手方向（图6-14⑥）。

167

动作要点：上步与撑掌要一致，两臂撑圆，要松腰、坐胯，劲蓄于肘。

3）弓步推掌：重心移向右腿，右脚掌踏实成右弓步。同时两掌向前徐徐推出，右手高不过眼，左手在后，与胸平齐。右腿要有腾挪之势，目视右手前方（图6-14⑦）。

动作要点：弓步转腰，推掌要上下相随。松肩沉肘，两臂圆屈，不能伸直。推掌时要含胸拔背，尾闾前送，立身要中正，不可前俯。

4）跟步合掌：左脚向前跟步，脚尖点地，两脚为右实左虚，同时两手合于胸前，两手虎口相对，高与口平，目视前方（图6-14⑧）。

动作要点：跟步合掌时，右胯要向下沉落，不可上起，胸臂之间要圆活。

2. 单鞭

（1）扣脚转体：以右脚跟为轴内扣45°踏实，同时身体左转，两掌随体左转合于胸前，高与口平，目视双手（图6-15①）。

（2）弓步分掌：身体左转，左脚向左横跨成弓步，两手随体转左右分开，左手立掌高不过眼，远不过脚。右手坐腕高不过肩，目视左手方向（图6-15②）。

动作要点：转身，跨步，分掌要连贯，要以腰为轴带动四肢运动，身体中正，不可前俯。

①扣脚转体　　　　②弓步分掌

图6-15　单鞭

第六章　武式37式太极拳

3. 提手上势

以左脚跟为轴,脚尖内扣45°,身体右转,右脚轻提,向左前方收步,脚尖着地,同时左手举托于左额前上方,掌心斜向上;右手向下划弧按于右胯前,目视前方(图6-16)。

动作要点:转身重心要稳定,脚手上下相随,尾闾中正。

图6-16　提手上势

4. 白鹅亮翅

(1)上步交臂:右脚上步,同时左掌向右向下划弧下落,右掌向左向上划弧,相交于胸前,目视前方(图6-17①)。

动作要点:提脚上步与两手相交要上下协调一致,重心要稳定。

(2)弓步撩推:右腿弓步;同时右臂上撩于头上方,掌心向前,手指向左。左手向前推按,掌心朝前,高与口平,目视前方,定势为西南(图6-17②)。

动作要点:无论前推或上撩,双臂须保持弧形,不可伸直,手指舒展伸开,不得用力。

(3)跟步合掌:左脚提起向前跟至右脚内侧,脚尖着地;同时右手下落与左手合抱于胸前,虎口相对,目视前方(图6-17③)。

动作要点:跟步与合掌要动作一致,胸臂之间要有圆活之趣。

①上步交臂　　　　②弓步撩推　　　　③跟步合掌

图 6-17　白鹅亮翅

5. 左右搂膝拗步

1. 左搂膝拗步

（1）撤步转身：左脚提起向右后方撤半步，脚尖着地，随即以右脚跟为轴内扣135°，脚尖指向东方；身体左转，同时右掌提至右耳旁，掌心朝里，手指向前，左手落到胸前，掌心朝下，目视右手。胸朝东方（图6-18①）。

（2）弓步搂推：左脚提起向左前方上步，弓腿成左弓步；同时身体左转，左掌经左膝上向左划弧，平搂至左膝外侧，高与胯平，掌心朝下。右掌向前推出，手指向上高与口平，目视右手前方，定势动作朝东北方向（图6-18②）。

动作要点：上步不可僵硬，上步要脚跟先着地，两手的上下运动要有化开对方之劲，左手的下落与左胸有相吸相系之意。右手前推时，右胸要有下沉之意，右手作用力落在左脚跟上，左手搂和右手推要一致，有"引""蓄"之势。

（3）跟步合掌：右脚提起向前跟至左脚内侧，脚尖点地；同时右手下落与左手合抱于胸前，虎口相对（图6-18③）。

动作要点：跟步合掌时，左胯要向下沉落，不可上起，胸臂之间要圆活。

2. 右搂膝拗步

（1）转身分掌：左脚以脚跟为轴，脚尖内扣45°（脚尖指向东方）。身体右转，同时左掌向上划弧提至左耳侧，掌心朝里，手指向前。右掌向下搂按至胸前，掌心朝下，手指向左，目视双手（图6-18④）。

动作要点：转身与提手、按掌要一致，两手有蓄发之势。

（2）弓步搂推：右脚提起向前上步弓腿，成右弓步；随即上体右转，右手经右膝上方向右搂至右膝外侧，高与胯平，掌心朝下，手指向前。同时左掌向前推出，掌心朝前，手指向上，高与口平，目视左手前方。面朝东南方（图6-18⑤）。

①撤步转身 　　　　　②弓步搂推 　　　　　③跟步合掌

④转身分掌　　　　⑤弓步搂推

图6-18　左右搂膝拗步

6. 上步搬拦捶

（1）跟步抱拳：左脚提起向前跟至右脚内侧，脚尖着地，同时身体右转，右掌虚握拳收至腰间，拳心向上（图6-19①）。

（2）弓步冲拳：然后左脚提起向左前方上步弓腿成左弓步；同时左手向右拦按，右拳内旋经左手背上平拳出击，高与胸平，拳心朝下，定势朝东（图6-19②）。

动作要点：各动作之间要协同连贯，衔接自然；弓步膝不宜过脚尖，右臂打拳不可伸直。尾闾中正，重心稳定。

（3）跟步打拳：右脚提起向前跟至左脚内侧，脚尖着地，同时右拳继续前冲，臂微屈，两臂相交，左手按于右肘下方，目视前方（图6-19③）。

动作要点：跟步与交臂要一致，要松肩沉肘，坐胯，重心稳定。

①跟步抱拳　　　　　②弓步冲拳　　　　　③跟步打拳

图 6-19　上步搬拦捶

7. 如封似闭

（1）退步分手：右脚提起向后撤半步落实，重心移至右腿上，随即左脚后收半步，同时右拳经左手腕上外旋回抽变掌，双掌心斜向上，目视前方。定势面朝正东（图 6-20 ①）。

动作要点：撤步，收脚，分掌要协调一致，要松腰坐胯，两手回收，有分按蓄劲之势。

（2）弓步搓按：左脚提起向前上步弓腿，成左弓步；同时两掌微按前推，手指向上，高与口平，目视前方。定势面向东方（图 6-20 ②）。

动作要点：两手前推要注意松肩、沉肘、含胸、拔背，上体要中正不偏。

（3）跟步合掌：右脚提起向前跟进半步，脚尖着地，同时双臂继续前推，两手合于胸前，目视双手前方（图 6-20 ③）。

①退步分手　　　　　②弓步搓按　　　　　③跟步合掌

图 6-20　如封似闭

8. 抱虎推山

（1）撤步分掌：右脚提起向左后方插步，脚尖着地，同时身微右转，双手分开，目视左手前方（图 6-21①）。

动作要点：撤步，转身，分掌要相随一致，要松腰坐胯，重心仍在左腿上。

（2）转身平搂：以左脚跟为轴，脚尖内扣180°（脚尖指向西方），身体右转，同时右手随体转向右平搂，旋腕抱拳，拳心向内；左手合于左耳侧前方，目视西北方向（图 6-21②）。

动作要点：要松肩，沉肘，坐胯，以左脚跟为轴，以腰为主宰，带动四肢运转，尾闾中正，重心稳定，不可摇摆。

（3）弓步抱推：右脚提起，向右前方上步弓腿，成右弓步；同时右掌向右下弧形搂抱于右腹前，握虚拳，拳心朝内，左掌内旋向前推按，高与口平，目视左手前方（图 6-21③）。

动作要点：右手抱虎之势要饱满，左手前推要沉着。

（4）跟步合掌：左脚提起向前跟进半步，脚尖着地；同时两手合抱于胸前，虎口相对，高与口平（图 6-21④）。

①撤步分掌　　②转身平搂

③弓步抱推　　④跟步合掌

图 6-21　抱虎推山

9. 右手挥琵琶

左脚提起向后退半步落实，重心移至左脚上（脚尖向西南方向）；随即右脚提起左移，脚尖着地，同时两臂收合于胸前，手心斜朝下，高与胸平，左手在下与右肘同高。（图 6-22）

动作要点：左脚后撤时，臀部不可向后凸起，胸部向下松沉，引导两手回收。

图 6-22　右手挥琵琶

10. 右懒扎衣

（1）弓步推掌：右脚提起向前上步弓腿成右弓步，同时两手向前徐徐推出，右手在前，高与眼平，左手在后，与肘同高，目视右手方向。定势后面向正西（图 6-23①）。

动作要点：弓步、转腰、推掌要上下协调一致，要松肩、沉肘、含胸、拔背、尾闾前送。

（2）跟步合掌：左脚提起向前跟进半步，脚尖着地，同时两掌合抱于胸前，虎口相对，高与口平（图 6-23②）。

11. 肘底看捶

左脚提起向右后撤半步，脚尖着地，随后以右脚跟为轴，脚尖内扣135°，身体左后转，同时左小臂立起竖掌于胸前，掌心朝里，手指向上，高与眼平。右掌握拳经腰间冲至左肘下方，拳心朝下，目视前方。定势朝东（图 6-24①、②）。

动作要点：转身、立掌、冲拳，上下协调一致，冲拳时要尾闾前送，提顶吊裆。

①弓步推掌　　②跟步合掌

图 6-23　右懒扎衣

①撤步掤手　　②转身打拳

图 6-24　肘底看捶

12. 左右倒撵猴

（1）左倒撵猴

1）退步合掌：左脚提起向左后方退半步，脚尖着地，重心仍在右腿上，同时右拳变掌上提与左掌合抱于胸前，虎口相对，高与口平（图6-25①）。

177

动作要点：退步、合掌要相随一致。

2）弓步带推：右脚以脚跟为轴，脚尖内扣135°（脚尖指向正北方），身体左转，左脚向西北方向上步弓腿，成左弓步；同时左臂内旋向左挂带横于胸前，掌心朝下。右手内旋向前推按，手心朝前，高与口平，目视前方。定势面向西北方向（图6-25②）。

动作要点：身体左转，左臂有挂带化解之意，弓步右手推掌有发放之势。动作要连贯一致，尾闾前送，身法中正。

3）跟步合掌：右脚提起向前跟半步，脚尖着地，同时两掌合抱于胸前，虎口相对，高与口平，目视双手（图6-25③）。

动作要点：同前跟步合掌。

（2）右倒撵猴

1）退步合掌：右脚提起向右后西南方向退步，脚尖着地，重心仍在左腿上，同时身体右转，两掌合于胸前，面向正北方向（图6-25④）。

动作要点：退步、转身、合掌要协调一致。

2）扣脚平带：身体右转，以左脚跟为轴，脚尖内扣135°（脚尖指向正南方），同时右臂横于胸前，内旋向右挂带，掌心朝下（图6-25⑤）。

3）弓步带推：右脚提起向西南方向上步弓腿，成右弓步；左手内旋向前推按，手心朝前，高与口平，右臂继续向右挂带，目视前方。定势面向西南方向（图6-25⑥）。

动作要点：身体右转，右臂有挂带化解之意，左掌推掌，有发放之势。动作要连贯一致，尾闾前送，身法中正。

4）跟步合掌：左脚提起向前跟半步，脚尖着地，同时两掌合抱于胸前，虎口相对，高与口平，目视双手（图6-25⑦）。

第六章 武式37式太极拳

①退步合掌 　　②弓步带推 　　③跟步合掌

④退步合掌 　　⑤扣脚平带

179

⑥弓步带推　　　　　⑦跟步合掌

图 6-25　左右倒撵猴

13. 按式

左脚提起向左后撤半步,脚尖着地,随后以右脚跟为轴内扣 90°,身体左转,屈膝下蹲,成左虚步;同时右手从右后经耳侧向前,弧形下按于右腿前方,掌心朝下,手指向前,距地一尺左右,左掌弧形按到膝外侧,掌心朝下,手指向前,目视前下方。定势面向正东(图 6-26①、②、③)。

动作要点:两腿要顺势下蹲,身体前俯,但不可前冲。

14. 青龙出水

(1)起身提手:两脚不动,臀部下坐起身,同时右手翻掌上提,掌心向上,左手竖掌置于胸前(图 6-27①)。

(2)弓步架推:左脚提起向前上步弓腿,成左弓步,左掌向前推出,掌心朝前,目视前方。定势面向正东方向(图 6-27②)。

动作要点:上步弓腿,提掌,推手要相随一致,左手前推要有沉着之意,右手要有上升之意,右肩下沉,不可上耸。

①撤步合掌 　　　　②虚步搂按 　　　　③俯身按掌

图 6-26　按式

①起身提手 　　　　②弓步架推

图 6-27　青龙出水

15. 翻身三通背

（1）翻身摆掌：以左脚跟为轴，脚尖内扣135°，身体向右后转身，成右虚步；同时两掌上举，经头上方划弧，左手落至左额上方，掌心斜朝上方，右手落于脸前方，掌心向前，手指向上，高与眼平，目视前方。定

势面向正西方向（图6-28①）。

（2）弓步架推：右脚提起向前上步弓腿成右弓步；同时两手前推，右手在下，手指高与口平，左手在上，手指向右，拇指高与额平，目视前方（图6-28②）。

动作要点：右脚上步弓腿前，左腿要有蓄劲之势，要坐胯弓腿，尾闾前送，右手前推，手掌不能超过脚尖。

（3）上步捋按：以右脚跟为轴，脚尖外摆45°，身体右转，同时两手向下向右捋按至胸前，掌心朝下，左脚提起跟至右脚内侧，脚尖着地，目视左手方向（图6-28③）。

动作要点：摆脚、捋按、跟步，要抽右胯，蓄劲，以腰为主宰，带动四肢运动，上下协调一致。

（4）左弓步推掌：左脚提起向左前方上步弓腿，重心移左腿上，成为左弓步；同时双掌微内旋徐徐向前推出，左手高不过口，右手与胸同高，目视左手前方。定势动作偏西南角（图6-28④）。

动作要点：运动时两腿要分清虚实，弓步、转腰、推按，上下相随。推掌时要含胸拔背，尾闾前送，立身要中正。

（5）上步捋按：以左脚跟为轴，脚尖外摆45°，身体左转，同时两手向下向左捋按至胸前掌心朝下，右脚提起跟至左脚内侧，脚尖着地，目视右手方向（图6-28⑤）。

（6）右弓步推掌：右脚提起向右前方上步弓腿成右弓步，重心移至右脚上，同时双掌微内旋徐徐向前推出，右手高不过口，左手与胸同高，目视右手方向。定势面朝西偏北（图6-28⑥）。

（7）跟步合掌：左脚提起向前跟半步，脚尖着地；同时双手合抱于胸前，高与口平，目视前方（图6-28⑦）。

第六章 武式37式太极拳

①翻身摆掌    ②弓步架推

③上步捋按    ④左弓步推掌

⑤上步挒按　　　　　　⑥右弓步推掌　　　　　　⑦跟步合掌

图6-28　翻身三通背

16 左右云手

（1）扣脚转身：以右脚跟为轴内扣90°，同时身体左转，两掌随体左转合于胸前（图6-29①）。

（2）转腰落掌：腰微右转，左手向下落于腹前，掌心向内，右手外撑，掌心朝外，高与头平（图6-29②）。

动作要点：落掌，撑臂，重心微向右移，左脚有腾挪之势，身体有凌空之感。

（3）上步左云手：左脚提起向左侧跨步，弓腿；同时左手经胸前向上向左划弧至脸前；翻掌前推，右手弧形下落至腹前，掌心朝里，目视左手前方（图6-29③）。

（4）收脚右云手：以左脚跟为轴，脚尖内扣45°，重心不变，收回右脚，脚跟着地，同时右手随身体转动经胸前向上划弧至脸前翻掌坐腕，左手弧形下落至腹前，掌心朝里，目视右手方向（图6-29④）。

动作要点：两手的运动要与身体的转动协调一致，要做到提顶吊裆，以腰带手，重心水平运动。

（5）上步左云手：以右脚跟为轴，脚尖内扣同时重心移至右腿上；随即左脚提起向左侧跨步，脚跟着地；同时左手经胸前向上划弧至左脸前，随之弓腿，左臂内旋坐腕，右手弧形下落至腹前，掌心朝里，目视左手方向（图6-29⑤）。

（6）收脚右云手：以左脚跟为轴，脚尖内扣，重心不变，收回右脚，脚跟着地，同时右手随身体转动经胸前向上划弧至右脸前翻掌坐腕，左手弧形下落至腹前，掌心朝里（图6-29⑥）。

（7）上步左云手：以右脚跟为轴，脚尖内扣同时重心移至右腿上；随即左脚提起向左侧跨步，同时左手经胸前向上划弧至左脸前翻掌前按，掌心朝里，目视左手方向（图6-29⑦）。

动作要点：云手时，无论手心向内或向外，运转的圈要圆，动作速度要均匀，臂不可伸直或屈成三角形，手高不过头部，肩不可耸，重心移动时转腰松胯，不可只摆动双臂，身体重心水平运动，不可或高或低。上步收脚，脚尖应朝身体前方，外摆不能超过50°，上身要保持中正。

①扣脚转身　　②转腰落掌

③上步左云手　　　　④收脚右云手

⑤上步左云手　　　⑥收脚右云手　　　⑦上步左云手

图 6-29　左右云手

17. 左右高探马

（1）收脚合掌：右脚提起前跟半步；脚尖着地；同时右手外旋翻掌上托至腹前，手心朝上，手指向左，左手下落至胸前，掌心斜朝前，目视前方（图 6-30 ①）。

动作要点：右脚要收至左脚内侧，两手有上下相抱之意。

（2）弓步推掌：右脚提起向前上步弓腿成右弓步，同时右手上托微收，左手经右手上方向前推出，手指向上，高与口平，目视前方。（图6-30②）。

动作要点：弓步推掌时，左手前推作用力至右脚上，并与右手上下相合，若两手揉搓一皮球，左手向前揉搓。

（3）跟步抱推：左脚提起向前跟进半步，脚尖着地，重心不变；同时两手上下相抱，手心相对，目视前方（图6-30③）。

（4）转身翻掌：以右脚跟为轴，脚尖内扣90°，身左后转；同时两掌翻转，右手在上，掌心朝东南方向，手指向上，高与颏平，左手在下，掌心朝上，手指向右，高与胸平，目视右手前方（图6-30④）。

（5）弓步推掌：左脚提起向左前方上步弓腿，成左弓步，左手上托微回收，掌心向上，手指向右，右手经左手上方向前推出，高与口平，目视右手前方。定势面朝东南方向（图6-30⑤）。

①收脚合掌 　　　②弓步推掌 　　　③跟步抱推

④转身翻掌　　　　　⑤弓步推掌

图 6-30　左右高探马

18. 左右起脚

（1）右起脚

1）跟步按掌：左手内旋翻掌，掌心朝下，双手向前按掌至腹前，同时右脚提起向前跟半步，脚尖着地，目视双手方向（图 6-31①）。

动作要点：翻掌下按，与提脚跟步要相随一致，要松肩落胯，双手有捋按蓄劲之意。

2）提膝交臂：两手向左向上顺时针划弧，交叉于胸前，右手在外，左手在内，掌心朝里，高与口平，同时右膝提起，高与腰平，目视前方（图 6-31②）。

动作要点：两手划弧交臂要圆活，与提膝相随一致，提膝时，小腿要放松，脚尖自然下垂，劲蓄于膝。

3）分掌踢脚：右脚尖着力，向右前方踢出，高与腰平；同时两掌顺右腿方向左右分开，高与眼平，目视右手方向，定势面向正东方向（图 6-31③）。

动作要点：右踢脚时，脚背要绷平，两手臂外撑，重心稳定。

（2）左起脚

1）弓步按掌：右脚向右前方落步弓腿，成右弓步；同时双掌向前按至腹前，掌心朝下，手指向前，高与脐平，目视双手。定势面向东南方向（图6-31④）。

2）提膝交臂：双掌向右向上逆时针划弧交叉至胸前，左手在外，右手在内，掌心朝前，高与口平，同时提起左膝，目视前方（图6-31⑤）。

3）分掌踢脚：左脚尖着力，向左前踢出，高与腰平；同时两掌顺左腿方向左右分开，高与眼平，目视左手方向（图6-31⑥）。

①跟步按掌　　②提膝交臂　　③分掌踢脚

④弓步按掌　　⑤提膝交臂　　⑥分掌踢脚

图6-31　左右起脚

19. 转身蹬脚

（1）转身落掌：左脚收回向右脚右后插步脚尖着地，随即以右脚跟为轴身体左转，脚尖内扣135°，同时两手随体转下落至体侧，高与腰平，手心朝下，目视前方（图6-32①）。

动作要点：转身落掌时，要松肩沉肘，松腰坐胯，尾闾中正，重心稳定。

（2）提膝交臂：两手向下向上弧形交叉至胸前，左手在外，右手在内，掌心向内高与口平，同时左膝提起，高与腰平，目视前方（图6-32②）。

（3）分掌蹬脚：左脚跟着力向前蹬出，高与腰平，同时两掌顺左腿方向分开，左掌与肩相平，右掌与耳相齐。目视左脚方向，定势朝西（图6-32③）。

动作要点：蹬脚分掌要协调一致，重心腿向下松沉，发周身之力。

①转身落掌　　　　②提膝交臂　　　　③分掌蹬脚

图6-32　转身蹬脚

20. 践步栽捶

（1）落步握拳：左脚向前踏步弓腿落实，同时右手随势化弧前落，右手握拳与左手合于胸前，拳心向上，目视前方（图6-33①）。

动作要点：弓腿右臂前落要相随一致，右腿有腾挪之意。

（2）震脚摆臂：右脚提起向前，于左腿内侧立即向下踏震着地，左脚提起前迈，同时两臂后摆，右手心朝上，左臂横至胸前，掌心朝下，右手拳心朝上，目视前方（图6-33②）。

动作要点：右脚提起向下踏震在左脚的位置上，左脚蹬地腾空向前迈步。

（3）跪步栽拳：左脚向前跨一大步落地屈蹲，右脚蹬地向前跟进半步跪腿，同时右手变拳经脸前向下栽击至右膝前方，拳顶向下，左手向前向下搂按在左膝前外侧，掌心朝下。目视前下方。定势面向正西方（图6-33③）。

动作要点：践步踏震、上步、跪腿、栽拳要协调一致，举拳向下栽击时，举拳不能超过头顶，栽伸时，臂须向前下方成斜形，身体前倾不能超过30°，腹背要松开，身体前俯，不可前冲，动作要连贯，中间不可有停顿。

①落步握拳　　②震脚摆臂　　③跪步栽拳

图6-33　践步栽捶

21. 翻身二起脚

（1）转身摆掌：头部上领起身，随即以左脚跟为轴，脚尖内扣135°，身体右后转，右脚提起向右前方上步，脚跟着地，同时右拳随体转划弧至胸前方变掌，掌心朝上，左手随右臂上提举至左耳侧，掌心朝前,目视前方,定势面向正东(图6-34①)。

动作要点:翻身转体时,要注意上体中正,不偏不倚,转身上步,摆掌要协调一致,全神贯注。

(2)弓步推掌:右脚踏实成右弓步踏跳状,同时右掌翻掌向下搂按至右胯旁,左手坐腕前推,高与口平,目视前方(图6-34②)。

动作要点:要立身中正,松肩沉胯,手向前推不能过脚尖。

(3)摆腿蓄劲:左腿前摆,右腿微蹲蓄劲蹬地跳起,同时右手随势先向下向后再向前向上摆提,掌心朝前,左手向下挥摆,掌心朝下,目视前方(图6-34③)。

动作要点:左腿前摆与两臂摆动要相随一致,同时要右腿屈蹲蓄劲,准备蹬地腾空,要求身法中正,屈膝有力。

(4)腾空拍脚:右脚蹬地跳起,向前上方踢起腾空,同时右手向前拍打右脚面,左掌向后置于身体左侧,掌心朝下,手指向前,目视右腿(图6-34④⑤)。

动作要点:纵跳要高,两脚悬空,拍脚动作在两脚落地前完成,踢腿要直,击拍要准,要响。左、右脚依次落地,一落地即做跌步,注意身体中正。

①转身摆掌　　　　②弓步推掌

③摆腿蓄劲　　　　　　④腾空踢脚　　　　　　⑤拍脚落地

图 6-34　翻身二起脚

22. 跌步披身

（1）跌步採挒：左脚落地后，迅速收腿上提，右脚向下踏在左脚位置。同时两手快速向前上方伸举，右手在前，掌心朝下；左手在后，与右掌相合，两手成由前上向斜下的採挒之势，目视右手（图 6-35 ①）。

动作要点：左脚与右脚换步要迅速连贯，身法要中正不偏，两手有后挒之意。

（2）退步挒按：左脚向后撤一大步，踏实，带动右脚回收半步，脚尖着地，成右虚步，同时两手向下划弧挒按至小腹前，右手在前高与胸平，左手在后与腹相齐，定势面向正东（图 6-35 ②）。

动作要点：左脚后退步幅要大，要把右脚带回半步，两手后收要有挒按之劲。

（3）弓步推掌：腰微右转，右脚提起向前方上步弓腿，成右弓步，同时两掌内旋合力前推，右手高与口平，左手与胸平齐。定势时朝正东方向（图 6-35 ③）。

①跌步採挒　　　　　②退步挒按　　　　　③弓步推掌

图6-35　跌步披身

23. 伏虎式

（1）退步抱拳：腰微右转，右脚提起向后方退步落实，左脚收回半步，脚尖点地，成左虚步，同时两手握拳（图6-36①）。

（2）虚步伏虎：腰微左转，右手提拳由下向上向左划弧击打，高至右额前，拳心向下，左手握拳向下划弧至腹前，拳心朝下，两拳有相合之意，目视左前方（图6-36②）。

动作要点：两拳松握，两臂旋转要外抱内撑，两肩窝内合，拳心上下相对。

24. 左踢脚

（1）提膝交臂：左腿屈膝上提，高与腰平，同时两拳变掌划弧相交至胸前，左手在外，右手在内，掌心朝内，高与眼平，目视左腿前方（图6-37①）。

（2）分掌踢脚：左脚尖着力向前踢出高与腰平，同时两掌顺左腿方向向左右分开，左掌高与肩平，右手高与头平，定势朝东（图6-37②）。

动作要点：两掌左右分劈与踢脚协调一致，做到脚到手到，眼随手动，力达脚尖。

第六章　武式37式太极拳

①退步抱拳　　②虚步伏虎

图6-36　伏虎式

①提膝交臂　　②分掌踢脚

图6-37　左踢脚

25. 转身十字蹬脚

（1）盖步转体：左脚向右脚外侧盖步，身体右转，左脚踏地落实，右脚跟提起，同时两臂随体，摆掌，转身后两臂上掤交叉于胸前，目视前方（图6-38①、②）。

195

动作要点：盖步、转身、摆掌要协调一致，要松腰、坐胯，重心落在左腿上。

（2）提膝交臂：以左脚跟为轴，脚尖内扣225°，身体右后转，同时两臂随体转弧形向下向上抄起交叉于胸前，右手在外，左手在内，手心朝里，随即右膝上提，高与腰平，目视前方（图6-38③）。

动作要点：转身要轻灵，气向下沉，提膝时，身体要中正，小腿自然松沉。

（3）分掌蹬脚：右脚以脚跟着力向前方蹬击，高与腰平，同时两手左右分开，手高与肩相平，目视右脚方向。定势朝正东方向（图6-38④）。

动作要点：蹬脚时，脚尖尽量回勾，劲贯脚跟，支撑腿微屈，重心稳固，身体保持正直。

①盖步转体　　　　②虚步架掌

③ 提膝交臂　　　　　④ 分掌蹬脚

图 6-38　转身十字蹬脚

26. 上步指裆捶

（1）落步抱拳：右脚向前落步踏实，重心移至右脚，同时右手向下收至腰间握拳，拳心向上，左手立掌向右推挡至胸前，目视前方，定势朝东（图 6-39①）。

（2）收步拦按：身体右转，右腿坐实，左脚向前跟步至右脚内侧，顺转腰左手向左推拦下按（图 6-39②）。

（3）跟步搂打：左脚提起向前上步屈腿下蹲，随即右脚跟进半步，脚尖着地，同时左掌向下向左搂按至膝外侧，掌心朝下，手指向前，高与膝平，同时右臂内旋，右拳翻转以拳背向前撩出，拳心朝下。目视前下方，定势正东（图 6-39③）。

动作要点：注意步法虚实变化，搂手、上步、出拳、上下要协调一致，身法中正不可前俯。

①落步抱拳　　　　　②收步拦掌　　　　　③跟步搂打

图6-39　上步指裆捶

27. 左右更鸡独立

（1）右提膝托掌：左脚蹬地立起，右腿屈膝上顶，高与腰平，同时右拳变掌屈肘向上托举，置右脸前方，掌心斜朝上方，高与眼平，左掌按至左胯外侧与胯同高，目视前方（图6-40①）。

动作要点：支撑腿微屈，松腰沉胯，重心稳定，右膝上顶，劲蓄于膝，小腿自然放松，脚尖下垂。

（2）左提膝托掌：右脚落地踏实，重心移至右脚上，随即左腿屈膝上顶；同时左手向上托起，置脸前方，掌心斜向上方，高与眼平，右掌按至右胯侧。与胯同高，目视前方，定势朝东（图6-40②）。

28. 左右野马分鬃

（1）右野马分鬃

1）落步抱掌：左脚向左前方落步踏实，重心移向左脚，随即右脚向前跟至半步，脚尖着地，同时两手合抱于胸前，掌心上下相对，左手在上，高与胸平，右手在下与腹同高，目视双手方面（图6-41①）。

动作要点：抱掌时，两臂要撑圆，胸部要向下松沉圆活。

2）弓步掤按：右脚向右前方上步踏实成右弓步，同时身体右转，右臂向右上方掤出，掌心斜向上，高与肩平，左掌下按左胯外侧，掌心朝下，目视右手方向（图6-41②）。

动作要点：右掤左按，要以腰部旋转来带动，分掌与弓腿快慢协调一致，两臂不可伸直，重心要稳定。两手运动要有圆活之趣，身体要中正，不可前俯。

（2）左野马分鬃

1）跟步抱掌：右脚尖外摆45°，左脚提起向右脚内侧跟步，脚尖着地，同时两手掌划弧合抱于胸前，掌心上下相对，右手在上，左手在下，目视双手方向（图6-41③）。

2）弓步掤按：左脚向左前方上步踏实成左弓步，同时身体左转，左臂向左上方掤出掌心斜向上，高与肩平。右掌下按至右胯外侧，掌心朝下，目视左手方向（图6-41④）。

①右提膝托掌　　②左提膝托掌

图6-40　左右更鸡独立

①落步抱掌　　　　②弓步掤按

③跟步抱掌　　　　④弓步掤按

图 6-41　左右野马分鬃

29. 左右玉女穿梭

（1）左玉女穿梭

1）转身捋抄：以右脚跟为轴。脚尖外摆 45°，重心移至右腿上，身体右转，随即左脚跟至右脚内侧，脚尖着地；同时右手内旋经胸前向上向左划弧捋至右脸侧，掌心斜朝下，左手向下向右抄至胸前，手心向上，目视前方（图 6-42①）。

动作要点：两手运动要与身体的转动协调一致，要做到以腰带手，手到脚到。

2）上步掤架：左脚提起向左前方45°斜角迈步，脚跟先着地。同时左手经胸前向上掤架至额高，右手下落至胸前（图6-42②）。

3）弓步架推：重心前移，左腿前弓成左弓步，左臂上架，右掌竖掌前推，掌心朝前，手指向上，高与口平，目视右手前方。定势东南方向（图6-42③）。

动作要点：左手上掤时，左胸要有下沉之意；右手推出，右手不可松懈丢塌，身体保持中正。

4）跟步合臂：右脚提起跟步至左脚右后方，脚尖着地；同时肘向下松沉两臂相合（图6-42④）。

动作要点：跟步沉肘合臂，要相随一致，要注意抽胯、坐腿，劲蓄于腰。

①转身捋抄　　②上步掤架

③弓步架推　　　　　④跟步合臂

图 6-42　左玉女穿梭

（2）右玉女穿梭

1）撤脚交臂：右脚提起，身体右转，右脚向左后方（东北角）撤步，脚尖着地，重心仍在左腿。同时两臂上下相交脸前（图 6-43 ①）。

动作要点：撤脚交臂，劲蓄于腰，须立身中正，全神贯注于实腿，重心要稳定。

2）扣脚转身：以左脚跟为轴，脚尖内扣 225°，身体后转，两臂随动（图 6-43 ②）。

3）上步掤架：右脚向前（东北角）上步，脚跟着地，右臂内旋经胸前上掤架至额前上方，掌心朝前，左手落至胸前（图 6-43 ③）。

4）弓步架推：右腿前弓成右弓步，同时右臂上架，左掌前推，目视左手方向。定势朝东北方向（图 6-43 ④）。

5）跟步合臂：左脚提起向前跟步至右脚左后方，脚尖着地；同时两肘向下松沉，两臂内合（图 6-43 ⑤）。

第六章 武式37式太极拳

①撤脚交臂　②扣脚转身

③上步掤架　④弓步架推　⑤跟步合臂

图6-43　右玉女穿梭

（3）左玉女穿梭

1）扣脚掤手：以右脚跟为轴，脚尖内扣45°，重心仍在右腿，左臂内旋经胸前向上掤架，右掌落至胸前（图6-44①）。

2）上步架推：左脚提起向前（西北角）上步弓腿成左弓步；同时左手掤至额头前上方，掌心朝前，右手立掌经胸前向前推出，指尖向上，高与口平。定势西北方向（图6-44②）。

3）跟步合臂：右脚提起向前跟步至左脚右后方，脚尖着地，同时两肘松沉，两臂内合（图6-44③）。

（4）右玉女穿梭

1）撤脚交臂：右脚提起，身体右转，右脚向左后方（东南角）撤步脚尖点地，重心仍在左腿上，同时两臂上下相交脸前，左手在上，高与眼平，右手在下与胸同高，手心均朝下，目视前方（图6-45①）。

2）扣脚转身：以左脚跟为轴，脚尖内扣225°，身体右后转，同时右臂内旋经胸前上掤架至额前，左手落至胸前（图6-45②）。

3）上步架推：随后右脚向前（西南角）上步弓腿，成右弓步；同时右臂上架至额前上方，左手立掌经胸前向前推出，目视左方向。定势朝西南方向（图6-45③）。

动作要点：扣脚转身，上步弓腿，架臂推掌，动作要连贯，架臂上掤时，要松肩沉肘，同侧胸要有下沉之意，推掌时要松腰坐胯，尾闾前送，身体保持中正。

4）跟步合掌：左脚提起向前跟半步，脚尖着地，重心仍在右脚上，同时右手向下与左手相合，虎口相对，高与口平（图6-45④）。

①扣脚掤手 　　　　②上步架推 　　　　③跟步合臂

图6-44　左玉女穿梭

①撤脚交臂　　　　　②扣脚转身

③上步架推　　　　　④跟步合掌

图 6-45　右玉女穿梭

30. 对心掌

（1）转身掤掌：以右脚跟为轴，脚尖内扣 90°，身体左转，同时两手向下向左划弧置于胸前，左臂上掤，高与口平，右手俯掌，与胸同高（图 6-46 ①）。

动作要点：转身掤臂，相随一致，重心在右腿上，重心稳定，两臂抱圆，要有掤劲。

（2）上步掤推：左脚提起向左前方上步弓腿成左弓步，同时左臂向上向前架于额头前方，高与头平，掌心朝前，右手立掌前推，高与胸平，目视前方。定势正东（图6-46②）。

动作要点：左脚迈出时，两臂要有蓄劲之意，要松肩沉肘，蓄而后发。

（3）跟步合臂：右脚提起向前跟半步，脚尖着地，同时两肘松沉，双臂内合（图6-46③）。

①转身掤掌　　　　②上步掤推　　　　③跟步合臂

图6-46　对心掌

31. 下势

以左脚跟为轴，脚尖内扣90°，身体右转，右脚向右开步，屈蹲成左仆步，同时两臂左右分开下按，目视左手方向。定势身朝南（图6-47①、②、③）。

动作要点：右腿屈蹲动作要柔和富有弹性，两臂左右分展时，须松肩沉肘，屈蹲时脚跟不能离地，侧伸腿的脚外侧不得离地，上身正直。

①扣脚合掌　　　　②跨步蹲身　　　　③仆步下势

图 6-47　下势

32. 上步七星

右脚尖内扣蹬地转身,左脚尖外摆45°弓步,重心移至左腿上,随后,右脚提起向前进步,脚掌着地,成右虚步；同时右手经腹前向上抄起与左手交叉于胸前变拳,左拳在内,右拳在外,拳心均朝内,目视前方。定势向东(图 6-48 ①、②、③)。

动作要点：两手运动须与两腿运动协调相随,两拳交叉后胸部须有扩展之意,身体不可前俯后仰。

33. 退步跨虎

右脚提起向后退步落实,左脚再向后退半步,脚尖着地,同时身体右转,两拳变掌划弧旋臂上下分开,右手向上掤至右侧上方,左手下按至左胯前,目视前方。定势朝东(图 6-49 ①、②)。

动作要点：双手掤按时,要松腰、坐胯、身体中正。

①弓步穿掌　　　　　②转腰摆脚　　　　　③虚步冲拳

图 6-48　上步七星

①撤步掤手　　　　②虚步分掌

图 6-49　退步跨虎

34. 转身摆莲

（1）转体摆臂：以右脚跟为轴，脚尖外摆 225°，左脚跟提起，身体右转，同时两臂随体右摆至胸前，掌心朝下，高与肩平，目视双掌（图 6-50 ①）。

动作要点：转体时，重心不变，要提顶，吊裆，气沉丹田，以腰主宰，带动四肢运转，身体中正，重心稳定。

（2）扫腿盖步：拧腰扫腿，腰向右拧，左脚向右扫腿至右腿外侧盖步，重心移至右腿，同时双臂随身体继续右摆至胸前方，高与肩平。目视双手（图6-50②）。

（3）转身提腿：以左脚跟为轴，脚尖内扣45°，身体右转，两掌摆至右前方，同时右腿向左提起。脚尖下垂，目视左手方向（图6-50③）。

动作要点：双手右摆，右腿尽量向左提起，腰部放松。

（4）摆腿拍脚：右腿向上向右外摆，脚面绷平，左右掌依次于面前拍击脚面，目视双手。定势东南（图6-50④）。

动作要点：转身、扫腿、摆腿、拍脚动作要协调连贯。要以腰发力带动右腿外摆，重心要稳定。

①转体摆臂　　　　②扫腿盖步

③转身提腿　　　　　　④摆腿拍脚

图 6-50　转身摆莲

35. 弯弓射虎

（1）上步按捋：右脚向右前方（西南角）落步，同时两掌下落按捋，高与胸平，掌心均朝下，目视双手（图 6-51 ①）。

（2）转身提拳：身体右转，两手继续下捋至腹前，变拳提至胸部，掌心向内，目视前方（图 6-51 ②）。

动作要点：转身捋手，举拳要相随一致，劲蓄于腰脊。

（3）弓步打捶：身体左转，右脚尖微扣成侧弓步，同时两臂内旋向前击出。右拳置于右额前方，拳心向上，左拳置于胸前，与胸平齐，目视前方。定势向东南方向（图 6-51 ③）。

动作要点：要以腰为主宰带动两臂运转。两臂圆撑，不可伸直，呈拉弓状，身体中正。要顶头、松腰、沉胯、敛臀。

①上步按捋　　②转身提拳　　③弓步打捶

图 6-51　弯弓射虎

36. 双抱捶

（1）收步抱拳：两拳向下捋采至腹前，抱拳于腰间，拳心朝上，同时左脚向前跟步至右脚内侧，目视前方（图 6-52①）。

动作要点：收脚抱拳上下相随，立身中正，劲蓄于腰。

（2）进步撞捶：左脚提起向前上步弓腿，随即右脚向前跟进半步，脚尖着地，同时，两拳从腰间内旋向前崩出，拳心朝下，高与胸平，目视前方。定势东南方向（图 6-52②、③）。

动作要点：跟步撞捶要相随一致，拳到脚到。

37. 左手挥琵琶

右脚提起向后退步踏实，重心移至右腿，同时两拳变掌合力后捋至胸腹。左手高与胸平，右手与腹平齐，两手心斜相对，目视前方（图 6-53①、②）。

武式太极拳

①收步抱拳　　　　②进步撞捶　　　　③跟步撞捶

图6-52　双抱捶

①退步后捋　　　　②虚步捋按

图6-53　左手挥琵琶

（三）收势

（1）屈蹲按掌：左脚提起收至右脚左侧踏平，间距一脚宽，两腿屈蹲，同时两手收至两胯侧，掌心朝下，目视前方（图6-54①）。

（2）并步直立：两腿伸膝，身体慢慢升起，同时，两手外旋下落于大腿两侧，左脚提起并至右脚处，身体直立，目视前方。定势向南（图6-54②）。

动作要点：两拳慢慢下落与两腿缓缓直立，并腿动作要缓慢，速度均匀，调息，呼吸自然。

①屈蹲按掌　　②并步直立

图6-54　收势

第三节　拆招

一、左懒扎衣

对方用右掌（拳）向我胸面部击来，我以右臂上掤，随即旋腕将采对方右腕，我以左臂尺骨处粘贴对方右肘，右胯根后抽，松肩沉肘，向右下将采，随即上左步，双手合力将对方发出（图6-55①、②、③）。

二、提手上势

对方右顺步用拳向我头部击来，我身体右转重心移向左腿，随即左

武式太极拳

手上托对方右肘,对方受制又用左拳击我腹部,我随即右手拦截其左手腕外旋上步,顺势两掌合力将其发出(图 6-56 ①、②、③)。

①右顺步打拳　　　　②上步捋採　　　　③弓步前发

图 6-55　左懒扎衣

①右顺步打拳　　　　②左托右截　　　　③弓步前发

图 6-56　提手上势

三、白鹅亮翅

对方以右顺步拳击我面，我左掌向上托其腕，对方又用左拳击我腹部，我顺势抄其左腕向右向上抄起；右足上步，身体右转，右臂向上向右挒其左臂；随势身体右转，右臂上撩对方右臂，左手按其右胯，将其发出（图 6-57 ①、②、③、④）。

①右顺步打拳 　　②左托右抄

③上步撩按 　　④弓步击发

图 6-57　白鹅亮翅

四、搂膝拗步

对方以右拳击我胸部，我以右臂上掤，随即手臂内旋下塌其臂腕，身体右转，顺化其力。然后上步弓腿，左手向其肩部推出，使其失重跌出（图6-58①、②、③）。

①右顺步打拳　　②上步右掤　　③弓步搂推

图6-58　搂膝拗步

五、搬拦捶

对方右顺步击我胸部，我身体右转右掌以肘为轴用尺骨轻贴其小臂外侧，右手顺势内旋，将对方手臂搬出，左掌拦其肘下按其手，左脚上步弓腿，右拳向其胸肋进击（图6-59①、②、③、④）。

六、如封似闭

我用右搬拦捶进击，对方用手横拦，我右拳顺势向左引化，左掌从我右臂下穿至对方左肘，左臂内旋其腕向左顺势横引，使对方背势。我随即上左步弓腿，双手合力前按，将其发出（图6-60①、②、③）。

第六章　武式37式太极拳

①右顺步打拳　　　②顺势搬拳

③上步拦肘　　　④进步打捶

图6-59　搬拦捶

①右顺步搬　　　　　②左掌前穿　　　　　③抽臂引按

图 6-60　如封似闭

七、抱虎推山

对方从背后左顺步用拳击来，我速向右转身，右手掤接旋拧其手腕。同时上右脚弓步，拌其左腿，用左掌根劈砍其喉（图 6-61①、②、③）。

①左顺步打拳　　　　②转身旋拧　　　　　③上步劈砍

图 6-61　抱虎推山

八、手挥琵琶

对方用右拳击我胸部,我随即退步右手上掤外旋向后牵引;左手尺骨按截其肘。同时,两掌合力,腰胯右转,右腿落胯后坐,使其向后跌出(图6-62①、②、③)。

①右顺步打拳　　②撤步引截　　③合力旋压

图6-62　手挥琵琶

九、肘底看捶

对方从我左侧或后背以左顺步拳向我击来,我左转身左臂屈肘用桡骨一侧外掤内旋,截其肘部,同时左手背击其面门,右拳向其左肋进击,指上打下(图6-63①、②、③)。

①左顺步打拳　　　　②左转外掤　　　　③击面打肋

图6-63　肘底看捶

十、倒撵猴

对方双手按我左小臂，向我胸部推按，我左臂掤接其双手，左腿滑步斜撤化解其劲。同时向左转身，右手塌住其肩，向我左前方发出（图6-64①、②、③）。

①左弓步推按　　　　②撤步引化　　　　③弓步前发

图6-64　倒撵猴

十一、按式

对方右手抓住我手腕下採,我右腕顺势内旋下沉前送,即可化解其力,解脱手腕并将其发出(图6-65①、②)。

①右弓步採腕　　　　②蹲身沉送

图6-65　按式

十二、青龙出水

对方用右手顺步向我面部击来,我右手上掤,顺势内旋向上拧转对方右腕,身体右转。同时左脚上步弓腿(或踩对方足面)左掌向其胸肋发出(图6-66①、②、③)。

十三、翻身

对方顺步右拳向我面部击来,我右手上掤内旋抓住对方右腕,左小臂以尺骨处上截其肘。同时身体右转180°。同时右腿向后退一步,双手合力捋採,将对方摔跌于我身前(图6-67①、②、③)。

武式太极拳

①左弓步打拳　　　　②上提拧翻　　　　③左弓步提按

图6-66　青龙出水

①右顺步打拳　　　　②虚步掤截　　　　③翻身撤步捋採

图6-67　翻身

十四、三通背

对方以右拳击我胸部，我右掌上掤随即旋腕採住其臂后引，左手以尺骨处里裹其肘。然后左足上步双手合力，将其发出（图6-68①、②）。

①右弓步打拳　　　　　②採引击发

图 6-68　三通背

十五、更鸡独立

对方用右顺步向我胸腹击来，我左掌下按其拳。右掌顺势向其面劈去。同时起右足前蹬踢其裆膝（图 6-69 ①、②）。

①右弓步打拳　　　　　②採劈踢蹬

图 6-69　更鸡独立

十六、伏虎式

对方用右顺步拳击我胸,我退右步闪身,右手掤接其腕,左手托肘,将采其臂。如对方顺势进步靠我胸部,我随即身体左转化其靠劲。右手握拳向其面门击出(图6-70①、②、③)。

①左顺步打拳　　　　②右退步将采　　　　③转腰打拳

图6-70　伏虎式

十七、指裆捶

对方以右脚向我裆部踢来,我左掌向左搂开其脚。同时速进左脚靠近其身,甩臂抖腕以右拳撩击其裆(图6-71①、②、③)。

十八、双抱锤

对方端住我双肘,意欲外发,我速松肩沉肘,肘尖外撑,双拳背向下按其肘,使其失重前倾。同时进步插裆,双拳内旋向对方胸部撞击,将其击出(图6-72①、②、③)。

第六章 武式37式太极拳

①左踢脚　②左进步搂腿　③右进步指裆

图6-71 指裆捶

①双托肘　②撤步沉化　③进步双撞

图6-72 双抱锤

十九、高探马

对方右拳击我胸部，我含胸避让其拳锋；随即，左掌向下拦截其肘，左脚前踏对方足外侧；同时，右掌以掌沿向前切削其喉，使其跌出（图

6-73①、②、③)。

①右弓步打拳　　　②含胸拦肘　　　③左进步踏足削喉

图6-73　高探马

第七章 武式108式太极拳

第一节 基本形态

一、静型

面：面部要自然。
口：口自然闭合。
舌：舌微上翘，抵住上颚，搭鹊桥，以加强唾液分泌。
眼：双眼自然睁开，威而不猛，精神内敛。不要瞪眼、闭眼，也不要半开半闭；更不能呆滞、愠怒、眯瞄和喜形于色。

二、动态

（一）眼法

拳谚讲："眼是心之苗。"眼是心灵的窗户，是神的具体反映，俗称"眼神"。武禹襄《打手要言》中说"形如搏兔之鹘，神似捕鼠之猫"。

太极拳在专注手上听劲、注重触觉灵敏的同时，也非常重视眼法之运用。有太极拳的精巧处全凭眼法之说，即眼神与各种有形的动作和无形的神、意、气要配合使用，身、手、步随目光之动向而转换，劲法变化，目光亦随之变换。行拳时，神态要自然，注意力要集中，不可偏头侧视，皱眉怒目，也不要随意闭眼或精神涣散。而要精神饱满，眼神含蓄，目有所视,含而不露,气韵生动,神不外散。

平视:太极拳的眼神以平视为主,眼神透过具体动作的主手方向向前看去,不要目光呆板,死看着手,而是要把意念放远、放长。

随视:目视方向随拳势动作和手的运动变化而变化。眼随手动时,要注意当手运动到面前或胸前时,眼随手转;当手运动到比胸还低的位置时,就不要再随视,而要随腰的转动向前平视,否则会出现低头现象;还要注意不要过于认真地盯住一个目标,而是要做到似看非看。再有就是以眼领手,指眼神关注动作运行的方向,身欲动眼先望。凡身体准备转向时,眼先向预定的方向望去,然后手脚再一并跟上,这样,伸出的手、迈出的步和使出的气力才能手眼相随恰到好处。

注视:是指在动作或姿势完成将成为定势时,眼睛要透过手注视远方,做到意远劲长。眼专注一方,劲才能专注一方。眼无所专注,劲必然散漫,拳架必无气势。注视要贯注而活泼,不是强制的双目圆睁,也不是强求的炯炯有神,更不是目若垂帘、两眼无光。眼的专注是守中气、绝杂念的体现,眼能专注,才能蓄住神,从而提起精神,精神内敛。

左顾右盼:是指眼神在注视动作变化的主要方向时,还要"眼观六路,耳听八方"顾及身体的上下和两侧。这里的"顾、盼"是查看、关顾和防范之意。拳论"顾在三前,盼在七星"讲的就是在推手或技击中既要查看好对方上、中、下三路,即"眼前、手前、脚前"的具体情况,还要快速扫视对方的"肩、肘、膝、胯、头、手、足"七个部位,顾盼全面,及时捕捉对方用意和动向。

(二)身法

(1)腾挪:实际上就是蓄力,腾就是腾起,挪就是挪动对方来力,改变对方的方向,或者错开对方的方向。

(2)闪战:实际上就是发力。闪就是闪开,闪开不是躲闪的闪,而是错开。战,就是快速的发力。

(三)六合[①]

(1)内三合:即神、意、气的修炼,神、意、气的关系。神随意,意随气,

[①] 六合、两柱一中、内劲传递法.由钟振山2018年10月13日在广州市太极拳协会的学术讲座整理而成.https://mp.weixin.qq.com/s/N7qg3ktONBxY6gfLlfbgFw.

气随形,形合力。

①神与意合:神即神意,非有意,也不是全然无意,是一种虚灵之意识,是无为无欲,神随意走。

②意与气合:意即心意,有具体内容,可以关注,可以付之行动,是有为有意。要让自己意念敷在呼吸上,关注呼吸,但不要引导呼吸。吸蓄要轻灵,呼发要沉着,意随气走。

③气与力合:吸气时,身体阳面有涨意。呼气时,气沉丹田。通过内在的呼吸撑开身体之形,是气和力合的着力点。

(2)外三合:手与脚合,肘与膝合,肩与胯合。

①手与脚合有三意:一是两手相合,二是两脚相合,三是手脚相合。

②肘与膝合;沉肘顶膝,上下呼应,肘膝同攻。

③顺步出手,肘合膝;拗步出手,手合足。

(四)两柱一中

两柱一中即身体支柱、精神支柱以及身体的中心位置。

(1)身体支柱:即脑后侧面、身体脊柱、脚跟形成的外形之轴,即形轴,是有形之轴,为虚。

(2)精神支柱:百会穴、会阴穴到脚踝内侧是精神往来之地,即意轴,是无形之轴,为实;两柱合一,精神升华。

(3)身体的中心即丹田。

(五)内劲传递法

1. 三个面

(1)作用面:是由四条线构成的一个垂直于地面的平面,发力时需将自身所有劲力会集于这一平面,并透过这个平面向外施发。

组成作用面的四条线为,一是意轴,由百会、重心、会阴、脚跟连成的一条直线;二是上参照线,前手食指与鼻尖连成的一条线;三是下移动线,前足大脚趾、脚跟内侧以及后足跟内侧连成的一条线;四是前参照线,前食指与前足大脚趾连成的一条线。

(2)转换面:是由身上两胯根、两肩根四点构成的一个垂直于地面的平面,用于转换对方的来力。

（3）启动面：是由大脚趾、后脚跟内侧和膝盖内侧三点组成的一个垂直于地面的平面,用于自身力量的启动。

三个面相互间形成了一定的角度,启动面和转换面之间的角度为90°；作用面和转换面之间的角度为135°；作用面和启动面之间的角度为45°。

三个面是指接劲时的瞬时动作状态,如懒扎衣,应侧身接手,作用面就是用力面,可以顺步用力,也可以拗步用力,但都不离这个作用面；为了使用此面,身体需要转换,就产生了转换面,转换时不只是腰转,而是在腰的带动下,带着转换面一起转；蹬腿发力时,劲起于后脚跟,不能产生跪腿现象,膝应与大趾内侧在一个面内,自然就形成了启动面。

2. 八对劲

（1）掌根前推与肩根后缩为一对劲；
（2）肘尖下沉与食指上挑为一对劲；
（3）大小鱼际左右外撑为一对劲；
（4）两肩外开与两手内合为一对劲；
（5）膝盖前顶与胯根后缩为一对劲；
（6）两胯根外开与两膝两足前合为一对劲；
（7）百会穴上顶与尾闾下沉为一对劲；
（8）肩胯外开和肩胯之根通过命门后撑抽住与两脚两手前合为一对劲。

3. 五弓合一

将武式太极拳的身法练到身上,形成自然的条件反射,就形成了五个弓。五弓,就是两个手臂为两张弓、两条腿为两张弓、身体为一张弓。

武式太极拳将人体看成五张弓,身为主弓,两手臂和两腿为四张辅弓。蓄发时,四张辅弓必须在主弓的统帅下进行有机的统一运动,以达到周身完整一气,即蓄劲如张弓,发劲如放箭。但是人体与真实的弓是有着本质区别的,练太极拳主要是靠意识的支配来得到蓄劲和张弓的效果。

三、武式太极拳整体运动的形态要求

（1）动作节奏连绵不断：由起式到收势,不但外形运转不断,尤其是

内气运转要求一气呵成,无有间断。

（2）追求劲由内换:其要点在两个腰眼之间。例如,向左转时,左腰眼微向上抽,用右腰眼托起左腰眼,而左胸须虚空;迈左步时,左腰眼微向上抽,用右腰眼托起左腰眼,精神贯注于右腿的支撑,左腿则气势腾挪。

（3）呼和吸要自然:以外形调内息,在每势的运动中结合呼吸,通过开呼、合吸带动横膈膜升降,上承下压,促使胸、腹内脏器也随之运动,这样就形成了周身骨节、肌肉群、五脏、六腑的一动俱动、一静俱静效果。武式太极拳在呼气时结合古代的"踵吸法"用"呵、嘻、呼、呬、吹、嘘"6个字,来分别医治心、肝、脾、肺、肾、胆各部位的疾病,没病的人则用"呵"字以健心脏。按中医学说,心为君,心脏安健,对其他脏腑能起到好的影响作用。念上述各字时,要求做出念某字的口型,轻微呼气即可。发音要以小到似有似无,不被别人听见为宜。

初学者应保持自然呼吸,暂不强调动作和呼吸的配合,以免损伤身体。练习者应按照自己的习惯和当时的需要进行呼吸,该呼就呼,该吸就吸,动作和呼吸不要互相约束。刚开始要多注意身法的要求,在久练纯熟后,呼吸自然能够配合动作的开合,变得柔和而均匀。

（4）以心行气、以意运身:练习时,先要心静,使意念专注,从而逐步发挥意识的主导作用。做到一方面以意领气、以气运身、气到力到,引导肢体运动;一方面又以意识控制肢体按照严格的动作规范运动,让外形的变化引起呼吸的相应配合,并经长期练习,获得神、意、气、劲、形的协调统一。

第二节　武式108式太极拳

一、武式108式太极拳动作名称

预备式	1. 起式	2. 左懒扎衣	3. 右懒扎衣
4. 单鞭	5. 提手上势	6. 白鹅亮翅	7. 左搂膝拗步
8. 左手挥琵琶	9. 左搂膝拗步	10. 右搂膝拗步	11. 上步搬拦捶

续表

12. 如封似闭	13. 抱虎推山	14. 右手挥琵琶	15. 右懒扎衣
16. 单鞭	17. 提手上势	18. 高探马	19. 肘底捶
20. 倒撵猴一	21. 倒撵猴二	22. 倒撵猴三	23. 倒撵猴四
24. 右手挥琵琶	25. 白鹅亮翅	26. 左搂膝拗步	27. 左手挥琵琶
28. 按式	29. 青龙出水	30. 三通背一	31. 三通背二
32. 三通背三	33. 单鞭	34. 云手一	35. 云手二
36. 云手三	37. 单鞭	38. 提手上势	39. 左高探马
40. 右高探马	41. 右起脚	42. 左起脚	43. 转身蹬一脚
44. 践步栽捶	45. 翻身二起脚	46. 跌步披身	47. 巧捉龙
48. 踢一脚	49. 转身蹬脚	50. 上步搬拦捶	51. 如封似闭
52. 抱虎推山	53. 右手挥琵琶	54. 斜懒扎衣	55. 斜单鞭
56. 野马分鬃一	57. 野马分鬃二	58. 野马分鬃三	59. 右手挥琵琶
60. 右懒扎衣	61. 单鞭	62. 玉女穿梭一	63. 玉女穿梭二
64. 玉女穿梭三	65. 玉女穿梭四	66. 右手挥琵琶	67. 右懒扎衣
68. 单鞭	69. 云手一	70. 云手二	71. 云手三
72. 单鞭	73. 下势	74. 更鸡独立一	75. 更鸡独立二
76. 倒撵猴一	77. 倒撵猴二	78. 倒撵猴三	79. 倒撵猴四
80. 右手挥琵琶	81. 白鹅亮翅	82. 左搂膝拗步	83. 左手挥琵琶
84. 按式	85. 青龙出水	86. 三通背一	87. 三通背二
88. 三通背三	89. 单鞭	90. 云手一	91. 云手二
92. 云手三	93. 单鞭	94. 提手上势	95. 高探马
96. 对心掌	97. 十字脚	98. 上步指裆捶	99. 上步懒扎衣
100. 单鞭	101. 下势	102. 上步七星	103. 退步跨虎
104. 转身摆莲	105. 弯弓射虎	106. 左懒扎衣	107. 退步双抱捶
108. 收势			

二、武式108式太极拳动作图解

（一）预备式

并步直立：两脚并拢，双膝微屈，身体自然直立，肩臂松垂，手指向下，心静体松，目视前方（图7-1）。

动作要点：双脚并步站立时，要体态自然，精神集中，头部正直，下颌微收，虚领顶劲，两肩松开，气向下沉，做到含胸、拔背、裹裆、护臀、吊裆、松肩、沉肘。

图7-1　预备式

（二）108式太极拳

1.起式

（1）开步直立：左脚轻提，向左横跨一步，与肩同宽（图7-2①）。

（2）旋臂托掌：两手慢慢外旋，向上托起，手心向上，手指自然张开，高与肩平（图7-2②）。

（3）蹲身按掌：上体保持端正，两手内旋，掌心翻转，轻轻下按于腹前,然后两腿缓慢屈蹲(图7-2③)。

动作要点:起式动作要注意保持上身端正,开步时两腿不可伸直,要保持微屈,两手内旋和外旋,要随动作的上举和下落动作渐渐完成,不要突然翻转。两腿屈蹲时,要上体中正,要松腰、敛臀、坐胯,不要凸腹撅臀、跪膝,整个动作要协调一致。

①开步直立　　②旋臂托掌　　③蹲身按掌

图7-2　起式

2. 左懒扎衣

(1)虚步前掤:重心右移,右脚脚踝内旋,脚尖微内扣,身体左转45°,右腿屈膝半蹲,左腿轻提,脚跟抬起,左脚微收,成左虚步;双手随转体向斜前上方掤举,左手举至口前,右手举至胸口部,成侧立掌,掌心相对(图7-3①)。

动作要点:提起精神,右实左虚,右腿有上提之意。

(2)上步撑掌:左脚提起向左前方(45°斜角)上步,脚跟着地,重心仍在右脚。同时两臂掌内旋向左前上方徐徐推按,左掌指向上,高与口平,右掌高与胸平,指尖斜向上,掌心向左前方向,目视左手方向(图7-3②)。

动作要点:上步和撑掌要一致,两臂撑圆,要松腰、坐胯、沉肘。

(3)弓步推掌:重心移向左腿,左脚掌踏实成左弓步。同时两掌向前徐徐推出,左手高不过眼,右手在后,与胸平齐。右腿要有腾挪之势,目视左手前方。(图 7-3 ③)。

动作要点：弓步、转腰、推掌要上下相随。松肩沉肘两臂圆屈，不能伸直。推掌时要含胸拔背，尾闾前送，立身要中正。

（4）跟步合掌：右脚向前跟步，脚尖点地，两脚为左实右虚，同时两手合于胸前，两手虎口相对，高与口平，目视前方（图 7-3 ④）。

动作要点：跟步合掌时，左胯要下落不可上起，胸臂之间要圆活。

①虚步前掤 　　②上步撑掌

③弓步推掌 　　④跟步合掌

图 7-3　左懒扎衣

3. 右懒扎衣

（1）转身摆掌：以左脚跟为轴,脚尖内扣45°,身体右转,同时两掌随体右转弧形落至右前方,右手在前在上,高与口平,左手在下与胸平齐,目视右手方向（图7-4①）。

动作要点：转身时,重心仍在左脚上,以左脚跟为轴扣转,同时右脚掌碾转,重心要稳定。

（2）上步撑掌：右脚提起向右前方（45°斜角）上步,脚跟着地,重心仍在左脚上,同时两掌弧形向右前方举起,右手高与口平,左手与胸平齐,目视右手方向（图7-4②）。

动作要点：上步与撑掌要一致,两臂撑圆,要松腰,坐胯,劲蓄于肘。

（3）弓步推掌：重心移向右腿,右脚掌踏实成右弓步。同时两掌向前徐徐推出,右手高不过眼,左手在后,与胸平齐。右腿要有腾挪之势,目视右手前方（图7-4③）。

动作要点：弓步转腰,推掌要上下相随。松肩沉肘,两臂圆屈,不能伸直。推掌时要含胸拔背,尾闾前送,立身要中正,不可前俯。

（4）跟步合掌：左脚向前跟步,脚尖点地,两脚为右实左虚,同时两手合于胸前,两手虎口相对,高与口平,目视前方（图7-4④）。

动作要点：跟步合掌时,右胯要向下沉落,不可上起,胸臂之间要圆活。

①转身摆掌　　　　②上步撑掌

第七章　武式108式太极拳

③弓步推掌　　　　④跟步合掌

图7-4　右懒扎衣

4. 单鞭

（1）扣脚转体：以右脚跟为轴内扣45°踏实，同时身体左转，两掌随体左转合于胸前，高与口平，目视双手（图7-5①）。

（2）坐步分靠：身体左转，左脚向左横跨，脚跟着地，两臂微分，左肩有前靠之势（图7-5②）。

动作要点：两肩、两肘要与两胯、两膝相合，两手与两足相合。

（3）弓步分掌：左腿前弓成左弓步，两手随转身左右分开，左手立掌高不过眼，远不过脚。右手舒腕高不过肩，目视左手方向（图7-5③）。

动作要点：转身，跨步，分掌要连贯，要以腰为轴带动四肢运动，身体中正，不可前俯。

5. 提手上势

（1）扣脚托掌：身体右转，以左脚跟为轴，脚尖内扣45°，同时左手向上举托于左额前上方，掌心斜向上，右臂微沉下落（图7-6①）。

（2）收步合臂：右脚轻提，微收回半步，脚尖着地，右手划弧向下按于右胯前，两臂相合，目视前方（图7-6②）。

动作要点：转身时重心要稳定，脚手上下相随，尾闾中正。

①扣脚转体　　　　②坐步分靠　　　　③弓步分掌

图 7-5　单鞭

①扣脚托掌　　　　②收步合臂

图 7-6　提手上势

6. 白鹅亮翅

（1）上步交臂：右脚提起上步，脚跟着地，同时右掌上提与左手下落相交于胸前，目视前方（图 7-7 ①）。

动作要点：提脚上步与两手相交要上下协调一致，重心要稳定。

（2）弓步撩推：右腿弓步；同时右臂上撩于头上方，掌心向前，手指向左。左手向前推按，掌心朝前，高与口平，目视前方，定势为西南（图7-7②）。

动作要点：无论前推或上撩，双臂须保持弧形，不可伸直，手指舒展伸开，不得用力。

（3）跟步合掌：左脚提起向前跟至右脚内侧，脚尖着地；同时右手下落与左手合抱于胸前，虎口相对，高与口平，目视前方（图7-7③）。

动作要点：跟步与合掌要动作一致，胸臂之间要有圆活之趣。

①上步交臂　　②弓步撩推　　③跟步合掌

图7-7　白鹅亮翅

7. 左搂膝拗步

（1）撤步分掌：左脚提起向右后方撤半步，脚尖点地，同时右掌提至右耳旁，掌心朝里，左手落到胸前，掌心朝下，目视右手（图7-8①）。

（2）扣脚转身：身体左转，以右脚跟为轴内扣135°，脚尖指向东方，胸朝东方（图7-8②）。

（3）弓步搂推：左脚提起向左前方上步，弓腿成左弓步；同时身体左转，左掌经左膝上向左划弧平搂，至左膝外侧，高与胯平，掌心朝下。右掌向前推出，手指向上高与口平，目视右手前方，定势动作朝东北方向（图7-8③）。

动作要点：上步不可僵硬，上步要脚跟先着地，两手的上下运动要有化开对方之劲,左手的下落与左胸有相吸相系之意。右手前推时,右胸要有下沉之意,右手作用力落在左脚跟上,左手搂和右手推要一致,有"引""蓄"之势。

(4)跟步合掌:右脚提起向前跟至左脚内侧,脚尖点地;同时右手下落与左手合抱于胸前,虎口相对(图7-8④)。

动作要点:跟步合掌时,左胯要向下沉落,不可上起,胸臂之间要圆活。

①撤步合手　　②扣脚转身

③弓步搂推　　④跟步合掌

图7-8 左搂膝拗步

8. 左手挥琵琶

（1）后坐将手：右脚提起向后退步踏实，重心移至右腿，同时两掌合力后将至胸腹（图7-9①）。

（2）虚步合按：左脚收回半步成左虚步，腰微右转，两手相合，左手前按高与胸平，右手将合与腹平齐，两手心斜相对，目视前方（图7-9②）。

动作要点：右脚后撤时，臀部不可向后凸起，胸部向下松沉，引导两手回收。

①后坐将手　　　②虚步合按

图7-9　左手挥琵琶

9. 左搂膝拗步

（1）提手上步：左脚提起向前上步，脚跟着地。身体左转，同时右掌提至右耳旁，掌心朝里，手指向前，左手落到胸前，掌心朝下，目视右手。胸朝东方（图7-10①）。

（2）弓步推掌：左脚前弓，成左弓步；同时身体左转，左掌经左膝上向左划弧，平搂至左膝外侧，高与胯平，掌心朝下。右掌向前推出，手指向上高与口平，目视右手前方，定势动作朝东北方向（图7-10②）。

动作要点：上步不可僵硬，上步要脚跟先着地，两手的上下运动要有化开对方之劲，左手的下落与左胸有相吸相系之意。右手前推时，右胸要有下沉之意,右手作用力落在左脚跟上,左手搂和右手推要一致,有"引""蓄"之势。

(3)跟步合掌:右脚提起向前跟至左脚内侧,脚尖点地;同时右手下落与左手合于胸前,虎口相对(图7-10③)。

动作要点:跟步合掌时,左胯要向下沉落,不可上起,胸臂之间要圆活。

①提手上步　　　②弓步推掌　　　③跟步合掌

图7-10　左搂膝拗步

10.右搂膝拗步

(1)转身分掌:左脚以脚跟为轴,脚尖内扣45°。(脚尖指向东方)。身体右转,同时左掌向上划弧提至左耳侧,掌心朝里,手指向前。右掌向下搂按至胸前,掌心朝下,手指向左,目视双手(图7-11①)。

动作要点:转身与提手、按掌要一致,两手有蓄发之势。

(2)上步搂掌:身体右转,右脚提起向前上步,脚跟着地,右掌下沉外搂(图7-11②)。

(3)弓步推掌:右腿前弓成右弓步,随即右手经右膝上方向右搂至右膝外侧,高与胯平,掌心朝下,手指向前。同时左掌向前推出,掌心朝前,手指向上,高与口平,目视左手前方。面朝东南方(图7-11③)。

①转身分掌　　　　　②上步搂掌　　　　　③弓步推掌

图 7-11　右搂膝拗步

11. 上步搬拦捶

（1）跟步抱拳：身体右转，左脚提起向前跟至右脚内侧，脚尖着地，同时右掌虚握拳收至腰间，拳心向上（图 7-12 ①）。

（2）上步拦按：左脚提起向左前方上步，脚跟着地，左手向右拦按（图 7-12 ②）。

（3）弓步打拳：左腿前弓成左弓步；同时右拳内旋经左手背上方旋臂平拳击出，高与胸平，拳心朝下，定势朝东（图 7-12 ③）。

动作要点：各动作之间要协同连贯，衔接自然；弓步膝不宜过脚尖，右臂打拳不可伸直。尾闾中正，重心稳定。

（4）跟步冲拳：右脚提起向前跟至左脚内侧，脚尖着地，随跟步右臂继续向前冲拳，右臂微屈，目视前方（图 7-12 ④）。

动作要点：跟步与冲拳要一致，要松肩沉肘，坐胯，重心稳定。

①跟步抱拳　　　　②上步拦掌

③弓步打拳　　　　④跟步冲拳

图 7-12　上步搬拦捶

12. 如封似闭

（1）松身撤步：右脚提起向后撤半步，同时右拳经右手腕上外旋回抽（图 7-13①）。

（2）坐步分手：重心后移右腿落实，右拳变掌，双掌外分，掌心斜向上，目视前方（图 7-13②）。

（3）收步下按：左脚后收半步，脚尖着地，两臂内旋，两掌微按（图 7-13③）。

动作要点：撤步，收脚，分掌要协调一致，松腰坐胯，两手回收，有分按蓄劲之势。

（4）上步前搓：左脚提起向前上步；同时两臂前搓，两掌微前按（图7-13④）。

（5）弓步前推：左腿前弓成左弓步，两掌继续向前推按，手指向上高与口平，目视前方（图7-13⑤）。

动作要点：两手前推要注意松肩、沉肘、含胸、拔背，上体要中正不偏。

（6）跟步前送：右脚提起向前跟进半步，脚尖着地，同时随身体前拥，两臂两掌继续前送，目视双手方向（图7-13⑥）。

①松身撤步 　　②坐步分手 　　③收步下按

④上步前搓 　　⑤弓步前推 　　⑥跟步前送

图7-13　如封似闭

13. 抱虎推山

（1）撤步分掌：右脚提起向左后方插步，脚尖着地，同时身微右转，双手分开，目视左手前方（图7-14①）。

动作要点：撤步，转身，分掌要相随一致，要松腰坐胯，重心仍在左腿上。

（2）转身平搂：以左脚跟为轴，脚尖内扣180°（脚尖指向西方），身体右转，同时右手随体向右搂于胸前，掌心朝下，手指向左。左手举至左耳侧方，目视西北方向（图7-14②）。

动作要点：要松肩，沉肘，坐胯，以左脚跟为轴，以腰为主宰，带动四肢运转，尾闾中正，重心稳定，不可摇摆。

（3）上步抱拳：右脚提起，向右前方上步，脚跟着地，右掌向右下弧形搂抱于右腹前，握虚拳，拳心朝内（图7-14③）。

（4）弓步抱推：右腿前弓成右弓步；同时右手抱拳，左掌内旋向前推按，高与口平，目视左手前方（图7-14④）。

动作要点：右手抱虎之势要饱满，左手前推要沉着。

（5）跟步合掌：左脚提起向前跟进半步，脚尖着地；同时右拳变掌，两手合于胸前，虎口相对，高与口平（图7-14⑤）。

①撤步分掌　　　　②转身平搂

③上步抱拳　　　　　　④弓步抱推　　　　　　⑤跟步合掌

图 7-14　抱虎推山

14. 右手挥琵琶

（1）撤步后捋：左脚提起向后退半步，同时两臂收合于胸前，两手向后向下捋，手心斜朝下（图 7-15 ①）。

（2）后坐捋按：重心后移，左腿落实，随即右脚提起回收半步，脚尖着地成右虚步，右手在上高与胸平，左手在下与右肘同高（图 7-15 ②）。

动作要点：左脚后撤时，臀部不可向后凸起，胸部向下松沉，引导两手回收。

①撤步后捋　　　　　　②后坐捋按

图 7-15　右手挥琵琶

15. 右懒扎衣

（1）上步撑掌：右脚提起向前上步，同时两手徐徐前推（图7-16①）。

（2）弓步推掌：右腿前弓成右弓步，两手随弓步向前推出，右手在前，高与眼平，左手在后，与肘同高，目视右手方向（图7-16②）。

动作要点：弓步、转腰、推掌要上下协调一致，要松肩、沉肘、含胸、拔背、尾闾前送。

（3）跟步合掌：左脚提起向前跟进半步，脚尖着地，同时两掌合抱于胸前，虎口相对，高与口平（图7-16③）。

①上步撑掌　　　　②弓步推掌　　　　③跟步合掌

图7-16　右懒扎衣

16. 单鞭

（1）扣脚转体：以右脚跟为轴内扣45°踏实，同时身体左转，两掌随体左转合于胸前，高与口平，目视双手（图7-17①）。

（2）上步肩靠：身体左转，左脚向左横跨，脚跟着地，两手微分，左肩左肘有向前肩靠、肘打之意（图7-17②）。

（3）弓步分掌：身体左转，重心前移，抽左腰两手左右分开，抽右腰左手立掌前推，手高不过眼，远不过脚。右手舒腕高与肩平，目视左手方向（图7-17③）。

动作要点：转身、跨步、分掌要连贯，要以腰为轴带动四肢运动，身体中正，不可前俯。

①扣脚转体　　　　　②上步肩靠　　　　　③弓步分掌

图 7-17　单鞭

17. 提手上势

（1）扣脚托掌：以左脚跟为轴，脚尖内扣15°，右脚轻提，脚跟微收，同时左手举托于左额前上方，掌心斜向上，右臂沉落，右手微下按（图7-18①）。

（2）收脚合手：身体右转，右脚回收，落至右斜前方，脚尖着地，两手微合，右手划弧向下按于右胯前，目视前方（图7-18②）。

动作要点：转身重心要稳定，脚手上下相随，尾闾正中。

①扣脚托掌　　　　　②收脚合手

图 7-18　提手上势

18. 高探马

（1）上步抱掌：右脚提起向前半步，脚跟着地；同时右手外旋翻掌上托至腹前，手心朝上，手指向左，左手下落至胸前，掌心斜朝下，目视前方（图7-19①）。

动作要点：右脚上步时，右手有向后捋带之意。

（2）弓步推掌：右脚提起向前上步弓腿成右弓步，同时右手上托微收，左手经右手上方向前推出，手指向上，高与口平，目视前方。定势面朝正南方向。（图7-19②）。

动作要点：弓步推掌时，左手前推力作用至右脚上，并与右手上下相合，若两手揉搓一皮球，左手向前揉搓。

（3）跟步合掌：左脚提起向前跟半步，左手继续前推，与右手相合（图7-19③）。

①上步抱掌　　　　②弓步推掌　　　　③跟步合掌

图7-19　高探马

19. 肘底锤

以右脚跟为轴，脚尖内扣90°，身体左转，同时左小臂竖起掤手，掌心朝里，手指向上，高与眼平。右掌握拳经腰间冲至左肘下方，拳心朝下，目视前方。定势朝东（图7-20）。

动作要点：转身、立掌、冲拳，上下协调一致，冲拳时要尾闾前送，提顶吊裆。

图 7-20　肘底锤

20. 倒撵猴一

（1）退步合掌：左脚提起向左后方退半步，脚尖着地，重心仍在右腿上，同时右拳变掌上提至耳侧，左臂下落至胸前（图 7-21 ①）。

动作要点：退步与合掌要相随一致。

（2）转身平带：身体左转，带动右脚以脚跟为轴，脚尖内扣 135°（脚尖指向正北方），同时左臂横于胸前向左挂带，掌心朝下（图 7-21 ②）。

（3）上步沉带：左脚向西北方向上步，脚跟着地，左臂继续向左挂带，右手向前推按（图 7-21 ③）。

（4）弓步带推：左腿前弓成左弓步；同时左臂向左掤化，右手内旋向前推按，手心朝前，高与口平，目视前方。（图 7-21 ④）。

动作要点：身体左转，左臂有挂带化解之意，弓步右手推掌有发放之势。动作要连贯一致，尾闾前送，身法中正。

（5）跟步合掌：右脚提起向前跟半步，脚尖着地，同时两掌合抱于胸前，虎口相对，高与口平，目视双手（图 7-21 ⑤）。

武式太极拳

①退步合掌　　②转身平带

③上步沉带　　④弓步带推　　⑤跟步合掌

图 7-21　倒撵猴一

21. 倒撵猴二

（1）退步合掌：右脚提起向右后西南方向退步，脚尖着地，重心仍在左腿上，同时身体右转，两掌合于胸前，面向正北方向（图 7-22①）。

动作要点：退步、转身、合掌要协调一致。

（2）转身平带：身体右转，以左脚跟为轴，脚尖内扣225°（脚尖指向正南方），同时右臂横于胸前向右挂带，掌心朝下（图 7-22②）。

（3）上步沉带：右脚提起向西南方向上步，右臂下沉与左手前推相合（图7-22③）。

（4）弓步带推：右腿前弓成右弓步，左手内旋向前推按，手心朝前，高与口平，目视前方。定势面向西南方向（图7-22④）。

动作要点：身体右转，右臂有挂带化解之意，左掌推掌，有发放之势。动作要连贯一致，尾闾前送，身法中正。

（5）跟步合掌：左脚提起向前跟半步，脚尖着地，同时两掌合抱于胸前，虎口相对，高与口平，目视双手（图7-22⑤）。

①退步合掌　　②转身平带　　③上步沉带

④弓步带推　　⑤跟步合掌

图7-22　倒撵猴二

22. 倒撵猴三

（1）退步合掌：左脚提起向左后方西北方向退半步，脚尖着地，重心仍在右腿上，同时右掌上提耳侧与左掌下沉胸前相合（图7-23①）。

动作要点：退步、合掌要相随一致。

（2）转身平带：身体左转，带动右脚以脚跟为轴，脚尖内扣225°（脚尖指向正北方），同时左臂横于胸前向左挂带，掌心朝下（图7-23②）。

（3）上步沉带：左脚向西北方向上步，脚跟着地，右手内旋向前推按（图7-23③）。

（4）弓步带推：左腿前弓成左弓步，左臂平带，右掌坐腕前推，手心朝前，高与口平，目视前方。定势面向西北方向（图7-23④）。

动作要点：身体左转，左臂有挂带化解之意，弓步右手推掌有发放之势。动作要连贯一致，尾闾前送，身法中正。

（5）跟步合掌：右脚提起向前跟半步，脚尖着地，同时两掌合抱于胸前，虎口相对，高与口平，目视双手（图7-23⑤）。

①退步合掌　　②转身平带

③上步沉带　　　　　④弓步带推　　　　　⑤跟步合掌

图 7-23　倒撵猴三

23. 倒撵猴四

（1）退步合掌：右脚提起向右后西南方向退步，脚尖着地，重心仍在左腿上，同时身体右转，两掌合于胸前，面向正北方向（图 7-24①）。

动作要点：退步、转身、合掌要协调一致。

（2）转身平带：身体右转，以左脚跟为轴，脚尖内扣225°（脚尖指向正南方），同时右臂横于胸前向右挂带，掌心朝下（图 7-24②）。

（3）上步沉带：右脚提起向西南方向上步，左手内旋向前推按，与右手平带相合（图 7-24③）。

（4）弓步带推：右腿前弓成右弓步；右臂掤带，左掌前推，手心朝前，高与口平，目视前方。定势面向西南方向（图 7-24④）。

动作要点：身体右转，右臂有挂带化解之意，左掌推掌，有发放之势。动作要连贯一致，尾闾前送，身法中正。

（5）跟步合掌：左脚提起向前跟半步，脚尖着地，同时两掌合抱于胸前，虎口相对，高与口平，目视双手（图 7-24⑤）。

①退步合掌　②转身平带　③上步沉带

④弓步带推　⑤跟步合掌

图 7-24　倒撵猴四

24. 右手挥琵琶

（1）退步后捋：左脚提起向后退半步坐实，重心移至左脚上（脚尖向南方向）；同时两臂收合于胸前，手心斜朝下，高与胸平，左手在下与右肘同高（图 7-25 ①）。

（2）收脚捋按：右脚提起回收半步，脚尖着地，腰微左转，右手前按，左手回捋，两手相合（图 7-25 ②）。

动作要点：右脚后撤时，臀部不可向后凸起，胸部向下松沉，引导两手回收。

①退步后捋　　　　　　②收脚捋按

图7-25　右手挥琵琶

25. 白鹅亮翅

（1）上步交臂：右脚提起上步，脚跟着地，同时右掌下落与左手相交于胸前，目视前方（图7-26①）。

动作要点：提脚上步与两手相交要上下协调一致，重心要稳定。

（2）弓步撩推：右腿弓步；同时右臂上撩于头上方，掌心向前，手指向左。左手向前推按，掌心朝前，高与口平，目视前方，定势为西南（图7-26②）。

动作要点：无论前推或上撩，双臂须保持弧形，不可伸直，手指舒展伸开，不得用力。

（3）跟步合掌：左脚提起向前跟至右脚内侧，脚尖着地；同时右手下落与左手合抱于胸前，虎口相对，高与口平，目视前方（图7-26③）。

动作要点：跟步与合掌要动作一致，胸臂之间要有圆活之趣。

257

①上步交臂 　　　　　　②弓步撩推 　　　　　　③跟步合掌

图7-26　白鹅亮翅

26.左搂膝拗步

（1）撤步合手：左脚提起向右后方撤半步，脚尖着地，同时右掌提至右耳旁，掌心朝里，手指向前，左手落到胸前，掌心朝下（图7-27①）。

（2）扣脚转身：身体左转，以右脚跟为轴内扣135°，脚尖指向东方；左臂横于胸前向左平带，目视右手，胸朝东方（图7-27②）。

（3）上步搂掌：左脚提起向左前方上步，左掌微向左搂掌（图7-27③）。

（4）弓步推掌：左腿前弓成左弓步，同时身体左转，左掌经左膝上向左划弧，平搂至左膝外侧，高与胯平，掌心朝下。右掌向前推出，手指向上高与口平，目视右手前方，定势动作朝东北方向（图7-27④）。

动作要点：上步不可僵硬，上步要脚跟先着地，两手的上下运动要有化开对方之劲，左手的下落与左胸有相吸相系之意。右手前推时，右胸要有下沉之意，右手作用力落在左脚跟上，左手搂和右手推要一致，有"引""蓄"之势。

（5）跟步合掌：右脚提起向前跟至左脚内侧，脚尖点地；同时右手下落与左手合抱于胸前，虎口相对（图7-27⑤）。

动作要点：跟步合掌时，左胯要向下沉落，不可上起，胸臂之间要圆活。

①撤步合手 　　②扣脚转身

③上步搂掌 　　④弓步推掌 　　⑤跟步合掌

图 7-27　左搂膝拗步

27. 左手挥琵琶

（1）撤步捋手：右脚提起顺左脚向后退步踏实，同时两掌合力后捋至胸腹。身体由 45°斜角，转为面向正东方向（图 7-28①）。

（2）后坐捋按：重心移至右腿，两手捋按，左手高与胸平，右手与腹平齐，两手心斜相对，目视前方（图 7-28②）。

（3）收步合按：左脚提起收回半步，两手臂相合（图 7-28③）。

动作要点：右脚撤步要顺左脚跟方向向正西撤步，捋按由45°斜角方向转为正方向。

①撤步捋手　　　　　②后坐捋按　　　　　③收步合按

图7-28　左手挥琵琶

28. 按式

（1）转腰提手：身体右转，右手划弧提于耳侧，左手旋臂下搂横于胸前，眼看右手（图7-29①）。

（2）俯身按掌：身体左转，屈膝下蹲；同时右手向前向下弧形按于右腿前方，掌心朝下，手指向前，距地一尺左右，左掌弧形按到膝外侧，掌心朝下，手指向前，目视前下方。定势面向正东（图7-29②）。

动作要点：两腿要顺势下蹲，身体前俯，但不可前冲。

29. 青龙出水

（1）起身提手：臀部后坐，右脚蹬地起身，同时右手翻掌上提，掌心向上，左掌提于胸前做向前推状（图7-30①）。

（2）弓步前推：左脚提起向左前方上步弓腿，成左弓步，左掌掌心朝前，右手臂撩架于头上方，目视前方。定势面向正东方向（图7-30②）。

动作要点：提掌，上步弓腿，推手要相随一致，左手前推要有沉着之意，右手要有上升之意，右肩下沉，不可上耸。

①转腰提手　　②俯身按掌

图 7-29　按式

①起身提手　　②弓步前推

图 7-30　青龙出水

30. 三通背一

（1）翻身落掌：以左脚跟为轴，脚尖内扣135°，身体向右后转身，成右虚步；同时两掌上举，经头上方划弧，左手落至左额前上方，掌心斜朝上方，右手落于脸前方，掌心向前，手指向上，高与眼平，目视前方。

定势面向正西方向(图7-31①)。

（2）上步沉按：右脚提起向前上步，脚跟着地，右手在前，手指高与口平，左手在上置于左额前上方，手指向右(图7-31②)

（3）弓步推掌：右腿前弓成右弓步；同时两手合力前推，目视前方(图7-31③)。

动作要点：左腿要有蓄劲之势，要坐胯弓腿，尾闾前送，右腿前弓，右手前推，手掌不超过脚尖。

①翻身落掌　　　　　②上步沉按　　　　　③弓步推掌

图7-31　三通背一

31. 三通背二

（1）撤步捋按：重心左移，坐实左腿，以左脚跟为轴，脚尖内扣；右腿提起向后撤一大步，身体右转，同时两手向下向右捋按至胸前，掌心朝下(图7-32①)。

（2）收脚合按：左脚提起收回半步脚尖着地，成左虚步，两手相合于胸前，目视左手方向(图7-32②)。

动作要点：撤脚、捋按、收步，以腰为主宰，带动四肢运动，上下协调一致。

（3）上步撑掌：左脚提起向左前方上步，脚跟着地，双掌微内旋徐徐向前推出(图7-32③)。

（4）左弓步推掌：重心左移，左腿前弓成为左弓步；同时两手向前掤推，左手高不过口，右手与胸同高，目视左手前方，定势动作正西偏南（图7-32④）。

动作要点：运动时两腿要分清虚实，弓步、转腰、推按，上下相随。推掌时要含胸拔背，尾闾前送，立身要中正。

①撤步捋按　　②收脚合按

③上步撑掌　　④左弓步推掌

图7-32　三通背二

32. 三通背三

（1）跟步捋按：以左脚跟为轴，脚尖外摆45°，身体左转，同时两手向下向左捋按至胸前掌心朝下，右脚提起跟至左脚内侧，脚尖着地，目视右手方向（图7-33①）。

（2）上步撑掌：右脚提起向右前方上步，双掌微内旋徐徐向前推出（图7-33②）。

（3）右弓步推掌：重心右移，右腿前弓成右弓步，同时两手合力向前掤推，右手高不过口，左手与胸同高，目视右手方向。定势面朝正西偏北（图7-33③）。

（4）跟步合掌：左脚提起向前跟半步，脚尖着地；同时双手合抱于胸前，高与口平，目视前方（图7-33④）。

①跟步捋按 　　　　②上步撑掌

③右弓步推掌 　　　④跟步合掌

图7-33　三通背三

33. 单鞭

（1）扣脚转体：以右脚跟为轴内扣90°，同时身体左转，两掌随体左转合于胸前，高与口平，目视双手（图7-34①）。

（2）上步肩靠：左脚向左横跨成弓步，左肩左肘有肩靠肘打之意（图7-34②）。

（3）弓步分掌：身体左转，左腿前弓，两手随转体左右分开，左手立掌高不过眼，远不过脚。右手坐腕高不过肩，目视左手方向（图7-34③）。

动作要点：转身，跨步，分掌要连贯，要以腰为轴带动四肢运动，身体中正，不可前俯。

①扣脚转体　　　　②上步肩靠　　　　③弓步分掌

图7-34　单鞭

34. 云手一

（1）后坐落掌：重心右移，右腿坐实，同时左手下落，右手外撑，掌心朝外，高与头平（图7-35①）。

动作要点：落掌，撑臂，重心微向右移，左脚有腾挪之势，身体有凌空之感。

（2）收脚摆掌：左脚收回半步，脚尖着地，右掌外摆、左手右抄至腹前，掌心向内（图7-35②）。

（3）转身云手：身体左转，右脚脚尖微内扣，同时左手经胸前向上向左划弧至脸前，右手弧形下落至腹前，掌心朝里（图7-35③）。

（4）上步左云手：左脚提起向左侧跨步弓腿；左手翻掌前推，右臂前送，两手相合，目视左手前方（图7-35④）。

（5）转身云手：身体右转，以左脚跟为轴，脚尖内扣45°，右手随身体转动经胸前向上云摆，左手弧形下落至腹前，掌心朝里（图7-35⑤）

（6）收脚右云手：重心不变，收回右脚，脚跟着地，同时右手翻掌坐腕前推，左手经腹前向右与右手相合，目视右手方向（图7-35⑥）。

动作要点：两手的运动要与身体的转动协调一致，做到提顶吊裆，以腰带手，重心水平运动。

①后坐落掌　②收脚摆掌　③转身云手

④上步左云手　⑤转身云手　⑥收脚右云手

图7-35　云手一

35. 云手二

（1）转身左云摆：身体左转，以右脚跟为轴，脚尖内扣同时重心移至右腿上，同时左手经胸前向上划弧云捧至左脸前，右手翻掌下落至腹前，掌心朝里（图7-36①）

（2）上步云手：左脚提起向左侧跨步弓腿，左手翻掌前按，右手掤劲向前，目视左手方向（图7-36②）。

（3）转身右云摆：以左脚跟为轴，脚尖内扣，重心不变，同时右手随身体转动经胸前向上划弧云摆至右脸前，左手弧形下落至腹前，掌心朝里（图7-36③）

（4）收脚右云手：右脚收回半步，脚跟着地，右手翻掌坐腕，左手经腹前右摆与右手相合（图7-36④）。

①转身左云摆　②上步云手

③转身右云摆 　　④收脚右云手

图 7-36　云手二

36. 云手三

（1）转身左云摆：身体左转，以右脚跟为轴，脚尖内扣同时重心移至右腿上，同时左手经胸前向上划弧云掤至左脸前，右手翻掌下落至腹前，掌心朝里（图 7-37①）。

（2）上步云手：左脚提起向左侧跨步弓腿，左手翻掌前按，右手掤劲向前，目视左手方向（图 7-37②）。

（3）转身右云摆：以左脚跟为轴，脚尖内扣，重心不变，同时右手随身体转动经胸前向上划弧云摆至右脸前，左手弧形下落至腹前，掌心朝里（图 7-37③）。

（4）收脚右云手：右脚收回半步，脚跟着地，右手翻掌坐腕，左手经腹前右摆与右手相合（图 7-37④）。

动作要点：云手时，无论手心向内或向外，运转的圈要圆，动作速度要均匀，臂不可伸直或屈成三角形，手高不过头部，肩不可耸，重心移动时转腰松胯，不可只摆动双臂，身体重心水平运动，不可或高或低。上步收脚时，上身保持中正。

① 转身左云摆　　②上步云手

③转身右云摆　　④收脚右云手

图 7-37　云手三

37. 单鞭

（1）扣脚转体：以右脚跟为轴内扣 45°，同时身体左转，两掌随体左转合于胸前，高与口平，目视双手（图 7-38①）。

（2）上步肩靠：左脚向左横跨，两手微开，左肩有向左靠击之意（图 7-38②）。

（3）弓步分掌：身体左转，成弓步，两手随体转左右分开，左手立掌高不过眼，远不过脚。右手坐腕高不过肩，目视左手方向（图 7-38③）。

动作要点：转身、跨步、分掌要连贯，要以腰为轴带动四肢运动，身体中正，不可前俯。

①扣脚转体　　　　②上步肩靠　　　　③弓步分掌

图 7-38　单鞭

38. 提手上势

（1）扣脚托掌：身体右转，以左脚跟为轴，脚尖内扣 15°，同时左手举托于左额前上方，掌心斜向上；右手划弧下按（图 7-39 ①）。

（2）收脚合掌：右脚轻提，向左前方上步，脚尖着地成左虚步，左手掌心斜朝下，两手微合，目视前方（图 7-39 ②）。

动作要点：转身重心要稳定，脚手上下相随，尾闾中正。

①扣脚托掌　　　　②收脚合掌

图 7-39　提手上势

39. 左高探马

（1）弓步推掌：右脚提起向前上半步，弓腿成右弓步；同时右手外旋翻掌上托至腹前，手心朝上，手指向左，左手经右手上方向前推出，手指向上，高与口平，目视前方（图7-40①）。

动作要点：两手有上下抱合对挫之意。弓步推掌时，左手前推与右手上下相合，若两手揉搓一皮球。

（2）跟步抱掌：左脚提起向前跟步，同时右手上托微收，左手继续前推，两手相合。定势面朝正南方向（图7-40②）。

①弓步推掌　　　②跟步抱掌

图7-40　左高探马

40. 右高探马

（1）转身翻掌：以右脚跟为轴，脚尖内扣90°，身左后转；同时两掌翻转，右手在上，掌心朝东北方向，手指向上，高与颏平，左手在下，掌心朝上，手指向右，高与胸平，目视右手前方（图7-41①）。

（2）弓步推掌：左脚提起向左前方上步弓腿，成左弓步，左手上托微回收，掌心向上，手指向右，右手经左手上方向前推出，高与口平，目视右手前方。定势面朝东北方向（图7-41②）。

武式太极拳

①转身翻掌　　　　②弓步推掌

图 7-41　右高探马

41. 右起脚

（1）跟步合臂：双手向前按掌至腹前掤提至胸前，掌心朝里，同时右脚提起向前跟半步，脚尖着地，目视双手方向（图 7-42 ①）。

动作要点：双手顺时针划弧捋按，与提脚跟步要相随一致。

（2）提膝交臂：两手向左向上掤提，交叉于胸前，右手在外，左手在内，掌心朝里，高与口平，同时右膝提起，高与腰平，目视前方（图 7-42 ②）。

动作要点：两手划弧交臂要圆活，与提膝相随一致，提膝时，小腿要放松，脚尖自然下垂，劲蓄于膝。

（3）分掌踢脚：右脚尖着力，向右前方踢出，高与腰平；同时两掌顺右腿方向左右分开，高与眼平，目视右手方向（图 7-42 ③）。

动作要点：右踢脚时，脚背要绷平，两手臂外撑，重心稳定。

①跟步合臂　　　　　②提膝交臂　　　　　③分掌踢脚

图 7-42　右起脚

42. 左起脚

（1）弓步按掌：右脚向右前方落步弓腿，成右弓步；同时双掌向前按至腹前，掌心朝下，手指向前，高与脐平，目视双手。定势面向东南方向（图 7-43 ①）。

（2）提膝交臂：双掌向右向上逆时针划弧交叉至胸前，左手在外，右手在内，掌心朝前，高与口平，同时提起左膝，目视前方（图 7-43 ②）。

（3）分掌踢脚：左脚尖着力，向左前踢出，高与腰平；同时两掌顺左腿方向左右分开，高与眼平，目视左手方向（图 7-43 ③）。

①弓步按掌　　　　　②提膝交臂　　　　　③分掌踢脚

图 7-43　左起脚

43. 转身蹬一脚

（1）收脚落步：左脚收回向支撑腿后落步，脚尖点地，两臂微沉（图7-44①）。

（2）转身落掌：以右脚跟为轴身体左转，脚尖内扣135°，同时左手随体转后摆，手臂摆至正方向后，两臂微下落至体侧，高与腰平，手心朝下，目视前方。（图7-44②）。

动作要点：转身落掌时，要松肩沉肘，松腰坐胯，尾闾中正，重心稳定。

（3）提膝交臂：两手由下向上弧形抄抱交叉至胸前，左手在外，右手在内，掌心向内高与口平，同时左膝提起，高与腰平，目视前方（图7-44③）。

（4）分掌蹬脚：左脚跟着力向前蹬出，高与腰平，同时两掌顺左腿方向分开，左掌与肩相平，右掌与耳相齐。目视左脚方向，定势朝西（图7-44④）。

动作要点：蹬脚分掌要协调一致，重心腿向下松沉，发周身之力。

44. 践步栽捶

（1）落步挥臂：左脚向前落步，重心前移，同时右手随势由上向前化弧挥落，两手合于胸前，手心向上，目视前方（图7-45①）。

动作要点：落步、弓腿与右臂前落要相随一致，右腿有腾挪之意。

（2）震脚后摆：右脚蹬地提起，向前踏震于左脚脚印位置，同时左脚快速提起向前，同时右手握拳抡臂后摆，左手经面前右搂至胸前，掌心朝下，右手拳心朝上，目视右拳方向（图7-45②）。

动作要点：右脚提起向下踏震在左脚的位置上，左脚蹬地腾空向前迈步。

（3）跪步栽拳：左脚向前跨一大步落地屈蹲，右脚蹬地向前跟进半步跪膝于左脚心右侧，同时左手经胸前向下搂按至左膝前外侧，掌心朝下，右手拳经耳侧向前下栽击置于右膝前方，拳顶向下，目视前下方，定势面向正西方（图7-45③）。

动作要点：踏震、上步、跪腿、栽拳要协调一致，举拳向下栽击时，举拳不能超过头顶，栽击时，手臂须向前下方栽击，腹背要松开，身体前俯，不可前冲，动作要连贯，中间不可有停顿。

第七章 武式108式太极拳

①收脚落步　　②转身落掌

③提膝交臂　　④分掌蹬脚

图 7-44 转身蹬一脚

①落步挥臂　　　　②震脚后摆　　　　③跪步栽拳

图 7-45　践步栽捶

45. 翻身二起脚

（1）起身提拳：头部上领起身，两臂随势上提（图 7-46①）。

（2）转身摆掌：身体后转，以左脚跟为轴，脚尖内扣135°，同时右拳变掌随体转经左耳侧划弧后摆，掌心朝上，左手随右臂上提举至左耳侧，掌心朝前，目视前方，定势面向正东（图 7-46②）。

动作要点：翻身转体时，要注意头部上领，上体中正，不偏不倚，转身上步，摆掌要协调一致，全神贯注。

（3）弓步推掌：右脚提起向正前方上步，右脚踏实成右弓步踏跳状，同时右掌翻掌向下搂按至右胯旁，左手坐腕前推，高与口平，目视前方（图 7-46③）。

动作要点：要求立身中正，松肩沉胯，手向前推不能过脚尖。

（4）摆腿蓄劲：左腿前摆，右腿微蹲蓄劲蹬地，同时右掌由下向上摆动，掌心朝前，左手由上向下挥摆，掌心朝后，目视前方（图 7-46④）。

动作要点：左腿前摆与右手上摆要相随一致，同时要右腿屈蹲蓄劲，准备蹬地腾空，要求身法中正，屈膝有力。

（5）腾空二起：蹬地跳起，全身腾空后左右脚依次向前上方踢击（图 7-46⑤）。

（6）拍脚落地：右手由上向前拍打踢起的右脚面，左掌向后摆置于身体左侧，掌心朝下，目视右腿方向（图7-46⑥）。

动作要点：纵跳要高，两脚悬空，拍脚的动作在两脚落地前完成，踢腿要直，击拍要准确、响亮，注意身体在空中要中正而不散乱。

①起身提拳　　②转身摆掌　　③弓步推掌

④摆腿蓄劲　　⑤腾空二起　　⑥拍脚落地

图7-46　翻身二起脚

46.跌步披身

（1）跌步採挒：左脚落地后，迅速收腿上提，右脚向下用力踩踏，落在左脚位置处。同时两手快速向前上方伸举成由前上向斜下採挒之势，右手在前,掌心朝下;左手在后,与右掌相合,目视右手(图7-47①)。

动作要点:右脚与左脚换步要迅速连贯,身法要中正不偏,两手有向下採捋之意。

(2)退步捋按:左脚向后撤退一大步,踏实,带动右脚回收半步,脚尖着地,成右虚步,同时两手向下划弧捋按至身前,右手在前高与胸平,左手在后与腹相齐,定势面向正东(图7-47②)。

动作要点:左脚后退步幅要大,要把右脚带回半步,两手后收要有捋按之劲。

(3)弓步推掌:腰微右转,右脚提起向前方上步弓腿,成右弓步,同时两掌内旋合力前推,右手高与口平,左手与胸平齐,定势时朝正东方向(图7-47③)。

动作要点:腰胯右抽,身体转正后再上右步。

①跌步採捋　　　　②退步捋按　　　　③弓步推掌

图7-47　跌步披身

47.巧捉龙

(1)收脚抱拳:重心左移,坐实左腿,右腿提起向后收回半步成右虚步;随重心后移,右臂向下划弧下捋,经左臂内侧上提,回收至胸前抱拳,左臂先内旋向上微提,再与右臂回环交替,下沉至腹前抱拳,两拳拳心相对,抱于胸腹之间(图7-48①)。

动作要点:重心后移与右脚收步以及两臂回环划圈合抱要相顺相

随，两拳有合抱一物之意。

（2）摆脚旋拧：右腿提起向前上步，脚跟先着地，脚尖外摆，重心前移，右腿坐实，两拳拳心相对合力向右顺时针拧翻，腰带手转，成势时左手在上，右手在下，目视左前方（图7-48②）。

动作要点：两拳松握，两臂旋转拧翻时要外抱内撑，两肩窝内合，拳心上下相对。

①收脚抱拳　　　②摆脚旋拧

图7-48　巧捉龙

48. 踢一脚

（1）提膝交臂：左腿屈膝上提，高与腰平，同时两拳变掌划弧相交至胸前，左手在外，右手在内，掌心朝内，高与眼平，目视左腿前方（图7-49①）。

（2）分掌踢脚：左脚尖着力向前踢出高与腰平，同时两掌顺左腿方向向左右分开，左掌高与肩平，右手高与头平，定势朝东（图7-49②）。

动作要点：两掌左右分劈与踢脚协调一致，做到脚到手到，眼随手动，力达脚尖。

①提膝交臂　　　　　②分掌踢脚

图 7-49　踢一脚

49. 转身蹬脚

（1）盖步落脚：身微右转，左脚经右腿前收落于右脚外侧成盖步，重心左移，左脚落地踏实，脚跟着地，右臂撑圆，左臂下落（图 7-50①）。

（2）转体合臂：身向右后转，以左脚跟为轴，脚尖内扣225°，右脚脚跟提起随身转动，同时两臂随体转弧形摆动合于胸前，两目随视（图 7-50②）。

动作要点：盖步、转身、摆掌要协调一致，转身要轻灵，气向下沉，要松腰，坐胯，重心落在左腿上。

（3）提膝交臂：两臂由下向上抄起交叉于胸前，右手在外，左手在内，手心朝里，随即右膝上提，高与腰平，目视前方（图 7-50③）。

动作要点：提膝时，身体要中正，小腿自然松沉。

（4）分掌蹬脚：右脚以脚跟着力向前方蹬击，高与腰平，同时两手左右分开，手高与肩相平，目视右脚方向。定势朝正东方向（图 7-50④）。

动作要点：蹬脚时，脚尖尽量回勾，劲贯脚跟，支撑腿微屈，重心稳固，身体保持正直。

①盖步落脚　　②转体合臂

③提膝交臂　　④分掌蹬脚

图 7-50　转身蹬脚

50. 上步搬拦捶

（1）落步打掌：右腿屈腿收回，右脚迈步前落成弓步，右手下搂，左手经耳侧向前打掌（图 7-51 ①）。

（2）上步搬拦：脚尖外摆，重心右移，左脚上步，脚跟着地，右掌变拳收抱腰间，左手继续推拦（图 7-51 ②）。

（3）弓步打拳：重心前移左腿前弓成左弓步，同时左手向右向下推按,右拳经左手背上拧旋平拳击出,高与胸平,拳心朝下,定势朝东(图7-51③)。

动作要点:各动作之间要协同连贯,衔接自然;弓步膝不宜过脚尖,右臂打拳不可伸直。尾闾中正,重心稳定。

(4)跟步冲拳:右脚提起向前跟至左脚内侧,脚尖着地,随跟步进身,右臂继续前冲打拳,臂微屈,目视前方(图7-51④)。

动作要点:跟步与冲拳要一致,要松肩沉肘,坐胯,重心稳定。

①落步打掌　　②上步搬拦

③弓步打拳　　④跟步冲拳

图7-51　上步搬拦捶

51. 如封似闭

（1）撤步掤手：右脚提起向后撤步，右拳变掌经左手腕上方回抽，两臂外旋有前掤外开之意（图7-52①）。

（2）退步分手：重心后移，右腿落实，随即左脚后收半步，脚掌着地，同时两臂内旋外开，掌心斜向上，双掌微沉有下按前挫之意，目视前方，定势面朝正东（图7-52②）。

动作要点：撤步、收脚、分掌要协调一致，松腰坐胯，两手回收，有分按蓄劲之势。

（3）上步推掌：左脚提起向前上步弓腿，成左弓步；同时两臂微沉，两掌前推，手指向上，高与口平，目视前方，定势面向东方（图7-52③）。

动作要点：两手前推要注意松肩、沉肘、含胸、拔背，上体要中正不偏。

（4）跟步合掌：重心前移，右脚提起向前跟进半步，脚尖着地，同时松肩沉肘两掌前合于胸前，虎口相对，高与口平，目视双手前方（图7-52④）。

①撤步掤手　　　　　②退步分手

③上步推掌　　　　④跟步合掌

图7-52　如封似闭

52. 抱虎推山

（1）撤步分掌：右脚提起向左后方插步，脚尖着地，同时身微右转，双手由身体中线分开，左手上提举于左耳侧，右手向下搂按，目视左手前方（图7-53①）。

动作要点：撤步，转身，分掌要相随一致，要松腰坐胯，重心仍在左腿上。

（2）转身平搂：以左脚跟为轴，脚尖内扣180°（脚尖指向西方），身体右转，同时右手掌心朝后手指向下随体转平腰向右后搂出，旋腕虚握拳；左手置于左耳侧，手心向内，目视西北方向（图7-53②）。

动作要点：要松肩、沉肘、坐胯，以左脚跟为轴，以腰为主宰，带动四肢运转，尾闾中正，重心稳定，不可摇摆。

（3）上步抱推：右脚提起，向右前方上步，腰胯微前送，两手成抱推之势（图7-53③）。

（4）弓步抱推：右腿前弓成右弓步；同时右臂向右下弧形搂抱于右膝外侧，虚握拳，拳心朝内，左掌内旋向前推按，高与口平，目视左手前方（图7-53④）。

动作要点：右手抱虎之势要饱满，左手前推要沉着。

（5）跟步合掌：重心前移，左脚提起向前跟进半步，脚尖着地；同时右手变掌上举，与左手合抱于胸前，虎口相对，高与口平（图7-53⑤）。

53. 右手挥琵琶

（1）退步捋手：左脚提起向身后东南斜方退步，两手前伸手心向下有后捋之势（图7-54①）。

动作要点：此式退步的方向与前面的右手挥琵琶有不同，练习时多加注意。

（2）收步合手：重心后移，左腿坐实，身体左转，右脚提起收回半步，脚尖着地；同时两臂收合于胸前，右手心斜朝下，高与胸平，左手在下与右肘同高，面向西北方向（图7-54②）。

动作要点：左脚后撤时，臀部不可向后凸起，胸部向下松沉，引导两手回收。

①撤步分掌　　　　　　　②转身平搂

武式太极拳

③上步抱推　　　　④弓步抱推　　　　⑤跟步合掌

图 7-53　抱虎推山

①退步捋手　　　　②收步合手

图 7-54　右手挥琵琶

54. 斜懒扎衣

（1）上步撑掌：右脚提起向前上步，两手向前徐徐推出（图 7-55①）。

（2）弓步推掌：右腿前弓成右弓步，同时两手向前坐腕前推，右手在前，高与眼平，左手在后，与肘同高，目视右手方向。(图 7-55 ②)。

动作要点：弓步、转腰、推掌要上下协调一致，要松肩、沉肘、含胸、拔背、尾闾前送。

（3）跟步合掌：左脚提起向前跟进半步，脚尖着地，同时两掌合抱于胸前，虎口相对，高与口平（图 7-55 ③)。

①上步撑掌　　②弓步推掌　　③跟步合掌

图 7-55　斜懒扎衣

55. 斜单鞭

（1）扣脚转体：以右脚跟为轴内扣 90°，同时身体左转，两掌随体左转合于胸前，高与口平，目视双手（图 7-56 ①)。

（2）上步沉肘：左脚向左横跨一步，脚跟着地，随上步两肩开，两肘沉，两掌间有撕开之意（图 7-56 ②)。

（3）弓步分掌：身体左转，脚尖指向正南，两手随体转左右分开，左手立掌高不过眼，远不过脚。右手坐腕高不过肩，目视左手方向（图 7-56 ③)。

动作要点：转身，跨步，分掌要连贯，要以腰为轴带动四肢运动，身体中正，不可前俯。

①扣脚转体　　　　　　②上步沉肘　　　　　　③弓步分掌

图 7-56　斜单鞭

56. 野马分鬃一

（1）扣脚托掌：身体右转，左脚尖内扣45°，重心移向左脚，同时随转体左手上托，右手微落相合（图7-57①）。

（2）收脚抱掌：右脚收回半步，脚尖着地，同时两手合抱于胸前，掌心上下相对，左手在上，高与胸平，右手在下与腹同高，目视双手方向（图7-57②）。

动作要点：抱掌时，两臂要撑圆，胸部要向下松沉圆活。

（3）上步肩靠：右脚向右前方上步，脚跟着地，两手微分，右肩有向前肩靠之意（图7-57③）。

（4）弓步掤按：右脚踏实成右弓步，同时身体右转，右臂向右上方掤出，掌心斜向上，高与肩平，左掌下按至左胯外侧，掌心朝下，目视右手方向（图7-57④）。

动作要点：右掤左按，要以腰部旋转来带动，分掌与弓腿快慢协调一致，两臂不可伸直，重心要稳定。两手运动要有圆活之趣，身体要中正，不可前俯。

①扣脚托掌 　　　　②收脚抱掌

③上步肩靠 　　　　④弓步掤按

图 7-57　野马分鬃一

57. 野马分鬃二

（1）摆脚合掌：右脚尖外摆 45°，左脚提起向前右脚内侧跟步，脚尖着地，同时两手掌划弧合抱于胸前，掌心上下相对，右手在上，左手在下，目视双手方向（图 7-58①）。

（2）上步掤手：左脚向左前方上步，左臂向左上方掤出（图 7-58②）。

（3）弓步掤按：左腿前弓踏实成左弓步，同时身体左转，左臂上掤，掌心斜向上，高与肩平。右掌下按，掌心朝下，目视左手方向（图7-58③）。

①摆脚合掌　　　　②上步掤手　　　　③弓步掤按

图7-58　野马分鬃二

58. 野马分鬃三

（1）转腰摆脚：腰左转，左脚尖外摆45°，身带臂转（图7-59①）。

（2）跟步抱掌：脚尖外摆右脚提起向前跟至左脚内侧，脚尖着地，同时两手掌划弧合抱于胸前，掌心上下相对，左手在上，右手在下，目视双手方向（图7-59②）。

动作要点：抱掌时，两臂要撑圆，胸部要向下松沉圆活。

（3）上步合手：右脚向右前方上步，脚跟着地，两臂上下相合（图7-59③）。

（4）弓步掤按：右腿前弓成右弓步，同时身体右转，右臂向右上方掤出，掌心斜向上，高与肩平，左掌下按至左胯外侧，掌心朝下，目视右手方向（图7-59④）。

动作要点：右掤左按，要以腹部旋转来带动，分掌与弓腿快慢协调一致，两臂不可伸直，重心要稳定。两手运动要有圆活之趣，身体要中正，不可前俯。

（5）跟步合掌：左脚提起向前跟至半步，脚尖着地；同时双手合抱于胸前，高与口平，目视前方（图7-59⑤）。

①转腰摆脚　　②跟步抱掌

③上步合手　　④弓步掤按　　⑤跟步合掌

图 7-59　野马分鬃三

59. 右手挥琵琶

（1）撤步将手：左脚提起向后撤半步，两臂微沉后将（图 7-60 ①）。

（2）后坐将按：重心左移，左腿坐实；两臂向回收合（图 7-60 ②）。

（3）收脚合手：右脚提起回收，脚尖着地，同时两臂收合于胸前，右手手心斜朝下，高与胸平，左手在下与右肘同高（图 7-60 ③）。

动作要点：右脚后撤时，臀部不可向后凸起，胸部向下松沉，引导两手回收。

①撤步捋手　　　　②后坐捋按　　　　③收脚合手

图 7-60　右手挥琵琶

60. 右懒扎衣

（1）上步撑掌：右脚提起向前上步，两臂前伸沉臂踏按（图 7-61①）。

（2）弓步推掌：右腿前弓成右弓步，同时两手向前徐徐推出，右手在前，高与眼平，左手在后，与肘同高，目视右手方向。定势后面向正西（图 7-61②）。

动作要点：弓步、转腰、推掌要上下协调一致，要松肩、沉肘、含胸、拔背、尾闾前送。

（3）跟步合掌：左脚提起向前跟进半步，脚尖着地，同时两掌合抱于胸前，虎口相对，高与口平（图 7-61③）。

①上步撑掌　　　　　②弓步推掌　　　　　③跟步合掌

图 7-61　右懒扎衣

61. 单鞭

（1）扣脚转体：以右脚跟为轴内扣 90°，同时身体左转，两掌随体左转合于胸前，高与口平，目视双手（图 7-62①）。

（2）弓步分掌：身体左转，左脚向左横跨成弓步，两手随体转左右分开，左手立掌高不过眼，远不过脚。右手坐腕高不过肩，目视左手方向（图 7-62②）。

动作要点：转身，跨步，分掌要连贯，要以腰为轴带动四肢运动，身体中正，不可前俯。

①扣脚转体　　　　　②弓步分掌

图 7-62　单鞭

62. 玉女穿梭一

（1）转腰将掌：腰右转，以右脚跟为轴。脚尖外摆90°，重心移至右腿上，右臂顺势将带（图7-63①）。

（2）跟步抄手：身体右转，随即左脚跟至右脚内侧，脚尖着地，左手由下向上抄撩至胸前，手心向内，右手落至胸前（图7-63②）。

（3）上步掤架：左脚提起向左前方进步，脚跟先着地，左手臂内旋经胸前向上掤提至面前，掌心斜朝下，右手落至右胸前（图7-63③）。

动作要点：两手运动要与身体的转动协调一致，要做到以腰带手，手到脚到。

（4）弓步架推：左腿前弓成左弓步，同时左手经面前向上掤架至额上方，右手经胸前向前推出，掌心朝前，手指向上，高与口平，目视右手前方。（图7-63④）。

动作要点：左手上掤时，左胸要有下沉之意；右手推出，右手不可松懈丢塌，身体保持中正。

（5）跟步合臂：右脚提起跟步至左脚右后方，脚尖着地；同时左肘向下松沉两臂相合（图7-63⑤）。

动作要点：跟步沉肘合臂，要相随一致，要注意抽胯、坐腿，劲蓄于腰。

①转腰将掌　　②跟步抄手

③上步掤架　　　　　④弓步架推　　　　　⑤跟步合臂

图 7-63　玉女穿梭一

63. 玉女穿梭二

（1）撤脚交臂：身体右转，右脚提起，向右后方（东南角）撤步，脚尖着地，重心仍在左腿。同时两臂上下相交于面前（图 7-64 ①）。

动作要点：撤脚交臂，劲蓄于腰，须立身中正，全神贯注于实腿，重心要稳定。

（2）转身掤手：身体后转，以左脚跟为轴，脚尖内扣 225°，右脚脚掌着地，右臂内旋上掤至胸前（图 7-64 ②）。

（3）上步掤架：右脚向前上步，脚跟着地，同时右臂内旋经胸前上掤，架至额前上方，左手落至胸前，掌心朝前（图 7-64 ③）。

（4）弓步架推：右腿前弓成右弓步；右臂上掤，掌心向上，左手由胸前推出，掌心向前，指尖向上，与口同高，目视左手方向（图 7-64 ④）。

（5）跟步合臂：左脚提起向前跟步至右脚左后方，脚尖着地；同时右肘向下松沉，两臂内合（图 7-64 ⑤）。

①撤脚交臂　　②转身掤手

③上步掤架　　④弓步架推　　⑤跟步合臂

图 7-64　玉女穿梭二

64. 玉女穿梭三

（1）扣脚掤手：以右脚跟为轴，脚尖内扣45°，重心仍在右腿，左臂内旋经胸前向上掤至面前（图7-65①）。

（2）上步掤架：左脚提起向前上步，左臂内旋经胸前向上掤至额前，右手落至胸前，手心向前（图7-65②）。

（3）弓步架推：左腿前弓成左弓步；同时左臂向额前上方掤架，掌心朝前,右手立掌经胸前向前推出,指尖向上,高与口平(图7-65③)。

(4)跟步合臂:右脚提起向前跟步至左脚右后方,脚尖着地,同时左肘松沉,两臂内合(图7-65④)。

①扣脚掤手　　②上步掤架

③弓步架推　　④跟步合臂

图7-65　玉女穿梭三

65. 玉女穿梭四

(1)撤脚交臂:身体右转,右脚提起,向右后方撤步脚尖点地,重心仍在左腿上,同时两臂上下相交脸前,左手在上,高与眼平,右手在下与胸同高,手心均朝下,目视前方(图7-66①)。

(2)扣脚转身:以左脚跟为轴,脚尖内扣225°,身体右后转,右臂由胸前上掤,左手落至胸前(图7-66②)。

(3)上步架推:右脚向前上步弓腿,成右弓步;同时右臂内旋经胸前上掤架至额前上方,左手立掌经胸前向前推出,目视左手方向。(图7-66③)。

动作要点:扣脚转身,上步弓腿,架臂推掌,动作要连贯,架臂上掤时,要松肩沉肘,同侧胸要有下沉之意,推掌时要松腰坐胯,尾闾前送,身体保持中正。

(4)跟步合掌:左脚提起向前跟半步,脚尖着地,重心仍在右脚上,同时右手向下与左手相合,虎口相对,高与口平(图7-66④)。

①撤脚交臂　　②扣脚转身

③上步架推　　④跟步合掌

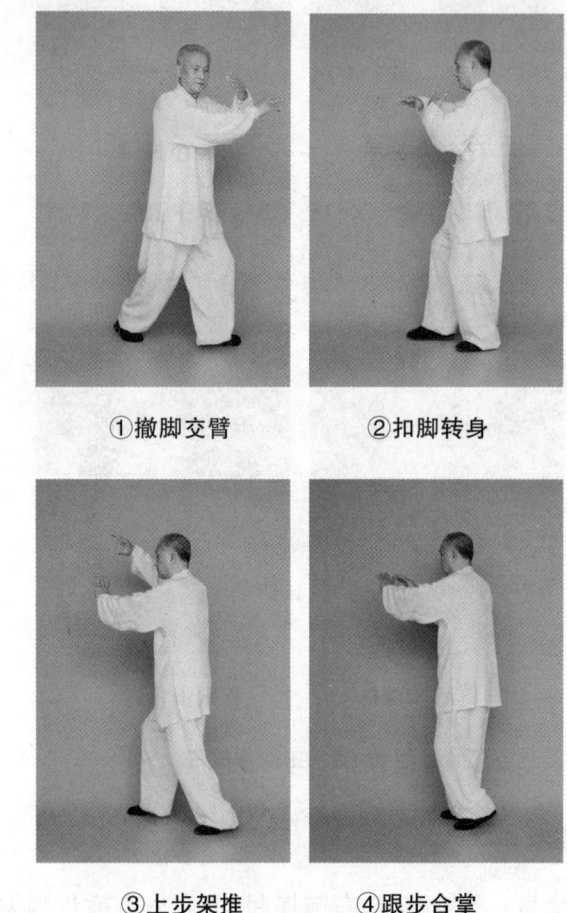

图7-66　玉女穿梭四

66.右手挥琵琶

（1）撤步后将：左脚提起向后退半步，两手合力向后将按（图7-67①）。

（2）收步合手：重心移至左脚上，左腿落实，随即右脚提起回收，脚尖着地，同时两臂收合于胸前，右手手心斜朝下，高与胸平，左手在下与右肘同高（图7-67②）。

动作要点：右脚后撤时，臀部不可向后凸起，胸部向下松沉，引导两手回收。

①撤步后将　　②收步合手

图7-67　右手挥琵琶

67.右懒扎衣

（1）上步撑掌：右脚提起向前上步，脚跟先着地，两手向前徐徐推出（图7-68①）。

（2）弓步推掌：右腿前弓成右弓步，同时，两手竖掌前推，右手在前，高与眼平，左手在后，与肘同高，目视右手方向（图7-68②）。

动作要点：弓步、转腰、推掌要上下协调一致，要松肩、沉肘、含胸、拔背、尾闾前送。

（3）跟步合掌：左脚提起向前跟进半步，脚尖着地，同时两掌合抱于胸前，虎口相对，高与口平（图7-68③）。

①上步撑掌　　　②弓步推掌　　　③跟步合掌

图 7-68　右懒扎衣

68. 单鞭

（1）转身合手：以右脚跟为轴内扣 90°，同时身体左转，两掌随体左转合于胸前，高与口平，目视双手（图 7-69 ①）。

（2）弓步分掌：身体左转，左脚向左横跨成弓步，两手随转体左右分开，左手立掌高不过眼，远不过脚。右手坐腕高不过肩，目视左手方向（图 7-69 ②）。

动作要点：转身、跨步、分掌要连贯，要以腰为轴带动四肢运动，身体中正，不可前俯。

①转身合手　　　②弓步分掌

图 7-69　单鞭

69. 云手一

（1）后坐摆掌：重心右移，右手外撑，掌心朝外，高与头平，左手向下落（图7-70①）。

（2）转腰收步：腰右转，左脚收回半步，脚尖着地，同时左手向下落于腹前，掌心向内，眼看右手方向（图7-70②）。

动作要点：落掌，撑臂，重心微向右移，左脚有腾挪之势，身体有凌空之感。

（3）转身左云：身体左转，左手经胸前向上向左划弧至脸前，右手弧形下落至腹前，掌心朝里（图7-70③）。

（4）上步前推：左脚提起向左侧跨步，弓腿；同时左手翻掌前推，目视左手前方（图7-70④）。

（5）转身右云：重心不变，腰右转，以左脚跟为轴，脚尖内扣45°，同时右手随身体转动经胸前向上划弧至脸前，左手弧形下落至腹前，掌心朝里（图7-70⑤）。

（6）收脚推掌：收回右脚，脚跟蹬地，右手翻掌坐腕前推，目视右手方向（图7-70⑥）。

动作要点：两手的运动要与身体的转动协调一致，要做到提顶吊裆，以腰带手，重心水平运动。

①后坐摆掌 　　②转腰收步 　　③转身左云

④上步前推　　　　　　⑤转身右云　　　　　　⑥收脚推掌

图 7-70　云手一

70. 云手二

（1）转身左云：以右脚跟为轴，脚尖内扣同时重心移至右腿上；同时左手经胸前向上划弧至左脸前，右手弧形下落至腹前，掌心向里（图7-71①）。

（2）上步推掌：左脚提起向左侧横跨一步，脚跟着地，随之弓腿，同时左臂内旋坐腕前推，目视左手方向（图7-71②）。

（3）转身右云：重心不变，腰右转，以左脚跟为轴，脚尖内扣，同时右手随身体转动经胸前向上划弧至右脸前，左手弧形下落至腹前，掌心朝里（图7-71③）。

（4）收脚推掌：收回右脚，脚跟蹬地，右手翻掌坐腕前推（图7-71④）。

71. 云手三

（1）转身左云：腰左转，以右脚跟为轴，脚尖内扣，重心移至右腿上，同时左手经胸前向上划弧至左脸前，右手下落至腹前，掌心朝里（图7-72①）。

（2）上步推掌：左脚提起向左侧横跨一步弓腿，左手翻掌前按，目视左手方向（图7-72②）。

（3）转身右云：重心不变，右转腰，以左脚跟为轴，脚尖内扣，同时右手随身体转动经胸前向上划弧至右脸前，左手弧形下落至腹前，掌心朝里（图7-72③）。

（4）收脚推掌：收回右脚，脚跟蹬地，右手翻掌坐腕前推（图7-72④）。

动作要点：云手时，无论手心向内或向外，运转的圈要圆，动作速度要均匀，臂不可伸直或屈成三角形，手高不过头部，肩不可耸，重心移动时转腰松胯，不可只摆动双臂，身体重心水平运动，不可或高或低。上步收脚，脚尖应朝斜前方，上身要保持中正。

①转身左云　　　　②上步推掌

③转身右云　　　　④收脚推掌

图7-71　云手二

①转身左云　　②上步推掌

③转身右云　　④收脚推掌

图7-72　云手三

72. 单鞭

（1）扣脚转体：以右脚跟为轴内扣45°，同时身体左转，两掌随体左转合于胸前，高与口平，目视双手（图7-73①）。

（2）弓步分掌：身体左转，左脚向左横跨成弓步，两手随体转左右分开，左手立掌高不过眼，远不过脚。右手坐腕高不过肩，目视左手方向

（图7-73②）。

动作要点：转身，跨步，分掌要连贯，要以腰为轴带动四肢运动，身体中正，不可前俯。

①扣脚转体　　　②弓步分掌

图7-73　单鞭

73. 下势

重心右移，身体右转，以左脚跟为轴，脚尖内扣至正前方，右脚尖外摆45°，屈蹲成左仆步，同时两臂左右分开，随蹲身下按，目视左手方向。定势身朝南(图7-74)。

动作要点：右腿屈蹲动作要柔和富有弹性，两臂左右分展时，须松肩沉肘，屈蹲之脚跟不能离地，侧伸腿的脚外侧不得离地，上身正直。

图7-74　下势

74. 更鸡独立一

（1）穿掌弓步：左膝前弓，重心前移成左弓步，同时左臂前穿与肩同高，右臂自然下落至体侧（图7-75①）。

（2）提膝托掌：左脚蹬地立起，右腿屈膝上顶，高与腰平，同时右拳变掌屈肘向上托举，置右脸前方，掌心斜朝上方，高与眼平，左掌按至左胯外侧与胯同高，目视前方（图7-75②）。

动作要点：支撑腿微屈，松腰沉胯，重心稳定，右膝上顶，劲蓄于膝，小腿自然放松，脚尖下垂。

①穿掌弓步　　　②提膝托掌

图7-75　更鸡独立一

75. 更鸡独立二

提膝托掌：右脚落地踏实，重心移至右脚上，随即左腿屈膝上顶；同时左手向上托起，置脸前方，掌心斜向上方，高与眼平，右掌按至右胯侧，目视前方（图7-76）。

图 7-76 更鸡独立二

76. 倒撵猴一

（1）退步提手：左脚下落至右腿左后方，脚尖着地，重心仍在右腿上，同时右掌上提至耳侧，与左掌合于胸前（图 7-77①）。

动作要点：退步、提手要相随。

（2）弓步带推：右脚以脚跟为轴，脚尖内扣135°，身体左转，左脚向西北方向上步弓腿，成左弓步；同时左臂向左挂带横于胸前，掌心朝下。右手内旋向前推按，手心朝前，高与口平，目视前方（图 7-77②、③、④）。

动作要点：身体左转，左臂有挂带化解之意，弓步右手推掌有发放之势。动作要连贯一致，尾闾前送，身法中正。

（3）跟步合掌：右脚提起向前跟半步，脚尖着地，同时两掌合抱于胸前，虎口相对，高与口平，目视双手（图 7-77⑤）。

武式太极拳

①退步提手　　②转身平带

③上步左带　　④弓步带推　　⑤跟步合掌

图7-77　倒撵猴一

77. 倒撵猴二

（1）退步合掌：右脚提起向右后西南方向退步，脚尖着地，重心仍在左腿上，同时左手上提耳侧，身体右转，两掌合于胸前，面向正北方向（图7-78①）。

动作要点：退步、转身、合掌要协调一致。

（2）弓步带推：以左脚跟为轴，脚尖内扣135°，身体右转，右脚提起向西南方向上步弓腿,成右弓步;同时右臂外旋向右挂带,横于胸前,掌心朝下,左手内旋向前推按,手心朝前,高与口平,目视前方。定势面向西南方向(图 7-78 ②、③、④)。

动作要点:身体右转,右臂有挂带化解之意,左掌推掌,有发放之势。动作要连贯一致,尾闾前送,身法中正。

(3)跟步合掌:左脚提起向前跟半步,脚尖着地,同时两掌合抱于胸前,虎口相对,高与口平,目视双手(图 7-78 ⑤)。

①退步合掌　　②转身平带

③上步右带　　④弓步带推　　⑤跟步合掌

图 7-78　倒撵猴二

78. 倒撵猴三

（1）退步合掌：左脚提起向左后方退半步，脚尖着地，重心仍在右腿上，同时右掌上提耳侧，左掌沉落胸前，两手相合（图7-79①）。

动作要点：退步、合掌要相随一致。

（2）弓步带推：右脚以脚跟为轴，脚尖内扣135°（脚尖指向正北方），身体左转，左脚向西北方向上步弓腿，成左弓步；同时左臂向左挂带横于胸前，掌心朝下。右手内旋向前推按，手心朝前，高与口平，目视前方。定势面向西北方向（图7-79②、③、④）。

动作要点：身体左转，左臂有挂带化解之意，弓步右手推掌有发放之势。动作要连贯一致，尾闾前送，身法中正。

（3）跟步合掌：右脚提起向前跟半步，脚尖着地，同时两掌合抱于胸前，虎口相对，高与口平，目视双手（图7-79⑤）。

79. 倒撵猴四

（1）退步合掌：右脚提起向右后西南方向退步，脚尖着地，重心仍在左腿上，同时身体右转，左手上提，右臂沉落，两手合于胸前，面向正北方向（图7-80①）。

动作要点：退步、转身、合掌要协调一致。

（2）弓步带推：以左脚跟为轴，脚尖内扣135°（脚尖指向正南方），身体右转，右脚提起向西南方向上步弓腿，成右弓步；同时右臂向右挂带，横于胸前，掌心朝下，左手内旋向前推按，手心朝前，高与口平，目视前方。定势面向西南方向（图7-80②、③、④）。

动作要点：身体右转，右臂有挂带化解之意，左掌推掌，有发放之势。动作要连贯一致，尾闾前送，身法中正。

（3）跟步合掌：左脚提起向前跟半步，脚尖着地，同时两掌合抱于胸前，虎口相对，高与口平，目视双手（图7-80⑤）。

①退步提按 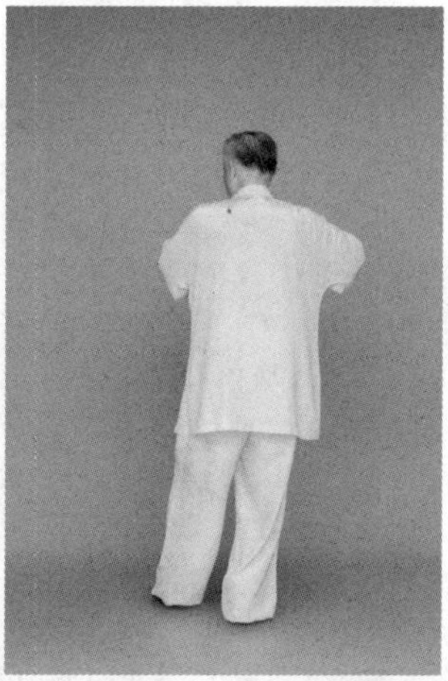　　②转身平带

③上步左带 　　④弓步带推 　　⑤跟步合掌

图 7-79　倒撵猴三

武式太极拳

①退步合掌　　②转身平带

③上步左带　　④弓步带推　　⑤跟步合掌

图 7-80　倒撵猴四

80. 右手挥琵琶

左脚提起向后退半步落实，重心移至左脚上；随即右脚提起收回，脚尖着地，同时两臂后捋，收合于胸前，右手手心斜朝下，高与胸平，左手在下与右肘同高（图 7-81 ①、②、③）。

动作要点：左脚后撤时，臀部不可向后凸起，胸部向下松沉，引导两手回收。

①撤步后捋 　　　　　②后坐捋按 　　　　　③收脚合掌

图 7-81　右手挥琵琶

81. 白鹅亮翅

（1）上步交臂：腰微左转，右脚提起上步，脚跟着地，同时右臂划弧上提与左臂下落相交于胸前，目视前方（图 7-82①）。

动作要点：提脚上步与两手相交要上下协调一致，重心要稳定。

（2）弓步撩推：右腿弓步；同时右臂上撩于头上方，掌心向前，手指向左。左手向前推按，掌心朝前，高与口平，目视前方，定势为西南（图 7-82②）。

动作要点：无论前推或上撩，双臂须保持弧形，不可伸直，手指舒展伸开，不得用力。

（3）跟步合掌：左脚提起向前跟至右脚内侧，脚尖着地；同时右手下落与左手合于胸前，虎口相对，目视前方（图 7-82③）。

动作要点：跟步与合掌要动作一致，胸臂之间要有圆活之趣。

①上步交臂　　　　　②弓步撩推　　　　　③跟步合掌

图 7-82　白鹅亮翅

82. 左搂膝拗步

（1）撤步转身：左脚提起向右后方撤半步，脚尖着地，随即以右脚跟为轴内扣135°，脚尖指向东方；身体左转，同时右掌提至右耳旁，掌心朝里，手指向前，左手落到胸前，掌心朝下，目视右手，胸朝东方（图7-83①、②）。

（2）弓步推掌：左脚提起向左前方上步，脚跟先着地，随即弓腿成左弓步；同时身体左转，左掌经左膝上向左划弧，平搂至左膝外侧，掌心朝下。右掌向前推出，手指向上高与口平，目视右手前方，定势动作朝东北方向（图7-83③、④）。

动作要点：上步不可僵硬，上步要脚跟先着地，两手的上下运动要有化开对方之劲，左手的下落与左胸有相吸相系之意。右手前推时，右胸要有下沉之意，右手作用力落在左脚跟上，左手搂和右手推要一致，有"引""蓄"之势。

（3）跟步合掌：右脚提起向前跟至左脚内侧，脚尖点地；同时右手下落与左手合抱于胸前，虎口相对（图7-83⑤）。

动作要点：跟步合掌时，左胯要向下沉落，不可上起，胸臂之间要圆活。

①撤步合手 　　　②转身搂掌

③上步搂掌 　　　④弓步推掌 　　　⑤跟步合掌

图 7-83　左搂膝拗步

83. 左手挥琵琶

右脚提起向左脚跟正后方退步踏实,身体右转,重心移至右腿,同时两掌合力后捋至胸腹。左手高与胸平,右手与腹平齐,两手心斜相对,目视前方(图 7-84 ①、②、③)。

动作要点:撤步转身时,运动方向由 45°东北斜角方向,转为面向正东。

①插步后撤　　　　②后坐捋按　　　　③收脚合掌

图 7-84　左手挥琵琶

84. 按式

（1）摆掌提手：身体右转，右手由下向侧上提至右耳侧，左手翻掌经面前下搂至胸前（图 7-85 ①）。

（2）俯身按掌：身体前俯，右手弧形下按于右腿前方，掌心朝下，手指向前，距地一尺左右，左掌弧形按到膝外侧，掌心朝下，手指向前，目视前下方。定势面向正东（图 7-85 ②）。

动作要点：两腿要顺势下蹲，身体前俯，但不可前冲。

①摆掌提手　　　　②俯身按掌

图 7-85　按式

85. 青龙出水

右脚蹬地起身，随即提起左脚向左前方上步弓腿，成左弓步，同时右手翻掌上提，掌心向上，左掌向前推出，掌心朝前，目视前方。定势面向正东方向（图 7-86①、②）。

动作要点：上步弓腿，提掌，推手要相随一致，左手前推要有沉着之意，右手要有上升之意，右肩下沉，不可上耸。

①起身提掌　　②弓步架推

图 7-86　青龙出水

86. 三通背一

（1）翻身落掌：以左脚跟为轴，脚尖内扣135°，身体向右后转身，成右虚步；同时两掌上举，经头上方划弧，左手落至左额上方，掌心斜朝上方，右手落于脸前方，掌心向前，手指向上，高与眼平，目视前方。定势面向正西方向（图 7-87①）。

（2）弓步推掌：右脚提起向前上步弓腿成右弓步；同时两手前推，右手在下，手指高与口平，左手在上，手指向右，拇指高与额平，目视前方（图 7-87②）。

动作要点：右脚上步弓腿前，左腿要有蓄劲之势，要坐胯弓腿，尾闾前送，右手前推，手掌不能超过脚尖。

①翻身落掌　　　②弓步推掌

图7-87　三通背一

87. 三通背二

（1）撤步捋按：重心左移，坐实左腿，右脚收回半步；右腿提起向后撤一大步，重心右移，以左脚跟为轴，脚尖内扣，坐实右腿；同时两手向下向右捋按至胸前，掌心朝下，左脚提起收回半步脚尖着地，成左虚步，两手合按胸前，目视左手方向（图7-88①、②、③、④）。

动作要点：撤脚、捋按、收步，以腰为主宰，带动四肢运动，上下协调一致。

（2）弓步推掌：左脚提起向左前方上步弓腿，重心移左腿上，成为左弓步；同时双掌微内旋徐徐向前推出，左手高不过口，右手与胸同高，目视左手前方，定势动作偏西南方向（图7-88⑤、⑥）。

动作要点：运动时两腿要分清虚实，弓步、转腰、推按，上下相随。推掌时要含胸拔背，尾闾前送，立身要中正。

①后坐收步　　　　　②右脚撤步　　　　　③后坐扣脚

④收脚合掌　　　　　⑤上步推按　　　　　⑥弓步推掌

图 7-88　三通背二

88. 三通背三

（1）摆脚捋按：以左脚跟为轴，脚尖外摆45°，身体左转，同时两手向左下捋按至胸前掌心朝下，右脚提起跟至左脚内侧，脚尖着地，目视右手方向（图 7-89①、②）。

（2）右弓步推掌：右脚提起向右前方上步弓腿成右弓步，重心移至右脚上，同时双掌微内旋徐徐向前推出，右手高不过口，左手与胸同高，目视右手方向。定势面朝西偏北(图7-89③、④)。

（3）跟步合掌：左脚提起向前跟半步，脚尖着地；同时双手合抱于胸前，高与口平，目视前方(图7-89⑤)。

①摆脚捋按　　②收脚跟步

③上步撑掌　　④右弓步推掌　　⑤跟步合掌

图7-89　三通背三

89. 单鞭

（1）扣脚转体：以右脚跟为轴内扣90°，同时身体左转，两掌随体左转合于胸前，高与口平，目视双手(图7-90①)。

（2）弓步分掌：身体左转，左脚向左横跨成弓步，两手随体转左右分开，左手立掌高不过眼，远不过脚。右手坐腕高不过肩，目视左手方向（图7-90②、③）。

动作要点：转身，跨步，分掌要连贯，要以腰为轴带动四肢运动，身体中正，不可前俯。

①扣脚转体　　　　　②上步撑臂　　　　　③弓步分掌

图7-90　单鞭

90.云手一

（1）收脚落掌：重心右移，左脚收回半步，脚尖着地，同时左手向下落于腹前，掌心向内，右手外撑，掌心朝外，高与头平（图7-91①、②）。

动作要点：落掌，撑臂，重心微向右移，左脚有腾挪之势，身体有凌空之感。

（2）上步左云手：左脚提起向左侧跨步，弓腿；同时左手经胸前向上向左划弧至脸前；翻掌前推，右手弧形下落至腹前，掌心朝里，目视左手前方（图7-91③、④）。

（3）收脚右云手：以左脚跟为轴，脚尖内扣45°，重心不变，收回右脚，脚跟着地，同时右手随身体转动经胸前向上划弧至脸前翻掌坐腕前推，左手弧形下落至腹前，掌心朝里，目视右手方向（图7-91⑤、⑥）。

动作要点：两手的运动要与身体的转动协调一致，要做到提顶吊裆，以腰带手，重心水平运动。

武式太极拳

①后坐落掌　　　　　　②收脚摆掌　　　　　　③转身摆掌

④上步左云手　　　　　　⑤转身摆掌　　　　　　⑥收脚右云手

图 7-91　云手一

91. 云手二

（1）上步左云手：以右脚跟为轴，脚尖内扣同时重心移至右腿上；随即左脚提起向左侧跨步，脚跟着地；同时左手经胸前向上划弧至左脸前，随之弓腿，左臂内旋坐腕推掌，右手弧形下落至腹前，掌心朝里，目视左手方向（图 7-92①、②）。

（2）收脚右云手：以左脚跟为轴，脚尖内扣，重心不变，收回右脚，脚

322

跟着地，同时右手随身体转动经胸前向上划弧至右脸前翻掌坐腕前推，左手弧形下落至腹前，掌心朝里（图7-92③、④）。

①扣脚摆掌　　②上步左云手

③扣脚摆掌　　④收脚右云手

图7-92　云手二

92. 云手三

（1）上步左云手：以右脚跟为轴，脚尖内扣同时重心移至右腿上；随即左脚提起向左侧跨步，同时左手经胸前向上划弧至左脸前翻掌前按右手弧形下落至腹前，掌心朝里，目视左手方向（图7-93①、②）。

（2）收脚右云手：以左脚跟为轴身体右转，脚尖内扣，重心不变，收回右脚，脚跟着地，同时右手随身体转动经胸前向上划弧至右脸前翻掌坐腕前推，左手弧形下落至腹前，掌心朝里（图7-93③、④）。

①扣脚摆掌　　　　②上步左云手

③扣脚摆掌　　　　④收脚右云手

图7-93　云手三

93. 单鞭

（1）扣脚转体：以右脚跟为轴内扣90°，同时身体左转，两掌随体左转合于胸前，高与口平，目视双手（图7-94①）。

（2）弓步分掌：身体左转，左脚向左横跨成弓步，两手随体转左右分开，左手立掌高不过眼，远不过脚。右手坐腕高不过肩，目视左手方向（图7-94②、③）。

动作要点：转身，跨步，分掌要连贯，要以腰为轴带动四肢运动，身体中正，不可前俯。

①扣脚转体　　　②上步分掌　　　③弓步推掌

图7-94　单鞭

94. 提手上势

以左脚跟为轴，脚尖微内扣，身体右转，右脚轻提回收，脚尖着地，同时左手举托于左额前上方，掌心斜向上；右手向下划弧按于右胯前，目视前方（图7-95①、②）。

动作要点：转身重心要稳定，脚手上下相随，尾闾中正。

①扣脚托掌　　　　　②收脚合掌

图 7-95　提手上势

95. 高探马

（1）上步抱掌：右脚提起向前上半步，脚跟着地；同时右手外旋翻掌上托至腹前，手心朝上，手指向左，左手下落至胸前，掌心斜朝下，目视前方（图 7-96 ①）。

（2）弓步推掌：右腿前弓成右弓步，同时右手回抱，左手经右手上方向前推出，手指向上，高与口平，目视前方。定势面朝正南方向（图 7-96 ②）。

（3）跟步前合：左掌继续前推，左脚向前跟半步，两手相合（图 7-96 ③）。

动作要点：弓步推掌时，左手前推与右手上下相合，若两手揉搓一物。

96. 对心掌

（1）转身掤掌：以右脚跟为轴，脚尖内扣 90°，身体左转，同时左臂前掤，高与口平，右手收至胸前成俯掌（图 7-97 ①）。

动作要点：转身与掤臂相随一致，重心在右腿上，重心稳定，两臂抱圆，要有掤劲。

（2）上步掤推：左脚提起向左前方上步弓腿成左弓步，同时左臂向上向前架于额头前方，高与头平，掌心朝前，右手立掌前推，高与胸平，目视前方。定势正东（图7-97②）。

动作要点：左脚迈出时，两臂要有蓄劲之意，要松肩沉肘，蓄而后发。

（3）跟步合臂：右脚提起向前跟半步，脚尖着地，同时两肘松沉，双臂内合（图7-97③）。

①上步抱掌　　　②弓步推掌　　　③跟步前合

图7-96　高探马

①转身掤掌　　　②上步掤推　　　③跟步合臂

图7-97　对心掌

97. 十字脚

（1）撤步转体：右脚向左后方后撤，脚尖点地。随后以左脚跟为轴，身体后转，同时两臂随体转交叉合于胸前，目视前方（图 7-98 ①、②）。

动作要点：退步、转身、摆掌要协调一致，要松腰，坐胯，重心落在左腿上。

（2）提膝交臂：两臂向下向上抄起交叉于胸前，右手在外，左手在内，手心朝里，随即右膝上提，高与腰平，目视前方（图 7-98 ③）。

动作要点：两臂抄起与提膝要同时，身体要中正。小腿自然松沉，劲点在膝盖上。

（3）分掌蹬脚：右脚以脚跟着力向前方蹬击，高与腰平，同时两手左右分开，手高与肩相平，目视右脚方向（图 7-98 ④）。

动作要点：蹬脚时，脚尖尽量回勾，劲贯脚跟，支撑腿微屈，重心稳固，身体保持正直。

98. 上步指裆捶

（1）落步拦掌：右脚向前落步踏实，重心移至右脚，随即左脚向前跟步至右脚内侧，脚尖着地，同时右手下搂收至腰间握拳，拳心向上，左手向前向右推拦，目视前方（图 7-99 ①、②、③）。

（2）上步指裆：左脚提起向前上步屈腿下蹲，随即右脚跟进半步，脚尖着地，同时左掌向下向左搂按至膝外侧，掌心朝下，手指向前，高与膝平，同时右拳向前旋臂撩出，力达拳背，拳心朝下，目视前下方（图 7-99 ④）。

动作要点：注意步法虚实变化，搂手、上步、出拳、上下要协调一致。

①撤步沉臂　　　　②转身合手

第七章　武式108式太极拳

③提膝交臂 　　　　　④分掌蹬脚

图7-98　十字脚

①落步搂推 　　　　　②跟步抱拳

③上步拦掌 　　　④跟步撩裆

图 7-99　上步指裆捶

99. 上步懒扎衣

（1）弓步推掌：起身，右脚提起向前上步弓腿成右弓步，同时两手向前徐徐推出，右手在前，高与眼平，左手在后，与肘同高，目视右手方向（图 7-100①、②、③）。

动作要点：弓步、转腰、推掌要上下协调一致，要松肩、沉肘、含胸、拔背、尾闾前送。

（2）跟步合掌：左脚提起向前跟进半步，脚尖着地，同时两掌合抱于胸前，虎口相对，高与口平（图 7-100④）。

①起身提手 　　　②上步撑掌

③弓步推掌　　④跟步合掌

图 7-100　上步懒扎衣

100. 单鞭

（1）扣脚转体：以右脚跟为轴内扣 90°，同时身体左转，两掌随体左转合于胸前，高与口平，目视双手（图 7-101 ①）。

（2）弓步分掌：身体左转，左脚向左横跨成弓步，两手随体转左右分开，左手立掌高不过眼，远不过脚。右手坐腕高不过肩，目视左手方向（图 7-101 ②、③）。

动作要点：转身，跨步，分掌要连贯，要以腰为轴带动四肢运动，身体中正，不可前俯。

①扣脚转体　　②上步沉肘　　③弓步分掌

图 7-101　单鞭

101. 下势

身体右转,右脚尖外撇45°,左脚以脚跟为轴,脚尖内扣90°,屈蹲成左仆步,同时两臂左右分开下按,目视左手方向(图7-102①、②)。

动作要点:右腿屈蹲动作要柔和富有弹性,两臂左右分展时,须松肩沉肘,屈蹲时上身正直,不可前俯。

①后坐摆脚　　　　　②蹲身下按

图7-102　下势

102. 上步七星

(1)起身弓步:重心前移起身,左脚尖前摆,左腿前弓,右脚尖内扣成左弓步,同时左臂前穿,右臂自然收落体侧(图7-103①)。

(2)虚步上冲拳:身体左转,左脚尖外摆45°,随后右脚提起向前甩步,脚掌着地,成右虚步;同时右手握拳经腹前向上抄打,与左手拳交叉于胸前,左拳在内,右拳在外,拳心均朝内,目视前方(图7-103②)。

动作要点:两手运动须与两腿运动协调相随,两拳交叉后胸部须有扩展之意,身体不可前俯后仰。

①起身弓步　　②虚步上冲拳

图7-103　上步七星

103. 退步跨虎

（1）撤步变掌：右脚提起向后撤步，两臂内旋两拳变掌（图7-104①）。

（2）后坐分掌：重心后移右腿落实，身体右转带两掌上下弧形分开，右手掤举至头右侧上方，左手下按至左胯前（图7-104②）。

（3）跨步亮掌：身体左转，左腿提起微左跨回收落步，脚尖着地成左虚步，同时两臂展开微前合，目视前方（图7-104③）。

动作要点：双手的分合随腰动。

①撤步变掌　　②后坐分掌　　③跨步亮掌

图7-104　退步跨虎

104. 转身摆莲

（1）转体摆臂：以右脚跟为轴，脚尖外摆225°，左脚跟提起，身体右转，同时两臂随体右摆至胸前，掌心朝下，高与肩平，目视双掌（图7-105①）。

动作要点：转体时，重心不变，要提顶、吊裆、气沉丹田，以腰为主宰，带动四肢运转，身体中正，重心稳定。

（2）扫腿盖步：拧腰扫腿，腰向右拧，左脚向右扫腿至右腿外侧盖步，重心移至左腿，同时双臂随体继续右摆胸前方，高与肩平，目视双手（图7-105②）。

（3）转身提腿：以左脚跟为轴，脚尖内扣45°，身体右转，两掌摆至右前方，同时右腿向左提起，脚尖下垂，目视左手方向（图7-105③）。

动作要点：双手右摆，右腿尽量向左提，腰部放松。

（4）摆腿拍脚：右腿向上向右扇形外摆，脚面绷平，左右掌依次于面前拍击右脚面，目视双手（图7-105④）。

动作要点：转身、扫腿、摆腿、拍脚动作要协调连贯。要以腰发力带动右腿外摆，重心要稳定。

①转体摆臂　②扫腿盖步

③转身提腿　　　　　④摆腿拍脚

图 7-105　转身摆莲

105. 弯弓射虎

（1）上步按捋：右脚收回向右前方落步，同时两掌下落按捋，高与胸平，掌心均朝下，目视双手（图 7-106①）。

（2）转身提拳：身体右转，两手继续下捋至腹前，变拳提至胸部，拳心向内，目视前方（图 7-106②）。

动作要点：转身捋手，举拳要相随一致，劲蓄于腰脊。

（3）弓步打捶：身体左转，右脚尖微扣成侧弓步，同时两臂内旋向左前击出。右拳举至右额前方，拳心向外，左拳冲至胸前，与胸平齐，目视斜前方（图 7-106③）。

动作要点：要以腰为主宰带动两臂运转。两臂圆撑，不可伸直，呈拉弓状，身体中正。要顶头、松腰、沉胯、敛臀。

①上步按捋　　②转身提拳　　③弓步打捶

图 7-106　弯弓射虎

106. 左懒扎衣

（1）收脚捋按：身体微右转，重心前移；两拳变掌向右下方捋按至胸前；同时左脚提起向前跟步，脚尖点地（图 7-107①）。

（2）上步撑掌：左脚提起向左前方（45°斜角）上步，脚跟着地，重心仍在右脚；同时两掌内旋向左前上方举起，左掌指向上，高与口平，右掌高与胸平，指尖斜向上，掌心向左前方，目视左手方向（图 7-107②）。

动作要点：上步和撑掌要一致，两臂撑圆，要松腰、坐胯、沉肘。

（3）弓步推掌：重心移向左腿，左脚掌踏实成左弓步。同时两掌向前徐徐推出，左手高不过眼，右手在后，与胸平齐。右腿要有腾挪之势，目视左手前方（图 7-107③）。

动作要点：弓步、转腰、推掌要上下相随。松肩沉肘两臂圆屈，不能伸直。推掌时要含胸拔背，尾闾前送，立身要中正。

107. 退步双抱捶

（1）跟步推掌：重心前移，右掌从左臂下方顺势前推，左手臂下落至于右肘平，同时右脚向前跟步至左脚内侧，目视前方（图 7-108①）。

（2）撤步穿掌：右腿向正后方撤一步，左手经右肘下方前穿，随重心后移两臂外旋，手心翻转向上，两臂成十字交叉状（图 7-108②）。

（3）收步抱拳：两手握拳，抽臂抱拳至腰间，拳心朝上，同时左脚收回，两脚平行站立，间距一脚宽，两腿屈膝半蹲（图7-108③）。

动作要点：退步、收手、抱拳要相随一致，脚到、拳到，两腿弯曲，不可伸直。

①收脚捋按　　②上步撑掌　　③弓步推掌

图7-107　左懒扎衣

①跟步推掌　　②撤步穿掌　　③收步抱拳

图7-108　退步双抱捶

108. 收势

并步直立：两腿伸膝，身体慢慢升起，同时，两手徐徐下落于大腿两侧，左脚提起并拢右脚，身体直立，目视前方（图7-109①、②）。

动作要点：两拳变掌慢慢下落与两腿缓缓直立，动作要缓慢，速度均匀，呼吸自然。

①起身落掌　　　　②并步还原

图 7-109　收势

第三节　拆招

一、践步栽捶

对方用右顺步拳打我胸部，我身体右转上半步，左肘沾贴其肘向下向左搂开其右臂，同时左腿向前跨步管其右腿，随即我右膝向其裆部顶去。右拳从上向下栽击对方面部，使其跌出（图 7-110 ①、②、③）。

第七章 武式108式太极拳

①右顺步打拳　②践步近身　③跨步膝顶捶栽

图7-110　践步栽捶

二、巧捉龙

对方以右脚向我腹部蹬踢，我右手上掤向右旋拧右脚踝。左手向上抱其膝，右脚尖外摆，双手拧其腿，左脚提起蹬其左腿内侧，使其跌出（图7-111①、②、③、④）。

①右蹬脚　②转身接腿

武式太极拳

③上步旋拧　　　　　　　　④提膝踢裆

图 7-111　巧捉龙

三、踢一脚

对方从我身后以右顺步拳击我背,我身体右后转,右臂顺势向右掤接其右腕,左手推其肘,同时左脚向其右膝、右胯蹬踢,使其跌扑于地(图 7-112①、②、③)。

①右顺步打拳　　　　②转身接手　　　　③顺势踢腿

图 7-112　踢一脚

第八章 武式太极拳推手

武式太极拳推手,又称"打手"或"揉手",是两人配合练习太极拳听劲和懂劲技术的一种锻炼手段。练推手是知人的功夫,是凭自己的感觉了解对方劲力的大小、方向,以采取相应措施,达到小力胜大力。它遵循"不丢不顶""粘、连、黏、随""以柔克刚""以静制动"的原则,是使用"掤、捋、挤、按、采、挒、肘、靠"的手法、"进、退、顾、盼、定"的步法和一定的身法进行的模拟实战训练。

武式太极拳推手是学习太极拳拳法到应用的中间途径,也是学会拳架到学习散手的阶梯,同时也是巩固太极拳身法、练习懂劲的必由之路。拳架为体,推手是用,用拳架来丰富推手,用推手来检验拳架,最终推手还要服务于散手。从一定程度上讲,推手与散手相比较,推手技术的内在变化比散手技术的内在变化更加细微。从训练内容上和难度上讲,推手要比散手更复杂、更困难,所以练习推手的速度宜慢不宜快。

武式太极拳推手[1],要以意导气,用周身弹簧力将人发出。不许用抓、握、撕掠、箍抱、拿反关节等技法,下肢不准用勾、绊、跌等动作,要体现粘、连、黏、随的运动特色。即使运用拳或掌击发时,也不要让对方有疼痛之感,被发之人弹跳而出,不会因跌仆受伤。当彼此功夫相近者推手时,要寻找对方的缺陷之处乘机发劲,使被发之人心服口服,承认所发之劲是符合太极拳原理的。

武式太极拳推手有两个特点:一是以劲击劲,也就是接劲打劲,不以着击身;二是发人时要用跟劲拥,不用猛力崩。推手时首先要明确化开劲头、制劲源的道理,即运用"听劲"感觉出对方劲头、劲源以及劲的变化情况。"听清"对方劲路后,化开对方劲头,暴露对方缺陷,再使自己的意气乘机直贯对方身体中心,从而克敌制胜。一旦对方劲源受制,

---

[1] 姚继祖:《武式太极拳全书》,山西科学技术出版社,1999,第141~144页。

身体必然感觉旋转不灵,丧失进攻能力,最终因失去平衡而跌出。其间要贯彻松、柔、圆活、变化轻灵、虚实分清、顺人之势、借人之力、舍己从人、引进落空、不丢不顶、不用强力拙劲等基本要求。

第一节　定步单推手

定步单推手是两人接手后体验接触点的掤、捋、挤、按劲力,身体各部位如何放松,特别是要练习腰、腿、肩、臂在受到对方的阻力时如何还能充分放松并能灵活运用。初步体会何为沾连粘随,尝试如何能找准对方的中心及重心。

一、平圆单推手

（1）预备：甲乙相对站立,并步成立正姿势(距离 3m 左右)身体自然放松(图 8-1)。

动作要领：头虚领顶劲,下颌微收,上体舒松正直,两手自然下垂至身体两侧,两脚并拢,两腿自然直立,精神集中,目视对方。

图 8-1　预备姿势

第八章　武式太极拳推手

（2）甲乙抱拳行礼：甲乙抱拳行礼，然后还原成立正姿势（图8-2）。

图8-2　甲乙抱拳行礼

（3）单搭手：甲乙身体微向左转，左脚均外摆45°，右腿同时向前上步，两脚内侧相对，脚尖向前，两脚相距10—20cm，同时双方右臂前伸，手背相贴，手腕相交，左手自然下按于胯旁，重心落在两腿中间偏于左腿，左腿屈膝半蹲，目视对方（图8-3①、②）。

动作要领：平圆单推手也可出左脚在前，搭左手练习。双方搭手时，注意手腕与肩平，各含"掤劲"，既不可过于用力相顶抗，也不可软而无力。

①摆脚合手　　　　②上步搭手

图8-3　单搭手

武式太极拳

（4）甲按乙化：甲身体重心前移，右腿屈膝前弓，尾闾前送，同时右掌坐腕转腰向前平推，按向乙右胸，乙承接甲方按劲，松肩沉肘，含胸，气沉丹田，裹裆，顺势重心后移坐胯（图 8-4 ①）。

甲手臂外旋前挤，乙左腿屈膝，身体右转，以右掌向右引化甲右手，使其不能触及胸部而落空（图 8-4 ②）。

①甲按乙掤　　　　　　②甲挤乙捋

图 8-4　甲按乙化

（5）乙按甲化：乙随即翻掌转腰用右掌向前平推，按向甲右胸部，同时右腿屈膝弓步，尾闾前送；甲用右手臂掤接乙之按劲，松肩沉肘，含胸，气沉丹田，裹裆，顺势重心后移坐胯（图 8-5 ①）。

乙手臂外旋前挤，甲左腿屈膝，身体右转，以右掌向右引乙之右手使其不能触及胸部而落空（图 8-5 ②）。

然后甲按乙化。如此循环练习，双方路线成一平圆形，平圆推手左足在前换左手练习，方法相同。

动作要领：一方用按劲推按对方时，对方以"化"劲化开，"化"时应注意转腰、坐胯，以腰带手，协调一致。双方手臂要保持掤劲，进退相随不可僵硬，动作粘连粘随，不丢不顶，双方左手自然置于左侧平衡动作。

（6）还原搭手式：甲方（或乙方）右手向前推按至两人中间，恢复单搭手式（图 8-6）。

第八章 武式太极拳推手

①乙按甲掤　　　　②乙挤甲捋

图 8-5　乙按甲化

图 8-6　还原搭手式

（7）并步还原：甲乙双方右脚向后收脚并步，同时两手收到身体两侧，互行抱拳礼（图 8-7①）。后甲乙相对站立，并步成立正姿势，身体自然放松（图 8-7②）。

①互致抱拳礼　　　　　　　　②并步直立

图 8-7　并步还原

二、立圆单推手

（1）预备：甲乙相对站立，并步成立正姿势（距离三米左右），身体自然放松（图 8-8）。

动作要领：头虚领顶劲，下颌微收，上体舒松正直，两手自然下垂至身体两侧，两脚并拢，两腿自然直立，精神集中，目视对方。

图 8-8　预备姿势

第八章　武式太极拳推手

（2）甲乙抱拳行礼：甲乙抱拳行礼，然后还原成立正姿势（图8-9）。

图 8-9　甲乙抱拳行礼

（3）单搭手：甲乙身体微向左转，左脚脚尖外摆45°，右腿同时向前上步，两脚内侧相对，脚尖向前，两脚相距10—20cm，双方同时右臂前伸，手背相贴，手腕相交，左手自然下按于胯旁，重心落在两腿中间偏于左腿，左腿屈膝半蹲，目视对方（图8-10①、②）。

动作要领：双方搭手时，注意手腕与肩平，各含"掤劲"，既不可过于用力相顶抗，也不可软而无力。

①摆脚合手　　　②上步搭手

图 8-10　单搭手

（4）甲按乙捋：甲用右手向乙方面部推按，同时，重心前移右腿屈膝弓步（图8-11①）；乙以右手用掤劲承接甲之来劲，顺势，重心后移左腿，屈膝后坐，身体右转，将甲右掌向上向后引带至头部右前侧，使其落空（图8-11）。

①甲前按　　　　②乙捋化

图8-11　甲按乙捋

（5）乙按甲捋：乙顺势将右掌置于甲右手腕上，向下绕弧切按，随即右腿弓步，用右手向前伸插打甲之腹部（图8-12①）；甲以右手用掤劲承接乙之来劲，右臂顺势回收，同时重心后移，屈左腿后坐，身体右转将乙右手引向身体右侧，使之落空（图8-12②）。

①乙下按　　　　②甲捋化

图8-12　乙按甲捋

第八章　武式太极拳推手

（6）甲按甲捋：甲继续将右手弧形上提至头部右侧，伸臂向乙面部打掌，乙仍如前顺势将甲右手引向头部右前侧，使其落空（图8-13①、②）。

如此循环练习，双方推手路线成一立转的圆形。

动作要领：立圆单推手也可出左脚在前，搭左手练习。两人搭手推成立圆，要注意松肩沉肘，勿耸肩提肘。

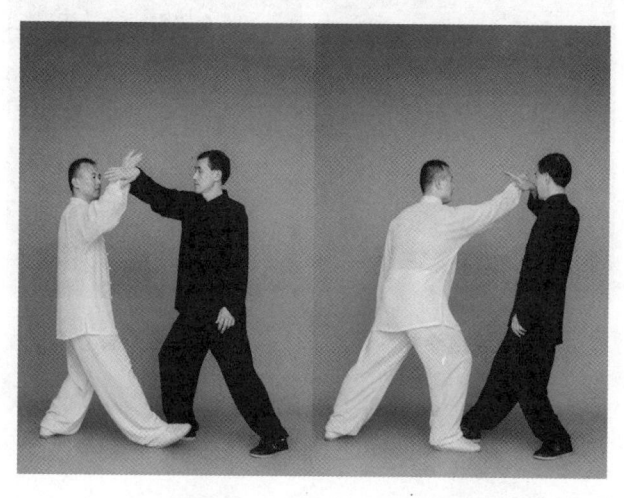

①甲前按　　　　②乙捋化

图8-13　甲按甲捋

（7）还原搭手式：当乙方（或甲方）用右手向前伸按，运行至搭手位置时即停，恢复单接手（图8-14）。

图8-14　还原搭手式

（8）收步还原：甲乙双方右脚向后收脚并腿，同时两手收到身体两侧，行抱拳礼。后甲乙相对站立，并步成立正姿势，身体自然放松（图8-15①、②）。

①互致抱拳礼　　　　　②并步直立

图 8-15　收步还原

三、折叠单推手

（1）预备：甲乙相对站立，并步成立正姿势（距离 3m 左右）身体自然放松（图 8-16）。

动作要领：头虚领顶劲，下颌微收，上体舒松正直，两手自然下垂至身体两侧，两脚并拢，两腿自然直立，精神集中，目视对方。

图 8-16　预备姿势

（2）甲乙抱拳行礼：甲乙抱拳行礼，然后还原成立正姿势（图8-17）。

图 8-17　甲乙抱拳行礼

（3）单搭手：甲乙身体微向左转，左脚脚尖外摆45°，右腿向前上一步，两脚内侧相对，脚尖向前，两脚相距10—20cm，同时双方右臂前伸，手背相贴，手腕相交，左手自然下按胯旁，重心落在两腿中间偏于左腿，左腿屈膝半蹲，目视对方（图8-18①、②）。

动作要领：双搭手时，注意手腕与肩平，各含"掤劲"，既不可过于用力相顶抗，也不可软而无力。

①摆脚合手　　　　②上步搭手

图 8-18　单搭手

（4）乙插掌、甲引压；甲掤提、乙随化：乙右手内旋，循弧线向下插推按甲之胸面部，同时，重心前移，右腿屈膝弓步；甲用右手背以掤劲粘随，右臂外旋，掌心向上，掌臂压于乙右手腕上向下沉压至右腹前；随后手上提至右耳侧，掌心朝外，乙随化上挤（图8-19①、②）。

动作要领：乙右手内旋，手心向下向甲胸部推按，甲要松肩沉肘，敛臀坐胯，右手向右引化，右掌外旋滚压，掌心向上，双方掌背叠紧，粘随、柔顺，并与下肢相随，协调一致。

①乙插掌、甲引压　　②甲掤提、乙随化

图8-19　乙插掌、甲掤提

（5）甲插掌、乙引压：甲右手内旋，循弧线上领翻掌手心朝前插推乙胸面部，同时重心前移，右腿屈膝弓步；乙用右手以掤劲粘随，右臂外旋，掌心向上，掌臂压于甲右手腕上向下沉压至右腹前，随即右手上提右耳侧，掌心朝外，甲随化上挤（图8-20①、②）。

动作要领：由此循环练习，此练习也可左足在前，搭左手进行练习。

（6）还原搭手式：甲方（或乙方）右手向前推按至两人中间，恢复至搭手式（图8-21）。

（7）并步还原：甲乙双方左脚向后收脚并腿，同时两手收到身体两侧，行抱拳礼。甲乙相对站立，并步成立正姿势身体自然放松（图8-22①、②）。

第八章　武式太极拳推手

①甲插掌、乙引压　　②乙掤提、甲随化

图 8-20　甲插掌、乙引压

图 8-21　还原搭手式

①互致抱拳礼　　②并步直立

图 8-22　并步还原

第二节　定步双推手

定步双推手包括揉肘和四正双推手两种形式。揉肘是单推手向双推手过渡的一种方法,是两人在定步双臂互搭状态下,运用腕肘接触点的劲力变换掌控对方重心,尝试如何维持自身平衡,并试探性地破坏对方的平衡。四正双推手是在两人手肘相接的状态下练习推手的掤、捋、挤、按四种劲法,着重体验推手的沾连粘随与不丢不顶。

一、揉肘

(1)预备:甲乙相对站立,并步成立正姿势,身体自然放松(图8-23)。

动作要领:头虚领顶劲,下颌微收,上体舒松正直,两手自然下垂至身体两侧,两脚并拢,两腿自然直立,精神集中,目视对方。

图 8-23　预备姿势

(2)甲乙抱拳行礼:甲乙抱拳行礼,然后还原成立正姿势(图 8-24)。

第八章　武式太极拳推手

图 8-24　甲乙抱拳行礼

（3）双搭手：双方左脚外摆 45°，左腿屈蹲，右脚向前方上步，两脚内侧相距约 10—20cm，双方身体重心稍偏向左腿，同时双方右手向前上举，臂微屈，手背相贴，手腕交叉相搭，左手互相扶于对方右肘部，目视对方（图 8-25①、②）。

要领：双方右臂相搭，含掤劲，同时左掌心扶于对方右肘部。

①摆脚合手　　②上步搭手扶肘

图 8-25　双搭手

（4）甲按挤、乙掤捋：甲方腰微右转，右腿弓步，右手翻掌向前，双手合力前按乙方小臂；乙方右小臂掤接对方双手按劲，左手扶甲右肘部，顺甲方按劲，重心后移，微屈左腿（图 8-26 ①）；甲方腰左转旋臂前挤，乙方腰微右转顺势捋化掉对方的挤势，使其不能触及胸部而落空（图 8-26 ②）。

要领：甲方推按时，双手推向对方胸部，要弓腿落胯，尾闾前送。

①甲按乙掤　　　　　　②甲挤乙捋

图 8-26　甲按挤、乙掤捋

（5）乙按挤、甲掤捋：乙随即转腰翻掌用右掌心向前平推按向甲右胸部，同时右腿屈膝弓步，尾闾前送；甲用右手臂掤接乙之按劲，松肩沉肘，含胸，气沉丹田，裹裆，顺势重心后移坐胯，左腿屈膝，身体右转，以右掌向右捋引乙之右手，使其不能触及胸部而落空（图 8-27 ①、②）。

动作要领：如此循环练习，过程中双方腕肘相接，双方左手互相扶对方的右肘尖，路线成一平圆形。此练习也可左足在前，搭左手进行，方法相同。

（6）还原搭手式：甲方（或乙方）右手向前推按至两人中间，恢复至搭手式（图 8-28）。

（7）并步还原：甲乙双方左脚向后收脚并腿，同时两手收到身体两侧，行抱拳礼。甲乙相对站立，并步成立正姿势身体自然放松（图 8-29 ①、②）。

第八章　武式太极拳推手

①乙按甲掤　　　②乙挤甲捋

图 8-27　乙按挤、甲掤捋

图 8-28　还原搭手式

①互致抱拳礼　　　②并步直立

图 8-29　并步还原

二、四正双推手

(一)预备姿势

甲乙相对站立,并步成立正姿势(距离 3m 左右),身体自然放松(图 8-30)。

要领:头虚领顶劲,下颌微收,上体舒松正直,两腿并拢,精神集中,目视对方。

图 8-30 预备姿势

(二)甲乙互致抱拳礼

甲乙抱拳行礼,然后还原成立正姿势(图 8-31)。

抱拳礼作法:左手为掌为文,四指并拢拇指屈扣;右手为拳为武,四指卷曲,拇指扣压在食指和中指第二指节上。两臂合抱右拳的拳棱抵住左掌心指根里侧,两臂合抱代表天下太极是一家,以掌掩拳代表止戈为武,一掌一拳、一文一武代表文武双修。

要领:两手抱拳时,两臂呈弧形外撑,两手腕微内旋外展,左手指尖朝右上方。

第八章　武式太极拳推手

图 8-31　甲乙互致抱拳礼

（三）双搭手

双方右脚上步,两脚内侧,相距约 10—20cm,双方身体重心稍偏左腿,左腿屈蹲,同时双方右手向前上举,臂微屈,手背相贴,手腕交叉相搭,左手扶于对方右肘部,目视对方(图 8-32)。

要领:双方右臂相搭,含掤劲,同时左掌扶于对方右肘部。

图 8-32　双搭手

（四）甲按乙掤

甲方：右手翻掌，腰微右转，右腿弓步，双手合力前按乙方小臂。乙方：出左小臂掤接对方双手的按劲，顺甲方按劲，右手臂下落绕出扶甲左肘部，重心后移，微屈左腿，目视对方双手（图8-33）。

要领：甲方推按时，双手推向对方胸部，要弓腿落胯，尾闾前送。

图8-33　甲按乙掤

（五）乙将甲挤

乙方：继续屈左腿坐胯，向左转腰，两手向左后引甲左臂（成将势动作）。甲方：随乙将势右腿屈膝前弓，重心稍向前移，身体微右转，以左小臂平挤乙胸部，右手贴在左臂内侧辅助，迫使乙两手被困于胸前，将乙的将势化解（图8-34）。

图 8-34　乙捋甲挤

（六）乙按甲掤

乙方：顺甲之挤势，身体右转，两手同时向前、向下推按甲左小臂，使甲挤劲落空。甲方：顺势以右小臂掤接乙左手，以左肘掤接乙右手，左手向下绕出扶乙右肘上，重心移向左腿成掤势（图 8-35）。

图 8-35　乙按甲掤

（七）甲捋乙挤

甲方：身体继续右转，右手内旋翻转沾住乙右手腕，左手扶乙右肘，向右后引乙右臂成捋势。乙方：顺甲捋势，重心前移，右腿前弓，身体略左转，左手自然脱开甲右肘部，贴于右前臂内侧，身体右转以右小臂平挤甲胸部形成挤势（图8-36）。

图8-36 甲捋乙挤

（八）甲按乙掤

甲方：顺乙之挤势，身体左转，化解来势，然后重心前移，右腿屈膝前弓，两手向下，向前接乙左小臂形成按式。乙方：顺甲按式，用左臂掤接甲按劲，右臂下落绕出，扶于甲右肘部，身体略左转，重心后移，左腿屈膝后坐，左臂向上向左弧形掤引形成掤势（图8-15）。

图 8-37　甲按乙挤

（九）乙捋甲挤

乙方：身体继续左转，两手向左后捋甲左臂成为捋势。甲方：顺势弓腿，变为挤势（图 8-38）。

练习时要做到圆活连贯，上下相随，左右呼应，顺势走化，沾连粘随，不丢不顶。悉心体认掤捋挤按四种劲力、劲路的变化规律。

图 8-38　乙捋甲挤

（十）收势还原搭手势

当一方前按至两人中间时,恢复搭手势(图8-39)。

图8-39 收势还原搭手势

（十一）甲乙抱拳行礼

甲乙双方右腿后退,并步行抱拳礼(图8-40)。

图8-40 甲乙抱拳行礼

(十二)甲乙并步还原

如图 8-41。

图 8-41　甲乙并步还原

第三节　活步双推手

武式太极拳活步双推手有两种,一种是以活步四正双推手练习掤、捋、挤、按四种劲法;另一种是以活步四隅双推手练习採、挒、肘、靠四种劲法。两人在动态过程中体验沾随不脱、进退相随。通过推手练习"听劲",初步体验对方劲力的方向、角度、快慢、距离等因素变化发生时,自身如何调整才能保持原有的间架结构不散,并尝试做相应的攻防处理。

一、活步四正推手(三步半推手)

(1)预备姿势。甲乙相对站立,并步成立正姿势,身体自然放松(图8-42)。

要领:头虚领顶劲,下颌微收,上体舒松正直,两腿并拢,精神集中,目视对方。

图8-42 预备姿势

（2）甲乙抱拳行礼。甲乙抱拳行礼,然后还原成立正姿势(图8-43)。

图8-43 甲乙抱拳行礼

（3）双搭手。双方左脚外摆45°,右脚向前方上步,两脚内侧,相距约10—20cm,双方身体重心稍偏左腿,左腿屈蹲,同时双方右手向前上举,臂微屈,手背相贴,手腕交叉相搭,左手扶于对方右肘部,目视对方(图8-44)。

要领:双方右臂相搭,含掤劲,同时左掌扶于对方右肘部。

第八章　武式太极拳推手

图 8-44　双搭手

（4）甲退步挒、乙进步挤。甲方：右脚后撤一步落实，成坐步，顺势左脚收回半步；同时右手内旋，两手向右后挒带乙右臂。乙方：随甲挒势，右脚向甲左腿内侧上步，屈膝前弓，用前臂平挤甲胸部，顺势左脚跟半步（图 8-45 ①、②）。

动作要领：此动为三步半练习的启动方式，也是推手换步动作练法。甲双手挒按乙右臂与身体右转，退步要协调一致，并与乙顺遂；乙随甲挒势上步，两臂向前平挤与甲顺势右转，两手扶乙两臂动作相协调。

①甲挒乙挤　　　　　　②甲乙收步

图 8-45　甲退步挒、乙进步挤

（5）甲上步按、乙坐步掤。甲方：左脚向乙右腿外侧上步，屈膝弓左腿，两手向下向前推按乙右前臂；乙方：随势上体微右转，以左臂掤接甲两手的前按之势，同时左脚向后退一步，重心后移，屈膝后坐（图8-46）。

动作要点：此动为三步半推手的第一步，甲方前进三步跟半步，三步的技法分别为按、按、挤；乙方后退三步收半步，三步的技法分别为掤、掤、捋；甲方前进落脚相对乙方脚的位置分别为外、外、内。

（6）甲进步按、乙退步掤。甲方：右腿向乙左腿外侧上步弓推，同时双掌向前推按乙之左臂。乙方：随势右手向下向右划弧绕出，扶于甲左肘部，两手掤带甲之双手，右腿再向右后方退步，重心后移（图8-47）。

动作要点：双方眼向前看，不可一直低头看脚。

图 8-46　甲上步按、乙坐步掤

图 8-47　甲进步按、乙退步掤

（7）甲进步挤、乙退步捋。甲方：随乙捋，左脚向乙右腿内侧上步，屈膝弓腿，左臂屈肘，右手附于前臂内侧，身体微左转，用前臂平挤乙胸部。乙方：左脚向左后退一大步落实，成坐步，右脚收回半步，身体左转，同时，双手向左后捋甲臂（图8-48①、②）。

动作要点：至此式，三步半完成了一次技术的展示，要想提高技术，必须反复练习，从沾连粘随不丢顶中讨消息。

①甲挤乙捋　　　　　　②甲乙收步

图8-48　甲进步挤、乙退步捋

（8）乙上步按、甲坐步掤。乙方：右脚向甲左脚外侧上步，屈膝弓右腿，两手向前下推按甲左前臂。甲方：随势右腿向后退半步，上体微左转，以右臂掤接甲两手按式，同时重心后移，屈膝后坐（图8-49）。

动作要点：此动为三步半推手的第一步，须先迈上一动收回的虚脚。行进过程中重心要稳定，不可忽高忽低，要一步一桩，长期练习可形成身体的动态稳定。活步推手在动态中体验攻防接发的时机和双方的距离感。

图 8-49　乙上步按、甲坐步掤

（9）乙进步按、甲退步掤。乙方：左腿向甲右脚外侧上步弓腿，同时双掌继续推按甲之右臂向前。甲方：左手随势向下向左绕出，扶于乙右肘，两手掤带乙双手，左腿向后方退一大步，重心后移坐实（图8-50）。

图 8-50　乙进步按、甲退步掤

（10）乙进步挤、甲退步捋。乙方：随势右脚向甲左腿内侧上步屈膝前弓，身体右转，用前臂平挤甲胸部，右臂屈肘，左手附于前臂内侧，顺势左腿跟进半步。甲方：右脚后退一步坐实，随势上体右转，两手扶于乙前臂合力向右后捋按式，左脚顺势收回半步（图8-51①、②）。

动作要点：甲方为掤、掤、捋；乙方为按、按、挤。

第八章　武式太极拳推手

①甲捋乙挤 　　　　　　　　②甲乙收步

图 8-51　乙进步挤、甲退步捋

（11）换步换手法。乙方：左脚向后退一步，右脚再向后退一步坐实，左脚收回半步；同时，两臂不动，用右臂沾随甲双臂后捋。甲方：随乙捋，右脚向乙左腿内侧上步屈膝前弓，左脚顺势跟半步；用右前臂屈肘平挤乙胸部，左手附于前臂内侧。乙方随上势两手扶于甲右臂上左脚前进，形成前按之式，甲方退左步举左臂前掤，完成换步换手（图 8-52①、②、③）。

①甲按乙捋 　　　　　②甲挤乙捋 　　　　　③甲乙收步

图 8-52　换步换手法

（12）互致抱拳礼（图8-53）

图 8-53　互致抱拳礼

（13）退步还原（图8-54）

图 8-54　退步还原

二、活步四隅推手（大捋推手）

（1）预备姿势。甲乙相对站立，并步成立正姿势（距离3m左右），身体自然放松（图8-55）。

动作要领：头虚领顶劲，下颌微收，上体舒松正直，两腿并拢，精神集中，目视对方。

图 8-55 预备姿势

（2）甲乙抱拳行礼。甲乙抱拳行礼，然后还原成立正姿势（图 8-56）。

图 8-56 甲乙抱拳行礼

（3）双搭手。双方右脚向前方上步，两脚内侧，相距约 10—20cm，双方身体重心稍偏左腿，左腿屈蹲，同时双方右手向前上举，臂微屈，手背相贴，手腕交叉相搭，左手扶于对方右肘部，目视对方（图 8-57）。

动作要领：双方右臂相搭，含掤劲，同时左掌扶于对方右肘部。

图 8-57　双搭手

（4）甲撤步捋採、乙上随肘靠。甲方：左脚向正前方上步落实，右臂外旋，右手反腕握乙方右腕，左前臂贴靠在乙方右肘上，右脚向右后方斜角撤步，身体右转，同时两手顺势捋挒乙方右臂。乙方：随势左脚先向前上步落实，随即右脚再向甲方左脚内侧（裆中）插步，成右弓步；同时右臂屈肘以肩臂靠击甲胸部；左手置于右大臂内侧，然后，甲方随势重心下降，转身后坐成左虚步，左前臂内旋，化开乙方靠劲（图8-58）。

动作要领：乙方顺甲方捋插步成弓步靠，与甲后撤成坐步要协调一致，脚到手到，沾连粘随，重心要低，步法要稳，身体要中正。

图 8-58　甲撤步捋采、乙上随肘靠

（5）乙撤步捋采、甲上步肘靠。乙方：左脚向正前方上步落实，右臂外旋，右手反腕捋握乙方右腕，左前臂贴靠在甲方右肘上，右脚向右后方斜角撤步，身体右转；同时两手顺势捋挒甲方右臂。甲方：随势左脚先向前上步落实,随即右脚在乙方左脚内侧(裆中)插步,成右弓步同时右臂屈肘以肩靠击甲胸部,左手置于右大臂内侧。然后乙方随势重心下降,转身后坐成左虚步,左前臂内旋化开甲方靠劲(图8-59)。

图 8-59　乙撤步捋採、甲上步肘靠

(6)甲撤步捋採、乙上随肘靠(图8-60)。

图 8-60　甲撤步捋採、乙上随肘靠

(7)乙撤步捋採、甲上随肘靠(图8-61)。

图 8-61　乙撤步捋採、甲上随肘靠

（8）收势还原搭手式（图8-62）。

图 8-62　收势还原搭手式

（9）抱拳收势（图8-63①、②）。

第八章　武式太极拳推手

①行抱拳礼　　②并步直立

图 8-63　退步抱拳收势

第九章　武式太极拳器械

第一节　武式太极十三连环剑

一、太极十三连环剑简介

武式太极十三剑由十三个剑术招式动作组成。其套路简短、招式精妙、简洁实用、式式相连，最后一式又可与第一式相环接，如行云流水，循环无端，故又称之为"武式太极十三连环剑"。

本套剑术器械使用方法多变，由绷、挑、抽、劈、砍、撩、剪、截、勾、挂、扫、托等剑法构成，以用于攻击对方持械手腕，使其丧失战斗力的用法居多。武式太极拳的身法要求同样也适用于剑法，以身带剑，圈小劲捷，可谓"剑气如虹，剑行似龙，剑神合一，玄妙无穷"。

二、太极十三连环剑动作名称

起式	1. 进步绷剑	2. 退步剪形	3. 进步裹砍
4. 上步刺剑	5. 转身劈头剑	6. 进步炮剑	7. 退步勾挂
8. 藏身剑	9. 左右劈剑	10. 抱剑	11. 托剑
12. 进步阳手剪腕	13. 跟步阴手剪腕	收势	

三、太极十三连环剑动作图解

（一）起式

（1）并步持剑：由并步左手持剑，右手为剑指开始，提左腿向左横迈成开立步（图9-1①、②）。

（2）接剑式：两臂由体前侧45°斜角举臂上举，剑穗随左臂向前上甩出，两手合于面前。意在左小臂中段，剑锋上刃，有格开对方兵器之意（图9-1③）。

（3）虚步架剑：右手绕剑柄前面接、握剑，旋腕绞剑，坐身向上托剑，意在剑上锋后1/3处，同时右脚微内扣，坐实右腿；左腿提起脚掌点地成虚步，左手变剑指前点，以意点对方的咽喉，目视左手方向（图9-1④）。

①并步持剑　　②开步持剑

③接剑式　　　　　　　　④虚步架剑

图 9-1　起式

（二）十三连环剑

1. 进步绷剑

（1）回身劈剑：腰身右后转，右手剑向右后 45°斜角劈剑，意注剑下刃，目随剑走（图 9-2①）。

（2）虚步提剑：身体左转，左腿微抬大腿提起，以身带剑，右手握剑悬臂内旋，剑尖回勾（图 9-2②）。

（3）进步穿刺：左脚前迈，右手剑随进身顺右腿向前穿、刺（图 9-2③）。

（4）跟步绷剑：身体转正微沉，右腿跟半步，右手坐腕，以意用剑上刃前 1/3 段向上绷、挑对方手腕、胸腹、咽喉，左手剑指扶于右腕，目视前方（图 9-2④）。

第九章　武式太极拳器械

①回身劈剑 　　②虚步提剑

③进步穿刺 　　④跟步绷剑

图 9-2　进步绷剑

2. 退步剪形

（1）撤步抽剑：腰身后移，右脚向后撤一步，右手剑随步后抽，目随剑走（图9-3①）。

（2）后坐挑剑：随剑身后抽的惯性右手翻腕外旋剑身上挑，剑尖朝上，身体微左转，目视左手剑指方向，腰身右坐，重心移于右腿（图9-3②）。

（3）撤步剪剑：左腿向左后方撤一步，右持剑臂以肩为轴向上向前向下剪剑，力达剑下刃前 1/3 段，左手剑指配合右臂动作，托扶于右腕下方，重心仍坐于右腿。有闪开刺向我来的兵器的同时，剪击对方持械手腕之意（图 9-3 ③）。

① 撤步抽剑　　　② 后坐挑剑　　　③ 撤步剪剑

图 9-3　退步剪形

3. 进步裹砍

（1）盖步裹剑：身体左转，右手持剑微旋腕前裹，剑身垂直，以剑外刃裹截对方攻击过来的兵器，左脚盖步向前，脚尖外撇。两臂撑圆，裹合于胸前；头部左转，目视截剑方向（图 9-4 ①）。

（2）弓步劈砍：重心左移，左手剑指下沉，右手持剑上提；右脚提起向右斜前方迈，脚跟着地；左手剑指向后向上，曲臂翻腕亮于头上；右手持剑随右腿的前弓，由左向上向前砍，剑身与地面成 45°左右斜角，力达剑身后 1/3 处，同时劲力前贯，力出于剑尖（图 9-4 ②）。

①盖步裹剑　　　　　②弓步劈砍

图9-4　进步裹砍

4. 上步刺剑

（1）后坐抽剑：松胯沉身，重心左移坐实左腿，右臂外旋下沉，剑身落平回抽，左臂后引伸展，左手坐腕剑指向上（图9-5①）。

（2）独立截托：重心继续左移，左腿独立，右腿屈膝上提，脚尖下垂；随独立右手持剑，用剑的外刃向后向外抽截，剑尖仍朝右前方。右臂抱圆，右手松握剑上托，力达剑外刃；目视左手剑指方向（图9-5②）。

（3）上步抱剑：左腿屈蹲，重心下沉，身体微右转，右脚前落，脚跟着地；右臂持剑随转腰下沉于脐前，两臂环抱，左手剑指轻扶于剑柄下方，剑尖朝斜上方（图9-5③）。

（4）独立上刺：重心右移，左腿提膝向上，右腿成独立步，双手合力平剑前刺，力贯剑尖（图9-5④）。

武式太极拳

①后坐抽剑　　　　②独立截托

③上步抱剑　　　　④独立上刺

图 9-5　上步刺剑

5. 转身劈头剑

（1）落步削剑：身体左后转，左脚向左后方落地前迈，右脚尖微内扣；左手剑指下落前推，右手持剑外旋，随落步剑向下削截（图 9-6①）。

（2）上步扫撩：身体继续左转，重心左移，左脚脚尖外摆，左手剑指向上向后引，右腿向前上步，随上步右手持剑前扫；右腿前弓，右手剑以剑上刃向前上反撩，左手剑指举于头上（图 9-6②）。

（3）转身提剑：以右脚跟为轴，脚尖内扣，身体左后转身，重心坐于右腿；随转身左手剑指化弧下按于左胯前，右手持剑上举于头正上方，剑尖下垂于身后（图9-6③）。

（4）独立劈剑：右腿独立，左腿提膝向上，脚尖下垂；随即左手旋臂上撑于头正上方，右手持剑前劈对方头部，力达剑下刃中部，与地面成45°夹角；两手上下相合，目视劈击方向（图9-6④）。

动作要点：两手运转化立圆；剑前劈时目标为对方头部，不可过低，劈剑时如甩鞭子一般发力，力达剑下刃。

①落步削剑 　　　　②上步扫撩

③转身提剑 　　　　④独立劈剑

图9-6　转身劈头剑

6. 进步炮剑

（1）盖步左撩：身体左转下沉，左脚盖步前落，右手持剑左撩与左手剑指合于胸前（图9-7①）。

（2）迈步按剑：重心左移，身体左转，提右脚斜前方迈步，脚跟先着地；右手持剑下按至腰间，目视剑尖方向（图9-7②）。

（3）弓步反撩：右腿前弓，右转腰，带右手剑化立圆反手向右前上方撩击，力达剑上刃、剑尖；左手剑指随右臂向前，附于右肩前方（图9-7③）。

①盖步左撩　　　　②迈步按剑　　　　③弓步反撩

图9-7　进步炮剑

7. 退步勾挂

（1）后坐勾剑：重心回坐于左腿，右手持剑以剑尖回勾，剑身放平随后坐以剑内刃回揽，右腿屈膝，脚尖微回收，目视左后方（图9-8①）。

（2）撤步挂剑：左脚内扣，身体右转，提右腿后撤一步，脚尖先着地；随即重心右坐；右手翻腕以剑刃沾缠对方兵器，有向后向下挂带对方的兵器之意，力达剑下刃中部，左手剑指轻扶于右手腕（图9-8②）。

①后坐勾剑　　　　　　　②撤步挂剑

图9-8　退步勾挂

8. 藏身剑

身体左转,右脚尖微内扣起身,左膝内裹上提成独立步;右手臂持剑内旋上提向左推截剑,左手剑指平胸前推,轻扶剑脊,意将全身藏于剑身之后,目视正前方(图9-9)。

图9-9　藏身剑

9. 左右劈剑

（1）落步穿刺：身体左转，重心下沉，左脚外摆前落，右手剑经左小腿向后穿刺，左手剑指与右腕在体前相合（图9-10①）。

（2）进步左劈剑：身体左转，重心左移，右脚向正前方迈步，脚跟先着地，随即弓腿前移；右臂持剑化立圆抡臂前劈，力达剑下刃前1/3处，左手剑指向后向上化弧，圆臂翻腕置于头部左后上方（图9-10②）。

（3）撤步后撩：腰部后引，重心左移，右手持剑随势下落，右脚后撤，重心后坐于右腿，随腰右转右手抡剑向后反撩，左手剑指前落至胸前（图9-10③）。

（4）虚步右劈剑：左腿收回半步，左脚活步点地，成左虚步；随腰左转右手旋臂翻腕抡剑由后向前劈击，左手剑指与劈剑相合，轻托于右腕下方；目视劈击方向（图9-10④）。

动作要点：右手左右抡劈剑与左手剑指协调配合。

①落步穿刺　　②进步左劈剑

第九章　武式太极拳器械

③撤步后撩　　　　　　④虚步右劈剑

图 9-10　左右劈剑

10. 抱剑

左脚向左后撤步，脚尖点地，重心后坐，左手剑指随重心后移向后围腰划弧，反背于腰部命门处；身体左转，右手持剑旋臂以剑外刃回抽，置于左胸前，剑身与地面成 45° 斜角，剑尖斜朝上；右脚收回半步，成右虚步。右手以拇指、食指、中指轻握剑柄，腕部伸直，右臂掤圆（图 9-11）。

图 9-11　抱剑

11. 托剑

（1）上步平托：抽右胯，身体转正，右脚进步脚跟先着地，右手持剑上托至胸前（图9-12①）。

（2）弓步上托：右腿前弓，右手持剑上托至头斜前上方，力贯剑上刃后1/3处，目视托剑方向，左手反背不动（图9-12②）。

①上步平托　　　　　②弓步上托

图9-12　托剑

12. 进步阳手剪腕

（1）摆脚后撩：右腰胯后抽，右脚尖外摆，右手持剑内旋下压划弧向后反撩（图9-13①）。

（2）进步剪腕：左脚前迈，脚跟先着地，沉腕翻剑，剑尖向上，重心左移，右手持剑向前、向下剪剑，左手剑指相合，轻托于右腕下方，右脚随势活步前跟半步，目视剑尖方向（图9-13②）。

13. 跟步阴手剪腕

（1）撤步后劈：右脚后撤，身体右转，右手向右后劈落，左脚收回半步，目随剑走（图9-14①）。

（2）进步绷剪：身体左转，左脚进步，脚跟先着地，右手持剑翻腕，剑尖向下，随进身剑顺右腿前穿，向前上绷剪，力达剑上刃，右脚活步前跟，左手剑指轻扶于左腕上方（图9-14②）。

①摆脚后撩　　　　　②进步剪腕

图9-13　进步阳手剪腕

①撤步后劈　　　　　②进步绷剪

图9-14　跟步阴手剪腕

14. 回身后劈（连环衔接）

（1）后撩架剑：扣脚转身，身体右后转，右脚后撤，右手持剑随转身由下向上立圆回抽后撩，右脚上步脚尖外摆，重心右移，左脚前迈成虚步；左手剑指随转身由胸前向前推出，右手剑上架头上方，剑尖朝前（图9-15①）。

（2）虚步后劈：上势不停，右手甩剑向右后方环转回劈，眼随剑走（图9-15②）。

动作要点：撤步后撩、虚步架剑、虚步后劈三动划立圆连贯完成，三动既可分解教学，又可随动作熟练程度增加剑走立圆连成一式。

①后撩架剑　　　　②虚步后劈

图 9-15　回身后劈

15. 进步绷剑

动作同第一势，唯左右前进的方向相反。此势可继续接退步剪形，进行连环练习（图9-16）。

图 9-16　进步绷剑

（三）收势

（1）转身架剑：身体后转，以脚跟为轴，脚尖外摆，左脚上步成虚步；右手持剑翻身由下向上平架，左手剑指前指（图9-17①）。可从此式开始再练习多遍，亦可抡劈收势。

（2）开步抡劈：右手剑向右后甩劈，左手剑指随势落于身体左侧，眼随剑走（图9-17②）。

（3）开步交剑：左脚上步脚跟先着地，脚尖内扣，与右脚平行成开立步；右手翻腕，剑向左回环交回左手持剑，目视左前方（图9-17③）。

（4）掸身下按：左手持剑，身体转正，右手剑指经胸腹外掸，弧形上提至耳侧，下按垂落于右胯旁（图9-17④）。

（5）并步持剑：左脚回收并步，目视前方，还原成起式持剑姿势（图9-17⑤）。

①转身架剑　　　　　②开步抡劈

③开步交剑　　　　④掸身下按　　　　⑤并步持剑

图9-17　收势

第二节　武式太极十三刀

一、太极十三刀简介

太极十三刀，刀法简洁顺畅，柔韧浑厚，沾粘运转，轻灵沉着，内固精神，外示安逸。由劈、斩、抹、带、撩、扎、推、截、分、剪、拦、扫、按等基本刀法，结合步法、身法组成刀术套路。刀法明晰，劲力绵绵，刚柔相济，人刀合一。

器械是手臂的延长，每式必须跟劲，势势相连，完全和行拳一样。同时刀势等同于交手散打，苦修自有神明之妙。

二、太极十三刀动作名称

起式	1. 按刀	2. 青龙出水	3. 风摆荷花
4. 白云盖顶	5. 背刀	6. 迎坟鬼迷	7. 震脚提刀
8. 拨云望日	9. 避刀	10. 霸王举鼎	11. 朝天一炷香
12. 拖刀败势	13. 灵猫捕鼠	收势	

三、太极十三刀动作图解

（一）起式

（1）并步抱刀：两脚并步站立，左手抱刀，垂落于体侧，刀刃朝前，刀尖朝上；右掌自然垂落体侧（图9-18①）。

（2）开步抱刀：上身不动，重心微右移，左脚向左迈出同肩宽，成开立步（图9-18②）。

（3）蹲身环抱：身体微沉，两臂由45°斜角方上举，环抱于口前，意贯刀刃中部，右手抓握刀把，有用左臂举刀拦挡对方兵器或切截对方手臂之意（图9-18③）。

①并步抱刀　　②开步抱刀　　③蹲身环抱

图9-18　起式

（二）十三刀

1. 按刀

（1）提膝掤翻：右手握刀，左手变掌，左小臂内旋下落，里抄向上掤翻轻扶刀背呈下按之势；同时右腿微提（图9-19①）。

（2）震脚按刀：右脚全脚掌向下震踏落地，左脚活步向前，成左虚步；左手按刀背向下，右手随势抽刀向下按至腰间，刀尖朝前，刀身平直（图9-19②）。

动作要点：意将对方兵器翻按于我刀下，有顺对方兵器前挫之势。

①提膝掤翻 　　　　　②震脚按刀

图9-19　按刀

2. 青龙出水

（1）进步扎刀：身体微沉，左脚进步，脚跟先着地，左手扶刀背，右臂持刀向前全力扎去，力贯刀尖，目视刀尖方向（图9-20①）。

（2）跟步扎刀：右脚顺势跟步；左掌附于右小臂内侧；右腕微沉，刀身与地面15°左右夹角（图9-20②）。

动作要点：有顺兵器向前扎刺对方心窝之意。

①进步扎刀 　　　　　②跟步扎刀

图9-20　青龙出水

3. 风摆荷花

（1）撤步挂带：右脚活步后撤，左脚收回半步成左虚步，右腿坐实；随后坐右手持刀向右、向后挂带至右肩侧，左手扶于右腕内侧，目随刀动（图9-21①）。

动作要点：要有用刀背向侧后挂带开向我直刺的兵器之意。

（2）弓步斜劈：左脚活步向前，上步弓腿；右手举刀，双手合力向左前方斜劈；力贯刀刃中部，刀身与地面成45°夹角，目视劈击方向（图9-21②）。

①撤步挂带　　②弓步斜劈

图9-21　风摆荷花

4. 白云盖顶

（1）转身扶刀：右脚上步，重心右移右腿坐实，身体左转，右脚尖内扣，左脚收回半步成左虚步；右手挥刀下落回摆横拦腰间，左手轻扶于刀背（图9-22①）。

（2）虚步托架：右腿坐实，左脚虚踏，腰胯向下松沉；双手合力上推托架。力贯刀刃，目视刀身中部（图9-22②）。

①转身扶刀　　　　　②虚步托架

图 9-22　白云盖顶

5. 背刀

（1）转身云拨：身体左转，随转身右脚尖内扣，左脚回收，脚跟着地；双手举刀于头上有云拨开对方兵器之意（图 9-23①）。

（2）践步背刀：右脚向前践步，左脚顺势前进一步；同时右手握刀，肘尖内合，刀把朝前，刀背垂落于右肩呈背刀势，刀身与地面成 45°左右的夹角，左手扶于刀身内侧（图 9-23②、③）。

动作要点：此式教学时可先云拨，再践步背刀；动作熟练后需云拨和践步上下相随同时完成。

①转身云拨　　　　②背刀践步　　　　③进步背刀

图 9-23　背刀

6. 迎坟鬼迷

（1）左斜劈：左脚向前进一大步，右腿顺势跟步；右手举刀由右上向左下斜劈，随即手臂内旋，右手刀藏于左肋下，刀背贴肋；左臂与右手相合，左手立掌平屈于右肩前（图9-24①）。

（2）右平斩：腰身右转，右脚向右前方迈步，脚跟先着地，两手打开，右手随势带刀回摆，拦腰向右平斩，左手外开举于肩平（图9-24②、③）。

（3）转身缠头：身体继续右转回头，左脚向右前上步脚跟先着地，脚尖内扣，重心左移左腿坐实，右腿虚提脚掌点地；身体随刀向右后转身，右手刀从右肩经背向上向左缠至头上方，刀背贴背，刀身垂直；左手随势平屈胸前（图9-24④、⑤）。

（4）进步推架：右脚上步脚尖外摆，重心右移，左脚向斜前上步弓腿；右手刀由左肩抽出，下沉至胸前，左手向上旋腕翻掌，轻扶刀背，两手合力向前上推架，力达刀刃（图9-24⑥、⑦）。

①左斜劈　　　　②右平斩一

武式太极拳

③右平斩二　　　　　④转身缠头一　　　　　⑤转身缠头二

⑥进步推架一　　　　⑦进步推架二

图 9-24　迎坟鬼迷

7. 震脚提刀

（1）提膝架刀：重心移于左腿屈蹲蓄势，右腿大腿前提，双手仍保持架刀姿势（图 9-25 ①）。

（2）翻身虚步亮刀：身体向右后翻身跳转；右脚震脚落地，左脚向前虚点，右手抡刀由上向右向后劈撩提刀，左手顺势竖掌前推，成虚步亮刀，刀身下垂，刀尖斜向下。沉腰坐胯，目视前方（图 9-25 ②）。

动作要点：刀身抡圆，跳转腾空，虚步落地稳实。

①提膝架刀　　　　②翻身虚步亮刀

图 9-25　震脚提刀

8. 拨云望日

（1）左弓步撩：左脚向前上步弓腿，右手持刀旋腕翻刀，由右后向左上贴身前撩，力贯刀刃，眼随刀运（图 9-26①）。

（2）右弓步撩：重心后坐，身体左转，左脚尖外摆，右手刀由前向上向左后化弧撩砍，两手相合，左手轻抚右腕；右脚前迈，身体右转，右手刀由左后贴身向右上前撩，力贯刀刃（图 9-26②）。

（3）左弓步撩：重心后坐，身体右转，右脚尖外摆，随势右手刀向后立圆挥刀，两手打开，左手前推（图 9-26③）；左脚向前上步，右手持刀由右后向左上反撩，力贯刀刃，两手相合（图 9-26④）。

（4）回身带刀：身体左转，右脚上步，脚尖内扣，右腿坐实，左脚收回半步，成左虚步；右手挥刀上摆由经头右侧翻腕收落至面前，刀刃向外，左手上抄轻扶右手背，目视前方（图 9-26⑤）。

动作要点：左右撩刀时，双手协调配合，刀走立圆，刀贴身运，以身带刀，上下相随，连绵不断。

武式太极拳

①左弓步撩 　　②右弓步撩

③左弓步撩一 　　④左弓步撩二 　　⑤回身带刀

图9-26　拨云望日

9. 避刀

（1）上步平斩：左腿提膝，左脚前迈落地，两臂向左右分开，左手为掌，右手持刀向右平斩（图9-27①）。

（2）提膝抱刀：身体微沉蓄势，重心前移，左脚尖外摆45°；两手臂合力向前捧抱于腹前右膝上方，右手持刀旋臂剐刀，左手托抱于右手下方；同时右膝随势上提，脚尖下垂；成独立抱刀之势，刀刃向上，刀尖朝前,蓄势待发(图9-27②)。

（3）践步前刺：右脚前迈，左脚践步向前，右脚再进一大步成弓步；同时双手抱刀全力前刺，成弓步时，左手后摆至肩平，目视刀尖(图9-27③、④、⑤)。

①上步平斩　　②提膝抱刀

③践步前刺一　　④践步前刺二　　⑤践步前刺三

图9-27　避刀

10.霸王举鼎

（1）后坐回闪：左胯微沉，重心左移坐实左腿，右手举刀向左后回闪，右脚顺势收回半步，成右虚步；右手竖刀于身体左侧，刀身垂直，刀尖向上；左手扶于右腕内侧（图9-28①）。

（2）迈步抽刀：身体右转，右脚前迈脚跟着地，右手抽刀向右，横于腹前（图9-28②）。

（3）弓步推架：重心前移成右弓步，双手合力推刀向前上托架于头上方，目视刀身中部，力达刀刃（图9-28③）。

①后坐回闪 　　　　②迈步抽刀 　　　　③弓步推架

图9-28　霸王举鼎

11. 朝天一炷香

（1）虚步按刀：身体右转，右脚尖外摆45°，重心右移坐实右腿，左脚前迈，脚掌前踏，成左虚步；随身转右手抽刀回抱于右胯侧，左手轻抚刀背，刀身与地面成45°左右斜角（图9-29①）。

（2）进身前刺：重心微前移，左脚掌踏地，身体有前进之势，两手合力向前推挫前刺，刀尖斜向前，刺击对方心窝、咽喉（图9-29②）。

12. 拖刀败势

（1）回身推拨：以右脚跟为轴脚尖外摆，左脚掌撑转，身体后转；左手下按，右手上提，刀身斜于身体左侧；双手持刀有向身侧推逼开对方兵器之意（图9-30①）。

（2）践步拖刀：左脚前迈，右脚向前震脚践步，左脚再抬起有前迈之

第九章　武式太极拳器械

势；两手顺势抽刀向前提拖，有拖拽对方兵器之意；以步摧身，以身带刀（图9-30②、③、④）。

①虚步按刀　　　②进身前刺

图9-29　朝天一炷香

①回身推拨　　　②跐步拖刀一

③践步拖刀二 　　　　　④践步拖刀三

图 9-30　拖刀败势

13. 灵猫捕鼠

（1）翻身按刀：左脚前迈，全脚踏实，右腿前提蓄势，双手举刀翻身，四六步落地，双手合力向下按刀于体侧，刀尖朝前，有一触即发之势；刀划立圆，有翻身向后劈按之意（图 9-31 ①）。

（2）进步扎刀：左脚进步，右脚跟步，两手合力向前刺出，左手附于右腕内侧，目视刀尖，右腕微沉，刀身与地面成 15° 左右夹角（图 9-31 ②、③）。

①翻身按刀 　　　　②进步扎刀一 　　　　③进步扎刀二

图 9-31　灵猫捕鼠

（三）收势

（1）撤步后撩：身体右转，右脚向后撤一大步，右手挥刀后撩（图9-32①）。

（2）回环接刀：右手举刀向上，经面前向左，回环将刀交于左手，成左弓步（图9-32②）。

（3）回身掸掌：身体右转，成右弓步，右手变掌，经腹前向右掸掌，随即向上挥摆至右耳侧（图9-32③）。

（4）开步按掌：左脚收回半步成开步站立，右手徐徐下按至体侧（图9-15④）。

（5）并步抱刀：左脚并步还原，成并步抱刀势（图9-32⑤）。

①撤步后撩　②回环接刀

③回身掸掌　④开步按掌　⑤并步抱刀

图9-32　收势

第三节　武式太极十三杆

一、太极十三杆简介

武式太极十三杆又称"武式太极十三枪"，是在对练过程中为了降低练习的危险性，避免误伤对手而去掉枪头，逐渐演化而来的独特杆术技法套路。以"枪"易"杆"，形成了有别于枪的独特杆法技术，成为太极杆，是武式太极器械中的一项重要内容。最早在李亦畬"老三本"中记载有《四枪法》"平刺心窝、斜刺膀尖、下刺脚面、上刺咽喉"。

武式太极十三杆以绷、挑、合、按、捅、拦、劈、拖、扫、挥、抖、架等杆法组成，一招一式，用法逼真，套路短小精悍，没有舞花，独具特色，威力无穷。练习时要求裆圆步稳，腰拧臂缠，身体忽然发力，以相当的内劲缠绕杆身。

太极杆是手臂的延伸，是增长内劲，加大裆、腰、臂之爆发力、锻炼耐力和强度的一种特有的功力练习方法，可以有效提高练习者的体能；同时，又是检验周身劲整、内劲饱满程度的一种独特方法，素有"拳不整用大杆校"之说。"月练棍、年练刀、久练枪"，武式太极杆更需要长期的磨练和雕琢。

二、太极十三杆基本技术

（一）持杆技术

（1）并步持杆：比赛上下场、讲课时的持杆技术；左手满把握杆，杆身垂直贴于身体左侧，要求不准用杆把在地上墩击出声（图9-33①）。

（2）坐步持杆：练习时侧身坐步站立，重心前三后七；左手活把握杆，食指伸直贴有杆身，拇指与其余三指松扣；右手满把握住杆把，注意右手持握杆身后头,切忌握杆靠前后面出头;要求杆身倾斜,杆尖向下,目视杆尖方向(图9-33②)。

① 并步持杆　　　　② 坐步持杆

图 9-33　持杆技术

(二)运杆技术

杆法的绷、挑、合、按、捅技术,是由枪法的拿、扎技术演化、细分而来。

练习时绷、挑、合、按、捅五个技术元素既要分清,又要合一,以求劲力顺达、力透杆尖为宜。

预备式:面向练习方向,并步站立,右手握杆把,杆头放于地面上,手臂前伸与杆成一直线(图9-34①)。

(1)绷:右手内旋向后,运劲抽杆,左手微前按制动,使杆身前部向身体左后方绷击,力达杆身外侧前1/6处,目视杆尖(图9-34②)。

(2)挑:右手内扣主动下压,左手微内旋上挑制动,杆尖向上挑击,目视杆尖(图9-34③)。

(3)合:右手继续内扣下压,左手内旋使杆身内缠前合,劲贯杆身,目视杆身前部,要求松腰坐胯蹲身配合上肢动作(图9-34④)。

(4)按:双手内扣使杆身呈下按之势,劲贯杆身前1/3处(图9-34⑤)。

（5）捅：右手外旋全力向前捅出，手心向上，力透杆尖；同时拧腰、蹬腿、切胯，重心前送配合捅杆技术，要求杆身要平，要稳、目标准确，双眼凝视杆尖（图9-34⑥）。

①预备式

②绷杆

第九章 武式太极拳器械

③挑杆

④合杆

⑤按杆

⑥捅杆

图9-34 运杆技术

教学时可先要求学生练习捅杆,力求劲力顺达,再连贯练习五个技术元素。随着教学的深入和学生技术水平的提高,学生能够自然分清掤、挑、合、按、捅五个技术元素后,还可练习发劲抖杆。

三、太极十三杆动作名称

起式	1. 绷杆	2. 青龙出水	3. 童子拜观音
4. 饿虎扑食	5. 拦路虎	6. 拗步	7. 斜劈
8. 风扫梅花	9. 中军出队	10. 宿鸟归巢	11. 拖杆败势
12. 灵猫扑鼠	13. 手挥琵琶	收势	

四、太极十三杆动作图解

（一）起式

（1）并步持杆：左手持杆，杆身垂直贴于身体左侧，右臂自然垂于体侧（图9-35①）。

（2）转身放杆：身体左转90°，右手抓握杆把，双手合力挥杆前放；杆尖触地，右臂前伸，左臂自然垂于体侧（图9-35②）。

①并步持杆 　②转身放杆

图9-35　起式

(二)十三杆动作

1. 绷杆

撤步绷杆：右脚后撤，重心后移，成左高虚步；同时两手合力拧杆外旋，用杆身前部向左外侧绷击（图9-36）。

图9-36 撤步绷杆

2. 青龙出水

（1）上步合按：杆尖上挑，左脚前迈，杆身内缠，落胯蹲身，杆身向内合按（图9-37①、②）。

（2）弓步捅杆：右脚跟蹬地发力，腰胯左转，左腿屈膝前弓；右臂拧旋，左手活把，两臂全力向前捅出，力贯杆稍，目视杆尖方向；随势，右脚向前跟步（图9-37③）。

①坐步上挑

②蹲身合按

③弓步捅杆

图9-37 青龙出水

3. 童子拜观音

弓步托架：身体右转，右脚跟步，经左腿内侧向右前迈步弓腿，右臂抽杆，双手由腰间向上举杆弧形托架至与头平，力贯杆身中上部（图9-38①、②）。

武式太极拳

①收步抽杆

②弓步托架

图9-38 童子拜观音

4. 饿虎扑食

（1）坐步合按：左脚上步，坐胯蹲身，杆身内缠合按于腰间（图9-39①）。

（2）弓步捅杆：右脚蹬地，左腿前弓，右臂拧杆前捅，劲贯杆尖，左手活把（图9-39②）。

①坐步合按

②弓步捅杆

图 9-39　饿虎扑食

5. 拦路虎

弓步拦挡：右脚顺势向前跟步，右手握杆旋臂回抽，左手活把；右脚向右前方上步，双手持杆，由上向左向前下弧形挥杆，以杆身前 1/3 内侧向前下推拦（图 9-40）。

图 9-40　拦路虎

6. 拗步

撤步回拨：腰向左转，右脚撤步后坐；左手回拉，右手前推，使杆身向身体左后方拨挡（图 9-41）。

图 9-41　撤步回拨

7. 斜劈

上步斜劈：身体右转，左脚向右前方上步；两手抡杆向右前上方劈刺，力达杆前上部（图 9-42）。

图9-42 上步斜劈

8. 风扫梅花

虚步横扫：右脚微内扣，身体左转，左脚微收成左虚步；右手握杆紧扣于腰间，以身带杆向左斜上方扫摆，劲贯杆身外侧（图9-43）。

图9-43 虚步横扫

9. 中军出队

（1）抽杆合按：左脚活步向前，左手活把下落，右手回抽，使杆身弧形向下合按落平（图9-44①）。

（2）弓步捅杆：右脚蹬地发力，左腿前弓；右臂向前顺势捅出，力贯杆尖；右脚顺势向前跟步（图9-44②、③）。

①抽杆合按

②弓步捅杆

③跟步捅杆

图9-44 中军出队

10. 宿鸟归巢

坐步抽带：右脚后撤坐实，左脚回收，成左虚步；随后撤右手带杆后抽至腰间，左手活把；杆身有向后、向侧带开对方刺来的兵器之意（图9-45）。

图9-45 坐步抽带

11. 拖杆败势

（1）转身推拨：右脚尖外摆，身体向右后转，随转身两手挥杆由上向下向右推拨，有以杆尖拨开向我小腿刺来的兵器之意（图9-46①）。

（2）践步拖杆：左脚向前进步，右脚践步向前，左脚顺势前迈落地；随践步两手持杆顺腿拖杆（图9-46②、③、④）。

①转身推拨

②践步拖杆一

③践步拖杆二

④践步拖杆三

图9-46 拖杆败势

12. 灵猫扑鼠

（1）转身点按：右脚进步扣脚，身体左后转，拧杆回身点按（图9-47①）。

（2）进步捅杆：拧腰带臂身体左转，成弓步；右臂顺势前捅，力贯杆尖，随捅杆，右脚顺势向前跟步（图9-47②、③）。

武式太极拳

①转身点按

②弓步捅杆

③跟步捅杆

图 9-47 灵猫扑鼠

13.手挥琵琶

撤步抽带：右脚后撤坐实，左脚回收，成左虚步；右手抽杆后带，左手活把，杆身抽带于怀中，如抱琵琶状（图9-48）。

图9-48　撤步抽带

（三）收势

并步持杆：身体右转，左脚收回至右脚处，成并步直立；右手松开，左手持杆，垂立于身体左侧，凝神静气，目视前方（图9-49）。

图9-49　收势

第四节 武式太极四式追魂刀

一、太极四式追魂刀简介

武式太极四式追魂刀在李亦畬"老三本"中有"里剪腕、外剪腕、挫腕、撩腕"的记载。

四式追魂刀为二人攻防对练套路，刺心、刺背、抹头、削腿，两人一攻一防，一问一答，循环不已，连随不断；刀法明晰，步法灵活，刀法巧妙，循环不已。

二、太极四式追魂刀动作名称

起式	1.里剪腕刺心	2.外剪腕刺背
3.挫腕抹头	4.撩腕削腿	收势

三、太极四式追魂刀动作图解

（一）起式

（1）抱刀站立：甲、乙双方面向抱刀站立。甲、乙相距两臂两刀距离，对面站立；二人均为左手抱刀，右臂自然垂落体侧，两脚并拢，目视对方（图9-50①）。

（2）行礼、接刀：甲、乙双方同时两臂由体侧45°斜方上举，曲臂环抱于体前，左手持刀，右手为掌，互相行礼；右手顺势抓握刀把接刀（图9-50②）。

（3）震脚亮刀：右腿提膝震脚踏地，左脚前迈成左虚步；右手握刀

第九章　武式太极拳器械

后拉,左手变掌向正前方竖掌推出;目视对方(图9-50③)。

①抱刀站立

②行礼、接刀

③震脚亮刀

图9-50　起式

（二）太极四式追魂刀动作及循环

1. 里剪腕刺心

（1）乙劈头、甲蓄势（图9-51①）

乙方：左脚活步，右脚进步弓腿，右臂抡刀由后向前向甲方头上劈去，左掌亮于左侧方。

甲方：目视对方，蓄势以待。

动作要点：待乙方刀将劈未到之机，闪身化开对方劈砍之势。初学对练时要待一方做完动作后，另一方再做防守或进攻动作，熟练后则可应机而动。

（2）甲里剪腕、乙沉臂（图9-51②）

甲方：左脚活步，右脚上步，向右闪身，躲开乙方劈头之势。右手举刀向对方右腕里侧剪去。

乙方：右臂顺甲方刀势下沉。

动作要点：乙方要沉腕下落，避开对方的劈砍。

（3）甲里剪腕、乙撤身（图9-51③）

乙方：沉腕抽刀撤步，避开对方剪腕。

甲方：静待蓄势。

（4）甲刺心、乙蓄势（图9-51④）

甲方：接上动，甲活步，持刀手旋臂翻，刀刃向上，向乙方正心位刺去，左臂后伸，目视刀尖。

乙方：蓄势静待。

动作要点：甲方可根据双方距离的远近调整步法，可以上步，还可以践步进身。

第九章 武式太极拳器械

①乙弓步劈刀、甲蓄势以待

②甲举刀剪腕、乙松身下沉

③乙撤步避开、甲蓄势静待

④甲刺心、乙蓄势

图9-51 里剪腕刺心

2. 外剪腕刺背

（1）乙外剪腕、甲静待（图9-52①）

乙方：当甲方刀将刺未刺中时，两脚活步向左前方闪身，躲开甲方的扎心；右臂持刀上举，腕内旋，刀由上向下反剪撩击甲方右腕外侧。

甲方：静待蓄势。

动作要点：初学时乙方要静待甲方做完动作，再做出反应；动作熟练后，即可应机而动。

（2）乙外剪腕、甲带刀收步（图9-52②）

甲方：待乙方外剪之势将到未到之时，身体左转，右臂外旋带刀向左，闪开对方外剪之势，同时右脚向左前方迈步，脚跟着地。

乙方：蓄势以待。

动作要点：此时，甲方背肋部暴露，乙方蓄势扎背。

（3）乙刺背、甲绕步闪身（图9-52③）

乙方：旋臂翻手持刀，刀刃向侧或向上，迈右步向甲方右肋部刺去，目视刀尖。

甲方：蓄势静待。

动作要点：甲方静待，观察乙方刀刺来的时机，随时准备闪身走化。

第九章　武式太极拳器械

①乙外剪腕、甲静待

②甲带刀闪身、乙蓄势以待

③乙旋臂刺背、甲静待

图 9-52　外剪腕刺背

3. 挫腕抹头

（1）甲闪身举刀、乙静待（图9-53①）

甲方：待乙方刀将刺未中之时，甲右脚外摆，左脚向前绕步，抽腰闪身，避开对方扎背，持刀上举，左步落实成马步。

乙方：静待。

动作要点：甲方绕步闪开对方扎背之势，举刀下剁，要剁中有前挫之势。

（2）甲马步挫腕、乙静待（图9-53②）

甲方：双手举刀由上向下剁挫乙方手腕。

乙方：静待。

（3）乙收手坐步、甲蓄势（图9-53③）

乙方：为化解甲方挫腕之险，乙右臂持刀后收，身体后坐，右脚收回成虚步。

甲方：静待蓄势。

（4）甲推刀抹头、乙蓄势以待（图9-53④）

甲方：旋臂推刀，进右步弓腿，向乙方头颈部抹去，刀尖朝右，力贯刀身中部。

乙方：蓄势以待。

①甲闪身举刀、乙静待

第九章　武式太极拳器械

②甲马步挫腕、乙静待

③乙收手坐步、甲蓄势

④甲推刀抹头、乙蓄势以待

图 9-53　挫腕抹头

4.撩腕削腿

（1）乙举刀撩腕、甲后坐收刀（图9-54①）

乙方：为化解抹头之势，举刀上撩甲右腕。

甲方：坐步手腕反卷举刀化解。

（2）甲带刀、乙削腿（图9-54②）

甲方：右臂继续上卷，身体左转带刀，走化乙方撩腕之危。

乙方：趁甲方右腿暴露，乙顺势落刀，砍削甲右大腿。

①乙举刀撩腕、甲后坐收刀

②甲带刀、乙削腿

图9-54 撩腕削腿

5.循环衔接

（1）甲提膝撩腕、乙蓄势以待（图9-55①）

甲方：快速提膝内扣，躲避乙方削腿之势；身体向右回转，右手刀反削乙方右腕。

乙方：蓄势以待。

（2）乙提膝收手、甲抱刀转身（图9-55②）

乙方：提膝内扣向左转身，右手抱刀向左收刀，避开甲方削腕，刀尖朝上。

甲方：抱刀转身。

①甲提膝撩腕、乙蓄势以待

②乙提膝收手、甲抱刀转身

图9-55　循环衔接

6. 里剪腕刺心（甲乙攻防角色互换）（图9-56①、②、③、④）

①

②

③

④

图 9-56 里剪腕刺心

7. 外剪腕刺背（图 9-57①、②、③）

①

②

③

图 9-57　外剪腕刺背

8. 挫腕抹头（图 9-58①、②、③）

①

②

第九章　武式太极拳器械

③

图 9-58　挫腕抹头

9. 撩腕削腿（图 9-59 ①、②、③）

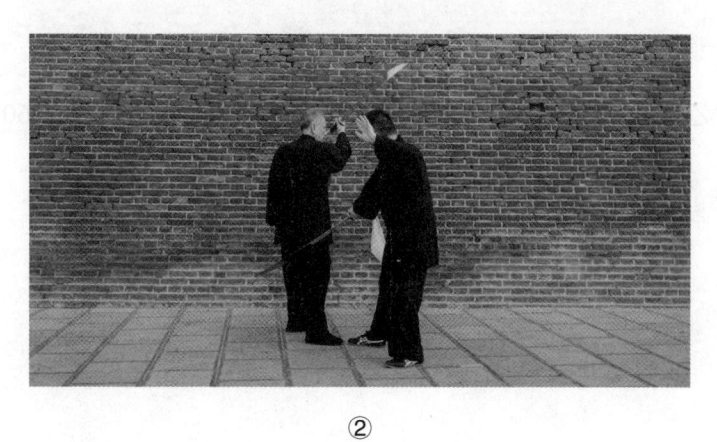

①

②

439

③

图 9-59 撩腕削腿

（三）收势

1. 抱刀转身

甲乙双方提膝抱刀转身。（图 9-60①）

2. 虚步亮刀

甲方：左转身，右手握刀后抽，左手竖掌前推，成虚步亮刀，目视对方。

乙方：左转身，右手握刀后抽，左手竖掌前推，成虚步亮刀，目视对方。（图 9-60②）

3. 抱刀收势

甲乙双方收左脚并步，右手刀交于左手，成并步持刀（图 9-60③）。

第九章　武式太极拳器械

① 提膝抱刀

②虚步亮刀

③并步抱刀

图 9-60　收势

441

第五节　武式太极四杆对练

一、太极四杆法简介

"老三本"中记有"枪法：平刺心窝、下刺脚面、斜刺膀尖、上刺锁项"，是武式太极杆术双人对练以致应用的套路。练习形式又分有粘黏四杆、四散杆、四缠杆三种。实为武式太极三种大杆用法的实操练习方式。两人持杆，依刺心窝、刺脚面、刺膀尖、刺咽喉逆时针顺序为粘黏四杆；依刺心窝、刺膀尖、刺脚面、刺咽喉顺时针顺序为四散杆；依刺脚面、刺膀尖、刺咽喉、刺心窝，再刺脚面的顺序为四缠杆。一攻一防，一进一退，互相转化，粘随不脱，协调连贯，杆身合一，奥妙无穷。在手臂被延长的情况下体会技击攻防变化，提高学员持械进攻的意识。

二、太极粘黏四杆法

（一）太极粘黏四杆法简介

粘黏四杆的练习要求两杆粘黏无声，不脱离碰撞。一方依次瞄准对方心窝、脚面、膀尖、锁项（咽喉）四个要害部位进行攻击，另一方粘住对方杆身，顺势缠绕化开对方攻击。攻击方一步一击，进三步跟半步；防守方一步一防，退三步收半步。两人交替互换，循环练习。

第九章 武式太极拳器械

（二）太极粘黏四杆法动作名称

预备式	1. 平刺心窝	2. 下刺脚面
3. 斜刺膀尖	4. 上刺锁项	收势

（三）太极粘黏四杆法动作图解

1. 预备式

（1）并步持杆：甲乙双方持杆相对站立。相距两杆两臂距离，双方左手持杆，右手自然放于体侧（图9-61①）。

（2）放杆：甲乙双方左手提杆，右手顺势抓握杆把，左手前伸放杆，杆尖触地（图9-61②）。

①并步持杆

443

②放杆

图 9-61　预备式

2. 平刺心窝

甲进左步刺心、乙退右步拨化（图 9-62）。

甲方：进左步举杆，瞄准对方心窝便刺。

乙方：右脚退步抱杆后坐，腰微右转，向右踏按外拨甲杆。

动作要点：乙方腰带杆身听劲，顺开对方刺来之势，化开对方直刺之危；甲方举杆便刺，要有进攻意识。

图 9-62　平刺心窝

第九章 武式太极拳器械

3. 下刺脚面

甲进右步扎脚、乙退左步闪化(图9-63)。

甲方：顺乙方踏按,甲持杆进右步扎乙方左脚面。

乙方：沾随甲杆下落,退左步,向下沉落外拨开甲杆。

动作要点：乙方需粘黏住甲杆,外拨不可过远,顺开对方来势即可。

图9-63 下刺脚间

4. 斜刺膀尖

甲进左步扎肩、乙退右步拨开(图9-64)。

甲方：顺乙方外拨,甲抱杆进左步,照乙方左肩刺去。

乙方：随甲杆上挑,退右步,拨化开甲方扎肩之势。

动作要点：甲方抱枪多体会以身进,用进步子的距离刺对方,切勿两手臂来回伸缩刺枪。甲方刺击部位要准确。乙方退步与黏杆里合要相随。

图 9-64 斜刺膀尖

5. 上刺锁项

甲刺咽喉跟右步、乙收步带开（图 9-65）。

甲方：顺乙方拨化，跟右步向前进扎乙咽喉。

乙方：抱杆身腰右转，收左步错开甲方的进攻。

动作要点：乙方以腰带杆，拨开距离不可太大。拨开对方杆后便进步回刺，要训练攻防转换的意识。甲乙进退均为半步。

图 9-65 上刺锁项

6. 平刺心窝（循环）

乙进左步刺心、甲退右步拨化（图9-66）。

乙方：与上式相连不断，拨开便进左步扎刺甲方心窝。

甲方：迅速撤右步后坐，抱杆右拨乙方扎来之势。

甲乙双方重复对方动作，一攻一防，一进一退，循环练习。要求两杆粘黏顺化无声，不脱离碰撞出声，拨化以错开对方攻击为宜，进击以能刺中对方或击出对方为准。（图9-67至图9-69）

图9-66 平刺心窝

图9-67 下刺脚面

图 9-68　斜刺膀尖

图 9-69　上刺锁项

7. 收势

（1）待甲乙双方练习一定数量后，均收步护中，成为守势。
（2）甲乙双方恢复持杆相对并步站立姿势（图 9-70）。

图 9-70　收势

三、太极四散杆

（一）太极四散杆简介

四散杆是两人在运动中练习持杆扎刺与防守要求的训练方法。一方持杆依次向对方心窝、膀尖、脚面、锁项（咽喉）四个要害部位攻击，另一方随势拨化，错开对方的进攻。攻击方抽杆便刺，一步一击，进三步跟半步；防守方一步一防，退三步收半步。两人交替互换，循环练习。

（二）太极四散杆动作名称

预备式	1. 平刺心窝	2. 斜刺膀尖
3. 下刺脚面	4. 上刺锁项	收势

（三）太极四散杆动作图解

1. 预备式

（1）并步持杆：甲乙双方持杆相对站立。相距两杆两臂距离，双方左手持杆，右手自然垂于体侧（图9-71①）。

（2）放杆：甲乙双方左手提杆，右手顺势抓握杆把，左手前伸放杆，杆尖触地（图9-71②）。

①并步持杆

②放杆

图9-71　预备式

2. 平刺心窝

甲进左步刺心、乙退右步拨化（图9-72）。

甲方：双手抱杆，进左步平刺对方心窝。

乙方：退右步坐实，身体微右转，拨化开对方向心窝刺来之杆。

图9-72 平刺心窝

3. 斜刺膀尖

甲进右步扎肩、乙退左步回拨（图9-73）。

甲方：提右步抽杆，进右步斜刺乙方膀尖。

乙方：身体左转，撤左步向左挥杆带开对方扎肩之杆。

图9-73 斜刺膀尖

4. 下刺脚面

甲进左步扎脚、乙退右步下拨（图9-74）。

甲方：持杆顺势下落，进左步下刺乙方脚面。

乙方：双手持杆随势向下，同时撤右步后坐，右转腰带杆拨开对方扎脚之势。

图9-74 下刺脚面

5. 上刺锁项

甲跟右步刺咽喉、乙收左步回带（图9-75）。

甲方：随乙方拨化，举杆跟步上刺乙方咽喉。

乙方：挥杆上举，收步转腰，带开对方扎向咽喉之杆。

图9-75 上刺锁项

6. 平刺心窝（循环练习）

乙进左步刺心、甲退右步拨化。

乙方：与上式相连不断，变防为攻进左步扎甲方心窝。

甲方：迅速撤右步后坐，抱杆右拨乙方扎来之势（图9-76）。

甲乙双方重复对方动作，一攻一防，一进一退，可循环练习。

动作要点：要求两人攻防衔接紧密，拨化幅度不要太大，以错开对方攻击为宜。拨化对方杆时，要有抽带引化之劲，不可挥杆左右硬磕硬碰。进击以能刺中对方或击出对方为准（图9-77至图9-79）。

图9-76　平刺心窝

图9-77　斜刺膀尖

图 9-78 下刺脚面

图 9-79 上刺锁项

7. 收势

（1）待甲乙双方练习一定数量后，均收步护中，成为守势。
（2）甲乙双方恢复持杆相对并步站立姿势（图 9-80）。

第九章　武式太极拳器械

图 9-80　收势

第十章 武式太极拳理论

　　武式太极拳不仅有完善的技法体系，而且有独特的理论体系。简朴的外形里蕴含着丰厚的文化内涵和深刻的哲学智慧。武禹襄及其外甥李亦畬均出身书香门第，为儒生练武，重视太极拳理论研究，并著书立说，进行太极拳学术研究。李亦畬苦心钻研，集毕生精力将王宗岳拳论、武禹襄拳论及自己的理论文章，工笔小楷手书三册，一本自存，其余两本分赠予胞弟李启轩和门人郝为真。"老三本"的完成，标志着武式太极拳理论体系的建立。后又经历代传人的丰富和发展形成了完备的理论体系。

　　早在20世纪初期，武术界就已将目光聚焦在武式太极拳的理论上，如徐震先生就曾对武式太极拳的理论给予了高度的重视和评价。武术史家顾留馨也如是说："关于拳理的钻研和总结，首推武、李，他们较之《王宗岳太极拳论》抽象性的概括，远为具体切实，有继承，有发展，乃能自成一家"[1]。武式太极拳的理论备受推崇，为近百年来各太极拳家出版的专著所附录或引述，为整个太极拳界的理论体系构建做出了突出贡献，对当代太极拳的继承、创新和发展同样具有深远的影响。

　　武式太极拳理论收集了武式太极拳李亦畬所辑录的三本太极拳谱中的内容，以及传抄的前几代的理论文章。其包括有王宗岳、武河清(禹襄)、武澄清(霁宇)、武汝清(酌堂)、李亦畬、李启轩、郝为真等的著述。武澄清于舞阳县盐店发现《王宗岳太极拳谱》，并携回交与胞弟研究，为武式太极拳的创立作了理论铺垫。武式太极拳的理论与王宗岳的拳论是一脉相承的，武禹襄、李亦畬等的太极拳理论是对王宗岳理论的继承、丰富和发展，是由抽象向具体、由技术理论的形象化表述到可操作的实践性理论的发展。

---

[1] 顾留馨.顾留馨太极拳研究[M].太原：山西科学技术出版社，2008年：第113~114页.

第一节　王宗岳论著

王宗岳[①]，太极拳史中一个至关重要的名字，《太极拳论》的署名者，生卒事迹不可考。

山右王宗岳太极拳论[②]
王宗岳

太极者，无极而生，阴阳之母也。动之则分，静之则合。无过不及，随屈就伸。人刚我柔谓之走，我顺人背谓之粘。动急则急应，动缓则缓随，虽变化万端，而理唯一贯。由著熟而渐悟懂劲，由懂劲而阶及神明。然非用力之久，不能豁然贯通焉。

虚领顶劲，气沉丹田。不偏不倚，忽隐忽现。左重则左虚，右重则右杳；仰之则弥高，俯之则弥深；进之则愈长，退之则愈促。一羽不能加，蝇虫不能落。人不知我，我独知人。英雄所向无敌，盖皆由此而及也。

斯技旁门甚多，虽势有区别，概不外壮欺弱、慢让快耳。有力打无力，手慢让手快，是皆先天自然之能，非关学力而有也。察"四两拨千斤"之句，显非力胜；观耄耋御众之形，快何能为。

立如秤准，活似车轮。偏沉则随，双重则滞。每见数年纯功不能运化者，率皆自为人制，双重之病未悟耳！

欲避此病，须知阴阳。粘即是走，走即是粘。阳不离阴，阴不离阳，阴阳相济，方为懂劲。懂劲后，愈练愈精，默识揣摩，渐至从心所欲。本是舍己从人，多误舍近求远。所谓差之毫厘，谬之千里，学者不可不详辨焉！是为论。

---

① 文声国．王宗岳《太极拳论》研究[D]．河南大学，2014年：第4~5页．
② 李亦畬．郝和珍藏·王宗岳太极拳论并五字诀后附小序．手抄本，1881年：第1~3页．

十三势[1]（一名长拳，一名十三势）
王宗岳

长拳者，如长江大海，滔滔不绝也。

十三势者，掤、捋、挤、按、採、挒、肘、靠、进、退、顾、盼、定也。掤、捋、挤、按，即坎、离、震、兑，四正方也；採、挒、肘、靠，即乾、坤、艮、巽，四斜角也。此八卦也。进步、退步、左顾、右盼、中定，即金、木、水、火、土也。此五行也。合而言之，曰"十三势"。

十三势行工歌诀[2]
王宗岳

十三总势莫轻识，命意源头在腰隙；
变转虚实须留意，气遍身躯不稍痴。
静中触动动犹静，因敌变化是神奇；
势势存心揆用意，得来不觉费工夫。
刻刻留心在腰间，腹内松静气腾然；
尾闾正中神贯顶，满身轻利顶头悬。
仔细留心向推求，屈伸开合听自由；
入门引路须口授，工用无息法自休。
若言体用何为准，意气君来骨肉臣；
详推用意终何在？益寿延年不老春。
歌兮歌兮百四十，字字真切义无疑；
若不向此推求去，枉费工夫遗叹惜！

打手歌[3]
王宗岳

掤捋挤按须认真，上下相随人难进。
任他巨力来打我，牵动四两拨千斤。
引进落空合即出，粘连黏随不丢顶。

---

[1] 李亦畬．郝和珍藏・王宗岳太极拳论并五字诀后附小序．手抄本，1881年：第7页．

[2] 李亦畬．郝和珍藏・王宗岳太极拳论并五字诀后附小序．手抄本，1881年：第8~9页．

[3] 李亦畬．郝和珍藏・王宗岳太极拳论并五字诀后附小序．手抄本，1881年：第20页．

第二节　武河清论著

武禹襄(1812—1880),名河清,字禹襄,号廉泉,兄弟中排行第三,是武式太极拳最重要的创始者,或曰集大成者。幼喜习武,始练洪拳。后潜心研究太极,终生不辍,及老病卧床榻,犹为侍疾者讲论拳术。在研究中创试验之法,每每招致乡勇以自验其技,随时笔录,并反复修订,故其拳式中式式可用,无一空架。其武式太极拳论著"简练精要,无一浮词"。传人有李亦畬、李启轩等。

打手要言[①]
武禹襄

解曰:以心行气,务沉着,乃能收敛入骨,所谓"命意源头在腰隙"也。

意气须换得灵,乃有圆活之趣,所谓"变转虚实须留意"也。

立身中正安舒,支撑八面。行气如九曲珠,无微不到,所谓"气遍身躯不稍痴"也。

发劲须沉着松静,专注一方,所谓"静中触动动犹静"也。

往复须有折叠,进退须有转换,所谓"因敌变化是神奇"也。

曲中求直,蓄而后发,所谓"势势存心揆用意,刻刻留心在腰间"也。

精神提得起,则无迟重之虞,所谓"腹内松静气腾然"也。

虚领顶劲,气沈丹田,不偏不倚,所谓"尾闾正中神贯顶,满身轻利顶头悬"也。

以气运身,务顺遂,乃能便利从心,所谓"屈伸开合听自由"也。

心为令,气为旗,神为主帅,身为驱使,所谓"意气君来骨肉臣"也。

解曰:身虽动,心贵静,气须敛,神宜舒。心为令,气为旗。神为主帅,

[①] 李亦畬. 郝和珍藏·王宗岳太极拳论并五字诀后附小序. 手抄本,1881年: 第10~19页.

身为驱使。刻刻留意,方有所得。先在心,后在身。在身则不知手之舞之,足之蹈之,所谓一气呵成。舍己从人,引进落空,四两拨千斤也。须知:一动无有不动,一静无有不静。视动犹静,视静犹动。内固精神,外示安逸。须要从人,不要由己,从人则活,由己则滞。尚气者无力,养气者纯刚。彼不动,已不动;彼微动,已先动。以己依人,务要知己,乃能随转随接;以已粘人,必须知人,乃能不后不先。精神能提得起,则无迟重之虞;粘依能跟得灵,方见落空之妙。往复须分阴阳,进退须有转合。机由已发,力从人借。发劲须上下相随,乃一往无敌。立身须中正不偏,能八面支撑。静如山岳,动若江河。迈步如临渊,运劲如抽丝;蓄劲如张弓,发劲似放箭。行气如九曲珠,无微不到;运劲如百炼钢,何坚不摧。形如抟兔之鹘,神如捕鼠之猫。曲中求直,蓄而后发。收即是放,连而不断。极柔软,然后能极坚刚;能粘依,然后能灵活。气以直养而无害,劲以曲蓄而有余。渐至物来顺应,是亦知止能得矣。

又曰:先在心,后在身。腹松,气敛入骨,神舒体静,刻刻存心。切记:一动无有不动,一静无有不静。视静犹动,视动犹静,动牵往来气贴背,敛入脊骨,要静。内固精神,外示安逸。迈步如猫行,运劲如抽丝。全身意在蓄神,不在气,在气则滞。有气者无力,无气者纯刚。气如车轮,腰如车轴。

又曰:彼不动,已不动;彼微动,已先动。似松非松,将展未展,劲断意不断。

又曰:每一动,唯手先着力,随即松开,犹须贯穿,不外起承转合。始而意动,既而劲动,转接要一线串成。气宜鼓荡,神宜内敛,无使有缺陷处,无使有凸凹处,无使有断续处。其根在脚,发于腿,主宰于腰,形于手指,由脚而腿而腰,总须完整一气。向前退后,乃得机得势。有不得机势处,身便散乱,必至偏倚,其病必于腰腿求之,上下、前后、左右皆然。凡此皆是用意,不是外面。有上即有下,有前即有后,有左即有右。如意要向上,即寓下意。若物将掀起,而加以挫之之力,斯其根自断,乃坏之速而无疑。虚实宜分清楚,一处自有一处虚实,处处总此一虚实。周身节节贯串,勿令丝毫间断。

禹襄武氏并识

禹襄母舅太极拳四字不传秘诀[1]
武禹襄

敷：敷者，运气于己身，敷布彼劲之上，使不得动也；
盖：盖者，以气盖彼来处也；
对：对者，以气对彼来处，认定准头而去也；
吞：吞者，以气全吞而入于化也。

此四字无形无声，非懂劲后，练到极精地位者不能知，全是以气言。能直养其气而无害，始能施于四体，四体不言而喻矣！

打手撒放[2]
武禹襄

掤（上平）业（入声）噫（上声）咳（入声）呼（上声）吭 呵 哈

十三势架[3]
武禹襄

懒扎衣 单鞭 提手上势 白鹅亮翅 搂膝拗步 手挥琵琶势 搂膝拗步 手挥琵琶势 上步搬揽垂 如封似闭 抱虎推山 单鞭 肘底看垂 倒辇猴 白鹅亮翅 搂膝拗步 三甬背 单鞭 纭手 高探马 左右起脚 转身踢一脚 践步打垂 翻身二起 披身 踢一脚 蹬一脚 上步搬揽垂 如封似闭 抱虎推山 斜单鞭 野马分鬃 单鞭 玉女穿梭 单鞭 纭手下势 更鸡独立 倒辇猴 白鹅亮翅 搂膝拗步 三甬背 单鞭 纭手 高探马 十字摆连 上步指裆垂 单鞭 上步七星 下步跨虎 转脚摆连 弯弓射虎 双抱垂 手挥琵琶势

---

[1] 顾留馨.太极拳术[M].1982年：第384页.
[2] 李亦畬.郝和珍藏·王宗岳太极拳论并五字诀后附小序.手抄本，1881年：第20页.
[3] 李亦畬.郝和珍藏·王宗岳太极拳论并五字诀后附小序.手抄本，1881年：第4~5页.

身 法[1]
武禹襄

涵胸 拔背 裹裆 护肫 提顶 吊裆 腾挪 闪战

刀 法[2]
武禹襄

里剪腕 外剪腕 挫腕 撩腕

枪 法[3]
武禹襄

平刺心窝 斜刺膀尖 下刺脚面 上刺锁项

第三节 武澄清论著

武霁宇(1800—1884),名澄清,字霁宇,号秋瀛,兄弟中排行第一。"读书为文,暇则习武,数十年来善自卫摄",于太极拳颇有研究。道光十五年,入都会试不第,留京受香山小府村张凤岐聘课其胞侄。咸丰二年(1852)恩科第三甲进士。翌年六月赴豫省,奉两司会委稽查北门;又翌年八月题补舞阳,九月十一日接印任事。五年后(1859)卸职回乡。据传他任舞阳知县时,在北舞渡镇一家盐店得《王宗岳太极拳谱》,后交给武禹襄,还帮禹襄求师陈清萍;使武禹襄如虎添翼,终成大器。《大清畿辅先贤传》:澄清"归里后,修县志,筑城垣,建书院,立义塾,凡诸义举,悉以身任之。性嗜学,老而益笃,尤究心象纬术数,于梅、江阮诸家之书,多所考证"。

---

[1] 李亦畬. 郝和珍藏·王宗岳太极拳论并五字诀后附小序. 手抄本,1881年:第6页.
[2] 同上.
[3] 同上.

释原论[1]
武澄清

《动》："动之则分，静之则合。"分，为阴阳分，合为阴阳之合，太极之形如此。分合皆谓己而言。"人不知我，我独知人"，懂劲之谓也，揣摩日久自悉矣。

《引》："引劲落空合即出"，"四两拨千斤"，合即拨也，此字能悟，真有凤慧者也。

"左重""右重""仰之""俯之""进之""退之"，是谓人也。"左虚""右杳""弥高""弥深""愈长""愈促"，是谓己亦谓人也。虚、杳、高、深、长，是人觉如此，我引彼落空也。"退之则愈促"，促迫彼无容身之地，如悬崖勒马，非懂劲不能走也。此六句，上、下、左、右、前、后之谓是矣。

"偏沉则随，双重则滞"，是比"活似车轮"而言，乃己之谓也。一边沉则转，两边重则滞，不使双重，即不为人制矣！是言己之病也。硬则如此，软则随，随则舍己从人，不致胶柱鼓瑟矣。

打手论[2]
武澄清

初学打手，先学搂、按、肘。此用搂，彼用肘；此用按，彼用搂；此用肘，彼用按……二人一样，手不离手，互相粘连，来往循环，周而复始，谓之"老三着"。

以后，高势、低势，逐渐增多，周身上下，打着何处，何处接应。身随劲（己之劲）转。论内劲，不论外形。此打手摩练之法，练得纯熟时，能引劲（人之劲）落空合（拨也）即出，则艺业成矣。

然非懂劲（此劲兼言人已），不能知人之劲怎样来，己之劲当怎样引。此中巧妙，必须心悟，不能口传。心知才能身知，身知胜于心知。徒心知尚不能适用，待到身知，方为懂劲。懂劲洵不易也。

原注：搂，本音楼，牵也。又，龙珠切，曳也，挽使伸也。俗音吕。

---

[1] 武秋瀛．释原论．转引自吴文翰．武派太极拳体用全书[M]．北京：北京体育大学出版社，2001年：第398页．
[2] 武秋瀛．打手论．转引自吴文翰．武派太极拳体用全书[M]．北京：北京体育大学出版社，2001年：第399页．

第四节　武汝清论著

武酌堂(1805—1887),名汝清,字酌堂,号兰畹,兄弟中排行第二。对太极拳传播的贡献最著(有关键性的作用)。道光二十年(1840)科进士,朝考入选。道光三十(1850)年补刑部奉天司主事,提升四川司员外郎。咸丰三年告病开缺回籍。汝清回乡后于地方武备建设、城防管理多有功绩。曾主讲磁州书院三十年,清晖书院十年,一时学者称为"泰斗"。著有《酌堂年谱》《梦图随记》《西宁纪事》《兰州纪事》《长安春梦》《家居忆旧录》各一卷。汝清与"太和堂"药店东家陈德瑚交游甚厚。为武禹襄认识太极拳提供了条件。他在京任职间,常乘公余之暇,不懈习拳。刑部诸公极为钦佩其术,愿执弟子礼而师事焉。

结　论[1]
武酌堂

夫拳名太极者,阴阳虚实也。虚实明,然后知进退,进固是进,进中有退;退仍是进,退中隐有进机。此中转关在身法:虚领顶劲,拔背含胸,则精神提得起;气沉丹田,而裹裆护肫,则周旋健捷;肘宜曲,曲而能伸,则支撑得势;膝宜曲,蓄而后发,则发劲有力。

至与人交手,手先着力,只听人劲。务要从人,不要由己;务要知人,不要使人。"知人"则上下、前后、左右自能引进落空,则人背我顺。此中转关,在于松肩,主宰于腰,立根在脚,俱听命于心。"一动无有不动,一静无有不静",上下一气,即所谓"立如枰准,活似车轮""支撑八面""所向无敌"。

人劲方来,未能发出,我既打去,谓之打闷劲。人劲已来,我早静待,

---

[1] 武酌堂.结论.转引自吴文翰.武派太极拳体用全书[M].北京:北京体育大学出版社,2001年:第400页。

着身便打去,所谓打来劲。人劲已落空,将欲换劲,我随打去,此谓打回劲。由此体验,留心揣摩,自能从心所欲,阶及神明焉。

第五节 李亦畬论著

李亦畬(1832—1892),名经纶,字亦畬。系武禹襄外甥,弟兄四人中居长。武式太极拳承前启后的重要人物。作经典理论集成"老三本",对太极拳理论的发展和太极拳史的研究具有极其重要的价值。幼喜读书,博学多才,弱冠即补博士弟子员。因考试失利而绝意仕途,闭户执教,故有李大先生之称。郑元善中丞督师河南时,延请入幕,参赞军机。后辞归行医。22岁始从母舅武禹襄习太极拳,终生钻研不辍。模仿禹襄总结经验之法,常年与年富力强者较技,印证所学;每有所得,记录粘贴于座右,精心斟酌筛选,必正确不可易者方留下来。故神乎其技,拜门者日众。弟子有葛福来、姚洛朝、葛顺成、李洛同、魏庆祥、郝为真、王明德及其侄宝相、儿子宝廉、宝让等。郝为真、李宝让为当今武式太极拳的传承贡献最大。

《老三本·自藏本》题记
李亦畬

此卷予手订三本。启轩弟留一本,给友人郝和一本,此本系予自藏。前数条诸公讲论精细,殆无余蕴,后又参以鄙见,反复说来,唯恐讲之不明,言之不尽。然非口授入门,虽终日诵之,不能有裨益也。

光绪辛巳年亦畬氏手订

太极拳小序[1]
李亦畬

太极拳不知始自何人,其精微巧妙,王宗岳论详且尽矣。后传至河南陈家沟陈姓,神而明者,代不数人。我郡南关杨某,爱而往学焉。专心致志,十有余年,备极精巧。旋里后,示诸同好。母舅武禹襄见而好之,常与比校,伊不肯轻以授人,仅能得其大概。素闻豫省怀庆府赵堡镇有陈姓名清平者,精于是技。逾年,母舅因公赴豫省,过而访焉。研究月余,而精妙始得,神乎技矣。予自咸丰癸丑,时年二十余,始从母舅学习此技,口授指示,不遗余力。奈予质最鲁,廿余年来,仅得皮毛。窃意其中更有精巧,兹仅以所得笔之于后,名曰《五字诀》,以识不忘所学云。

光绪辛巳中秋念六日李亦畬谨识

五字诀[2]
李亦畬

一曰:心静

心不静,则不专。一举手前后左右全无定向,故要"心静"。起初举动未能由己,要息心体认。随人所动,随屈就伸,不丢不顶,勿自伸缩。彼有力我亦有力,我力在先。彼无力我亦无力,我意仍在先。要刻刻留心,挨何处,心要用在何处,须向不丢不顶中讨消息。从此做去,一年半载便能施于身。此全是用意,不是用劲。久之,则人为我制,我不为人制矣。

二曰:身灵

身滞,则进退不能自如,故要"身灵"。举手不可有呆相,彼之力方碍我皮毛,我之意已入彼骨里。两手支撑,一气贯穿,左重则左虚而右已去,右重则右虚而左已去。气如车轮,周身俱要相随,有不相随处,身便散乱,便不得力,其病于腰腿求之。先以心使身,从人不从己。后身能从心,由己仍是从人。由己则滞,从人则活。能从人,手上便有分寸,秤彼劲之大小,分厘不错;权彼劲之长短,毫发无差。前进后退,处处恰合,功弥久而技弥精矣。

---

[1] 李亦畬. 郝和珍藏·王宗岳太极拳论并五字诀后附小序. 手抄本,1881年:第21~22页.
[2] 李亦畬. 郝和珍藏·王宗岳太极拳论并五字诀后附小序. 手抄本,1881年:第23~29页.

三曰：气敛

气势散漫，便无含蓄，身易散乱，务使气敛入脊骨。呼吸通灵，周身罔间。吸为合、为蓄，呼为开、为发。盖"吸"则自然提得起，亦拿得人起，"呼"则自然沉得下，亦放得人出。此是以意运气，非以力使气也。

四曰：劲整

一身之劲，练成一家，分清虚实。发劲要有根源，劲起于脚跟，主于腰间，形于手指，发于脊背。又要提起全副精神，于彼劲将出未发之际，我劲已接入彼劲，恰好不后不先。如皮燃火，如泉涌出，前进后退无丝毫散乱。曲中求直，蓄而后发，方能随手奏效。此谓：借力打人，四两拨千斤也。

五曰：神聚

上四者俱备，总归"神聚"。神聚，则一气鼓铸，炼气归神。气势腾挪，精神贯注。开合有致，虚实清楚。左虚则右实，右虚则左实。虚非全然无力，气势要有腾挪；实非全然占煞，精神要贵贯注。紧要全在胸中腰间运化，不在外面。力从人借，气由脊发。胡能气由脊发？气向下沉，由两肩收于脊骨，注于腰间，此气之由上而下也，谓之合。由腰行于脊骨，布于两膊，施于手指，此气之由下而上也，谓之开。合便是收，开便是放。能懂得开合，便知阴阳。到此地位，工用一日，技精一日。渐至从心所欲，罔不如意矣。

走架打手行功要言[①]
李亦畬

昔人云：能引进落空，能四两拨千斤。不能引进落空，不能四两拨千斤。语甚概括，初学未由领悟，予加数语以解之，俾有志斯技者得所从入，庶日进有功矣。

欲要引进落空，四两拨千斤，先要知己知彼；欲要知己知彼，先要舍己从人；欲要舍己从人，先要得机得势；欲要得机得势，先要周身一家；欲要周身一家，先要周身无缺陷；欲要周身无缺陷，先要神气鼓荡；欲要神气鼓荡，先要提起精神，神不外散；欲要神不外散，先要神气收敛入骨；欲要神气收敛入骨；先要两股前节有力，两肩松开，气向下沉。劲

[①] 李亦畬．郝和珍藏·王宗岳太极拳论并五字诀后附小序．手抄本，1881年：第30~33页．

起于脚跟,变换在腿,含蓄在胸,运动在两肩,主宰在腰。上于两膊相系,下于两腿相随。劲由内换,收便是合,放便是开。静则俱静,静是合,合中寓开;动则俱动,动是开,开中寓合。触之则旋转自如,无不得力。才能引进落空,四两拨千斤。

平日走架,是知己功夫,一动势先问自己周身合上数项不合,少有不合,即速改换,走架所以要慢不要快。打手是知人功夫,动静固是知人,仍是问己。自己安排得好,人一挨我,我不动彼丝毫,趁势而入,接定彼劲,彼自跌出。如自己有不得力处,便是双重未化,要于阴阳开合中求之。所谓"知己知彼,百战百胜"也。

撒 放 秘 诀[①]——擎 引 松 放
李亦畬

擎起彼身借彼力,(中有"灵"字)

引到身前劲始蓄;(中有"敛"字)

松开我劲勿使屈,(中有"静"字)

放时腰脚认端的。(中有"整"字)

论虚实开合[②]
李亦畬

实非全然站煞,实中有虚;虚非全然无力,虚中有实。下二图(即左右虚实图)举一身而言,虽是虚实之大概,究之周身无一处无虚实,又离不得此虚实,总要联络不断,以意使气,以气运劲,非身子乱挪,手脚乱换也。虚实即是开合,走架打手着着留心,刻刻留意,愈练愈精,功弥久技弥精。

---

① 李亦畬. 郝和珍藏·王宗岳太极拳论并五字诀后附小序. 手抄本,1881 年:第 29 页.

② 李亦畬. 论虚实开合. 转引自姚继祖. 武式太极拳全书[M]. 太原:山西科学技术出版社,1999 年:第 279~280 页.

亦畲氏识

```
    顶                              顶
指 领虚 指                    指 虚领 指
 膀    膀                      膀    膀
活    松                      松    活
  胸                            胸
 动  运                        运  动
竖 脊 直                      直 脊 竖
  腰                            腰
换    变                      变    换
 腿    腿                      腿    腿
屈    变                      变    屈
 脚    脚                      脚    脚
提    悬                      悬    提
```

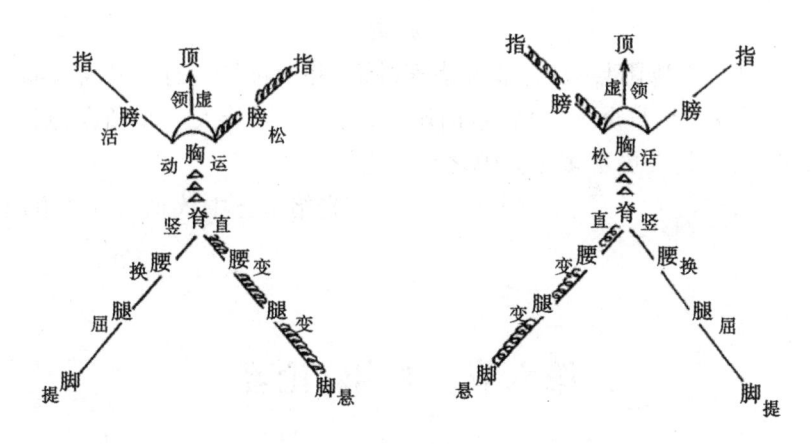

左虚右实图　　　　　　　　右虚左实图

图 10-1　左右虚实图[1]

打手歌[2]
李亦畲

掤捋挤按须认真，採挒肘靠就屈伸。
进退顾盼与中定，粘连黏随虚实分。
手脚相随腰腿整，引进落空妙入神。
任他巨力向前打，牵动四两拨千斤。

探太极拳之源[3]
李亦畲

予阅聊斋十四卷，李超武技传，浅识此技始末。王渔祥云：拳勇之技，少林为外家，武当张三峰为内家，三峰之后又有关中人王宗岳，宗传温州陈州同，州同明嘉靖间人，故今两家之传，盛于浙东。顺治中，王来咸字征南其最著，鄞人也。征南之徒又有僧耳，僧尾者，皆僧也。

---

[1] 李亦畲. 左右虚实图. 转引自姚继祖. 武式太极拳全书 [M]. 太原：山西科学技术出版社, 1999 年：第 279 页.
[2] 李亦畲. 打手歌. 转引自姚继祖. 武式太极拳全书 [M] 太原：山西科学技术出版社, 1999 年：第 284 页.
[3] 李亦畲. 探太极拳之源. 转引自姚继祖. 武式太极拳全书 [M]. 太原：山西科学技术出版社, 1999 年：第 270 页.

太极拳谱跋[①]
李亦畬

此谱得于舞阳县盐店,兼及诸家讲论,并参鄙见。有者甚属寥寥,间有一二有者,亦非全本,自宜重而珍之,切勿轻以予人。非私也,知音者少,可予者,其人更不多也。慎之! 慎之!

光绪辛巳中秋念三日亦畬氏书

第六节 李启轩论著

李启轩(1835—1899),名承纶,字启轩。武禹襄外甥,李亦畬之长弟。喜爱考据之学,淡泊名利,无意仕途,与兄同学太极拳于母舅武禹襄,终生研习。对武式太极拳的发展亦有承上启下之功。光绪元年(1875)恩科举人。光绪十五年科(1889)大挑二等,候选训导。得其传者有清河葛顺成、南宫马静波及三子宝琛、宝箴、宝恒。

太极拳走架白话歌[②]
李启轩

提顶吊裆心中悬,松肩沉肘气丹田;
裹裆护肫须下势,含胸拔背落自然;
初势左右懒扎衣,双手推出拉单鞭;
提手上势望空看,白鹅亮翅飞上天;
搂膝拗步往前打,手挥琵琶躲旁边;
搂膝拗步重下势,手挥琵琶又一番;
上步先打迎面掌,搬拦捶儿打胸前;
如封似闭往前按,抽身抱虎去推山;

[①] 李亦畬. 太极拳谱跋. 转引自吴文翰. 武派太极拳体用全书[M]. 北京:北京体育大学出版社,2001年:第403页.

[②] 李启轩. 太极拳走架白话歌. 转引自姚继祖. 武式太极拳全书[M]. 太原:山西科学技术出版社,1999年:第273~274页.

回身拉成单鞭势,肘底看捶打腰间;
倒撵猴儿重四下,白鹅亮翅到云端;
搂膝拗步须下势,收身琵琶在胸前;
按式翻身三甬背,扭项回首拉单鞭;
云手三下高探马,左右起脚谁敢拦;
转身一脚栽捶打,翻身二起踢破天;
披身退步伏虎式,踢脚转身紧相连;
蹬脚上步搬拦捶,如封似闭手向前;
抱虎归山重下势,回头再拉斜单鞭;
野马分鬃往前进,懒扎衣服果然鲜;
回身又把单鞭拉,玉女穿梭四角全;
更拉单鞭真巧妙,云手下势探清泉;
更鸡独立分左右,倒撵猴儿又一番;
白鹅亮翅把身长,搂膝前手在下边;
挥手按式龙出水,通背三下拉单鞭;
云手高探对心掌,十字摆莲往后翻;
指裆捶儿往下打,懒扎衣服紧相连;
再拉单鞭重下势,上步就是七星拳;
收身退步拉跨虎,转身去打双摆莲;
海底捞月须下势,弯弓射虎项朝前;
怀抱双捶谁敢进,走遍天下无人拦;
歌兮歌兮六十句,不遇知己莫轻传。

启轩偶成

敷字诀解[①]
李启轩

敷所谓一言以蔽之也。人有不习此技而获闻此诀者,无心而白于余。始而不解及详味之,乃知敷者包获周匝,人不知我,我独知人。气虽尚在自己骨里,而意恰在彼皮里膜外之间,所谓气未到,而意已吞也。妙绝!妙绝!

---

① 李启轩.敷字诀解.转引自姚继祖.武式太极拳全书[M].太原:山西科学技术出版社,1999年:第283页.

第七节　郝为真论著

郝为真(1849—1920)，名和，字为真。初习洪拳、二郎拳，后从李亦畬潜心习练太极拳20余年，造诣精纯。亦畬公视其为衣钵传人，赠亲抄的王、武、李拳论"老三本"之"郝和本"。为真在省立十三中学、县里高等小学任武术教员时，突出太极拳的"开""合"，时称"开合太极拳"。曾在永年、邢台、北京等地传拳，传人有永年李福荫、郝月如、韩文明、张振宗、李集峰、范念祖，邢台申文魁、申文翰、申文岑、李圣端、王延九、李宝玉、郝中天、王其和、刘东汉，相遇北京的完县孙禄堂等。

太极拳三层功[①]
郝为真

初层练习，身体如在水中，两足踏地，周身与手足动作，如有水之阻力。

初层功歌诀：

如站水中至项深，身体中正气下沉。

四肢动作有阻力，姿势变换要慢习。

二层练习，身体手足动作如在水中，而两足已浮起不着地，如长泅者浮游其间，皆自如也。

二层功歌诀：

如在水中身悬空，长江大河浮游中。

腰如车轴精神通，滔滔不断泅水行。

三层练习，身体愈轻灵，两足如在水面上行，到此时之景况，心中战战兢兢，如临深渊，如履薄冰，心中不敢有一毫放肆之意。神气稍为一散乱，即恐身体沉下也。拳经云："神气四肢总要完整，一有不整，身必散乱，必致偏倚，而不能有灵活之妙用"，即此意也。

---

① 郝为真传拳甚广，但著述罕见，此为后人记录的口述资料

三层功歌诀：
身体如在水上行，如临深渊履薄冰。
全身精神须贯注，稍微不慎坠水中。

第八节　李逊之论著

李逊之（1882—1944），名宝让，字逊之。李亦畬之次子。拳艺深得家传，精通拳理，拳艺高超。幼年读书，工书法，喜经典。壮年执教，曾任本县初小教师、小学庶务员及县劝学员等职。晚年经商，在本城东街开设新华印刷局。"七七"事变后，停业居家读书、习字、教拳以明志。1937年始收赵蕴圆、刘梦笔、魏佩林、姚继祖四人为徒。讲述拳义言简意赅，无一浮词；教导推手重接劲打劲，不重用着击身。著述有《初学太极拳练法简述》《不丢不顶浅识》等。

初学太极拳练法述要
李逊之

始涉走架行工之术，首当以诸款身法律之。身法诀度，势势旨要，均有矩矱。可预择母势往复体认，缓慢以悟精准，进而逐势度规依法，精心揣摩之。勿顾此失彼，忌遣用拙力。务必两足成不丁不八之式，步幅以自然伸落为度，出手以高不过眼远不出足为限。目到神领，目达手至，目随手运。意驱足移。劲起于脚，上运至手，虚实听命于腰。腰为枢纽，腰脊连联，上系肩臂，下接胯腿。腰活如车轴，脊竖如枰准。腰不活，身僵劲滞，脊不竖，技无成日。

次谋势架顺遂轻灵，脚手相随，周身一家焉。夫何以周身一家？始基乃外、内三合耳。外三合者，手足、肘膝、肩胯是也。内三合者，神意、意气、气力三合之谓也。外、内三合相辅相成，不可偏废。累积至此，能入神气鼓荡、阴阳相济、内外浑一之境，则周身一家得矣。

倘至臻于斯，复求不丢不顶，引进落空，四两拨千斤打手之法，则易如反掌焉。

不丢不顶浅识
李逊之

彼有力我亦有力,何能不支撑,言不顶人之劲头,以挫力去之也。

彼无力我亦无力,何云不丢,言以跟劲去之也。

第九节 郝月如论著

郝月如(1877—1935),名文桂,字月如。郝为真次子。自幼随父习拳,在师祖李亦畬蒙馆读书,常观李亦畬演练拳架和打手,受益良多。早年历任山西大同镇署武技教员、五原县厘金局卡长、江西督军署军务课军用轮船船长、江苏陆军十九师七十三团武技教员、永年县政府国术教授等职。1928年筹建永年国术馆,任副馆长。从学者有魏佩林、姚继祖、翟文章、郝向荣、冀福如、申奎、夏建州、张信义、祁锡书等。1929年4月27日受江苏省国术馆副馆长兼教务长孙禄堂之邀至镇江,任该馆教习。1930年赴南京教拳,从学者有江苏张士一、陕西冯卓、徐震、吴知深等名士。1935年春被中央大学聘为国术教授。著作有《武式太极拳要点》《太极拳的走架打手》《操手十五法》《太极拳义》等文。将武禹襄"身法十要"增补"尾闾正中、气沉丹田、虚实分清"三条,成"身法十三条",影响深远。

武式太极拳要点[①]
郝月如

一、太极拳身法十三条

太极拳身法十三条包括含胸、拔背、裹裆、护肫、提顶、吊裆、松肩、沉肘、腾挪、闪战、尾闾正中、气沉丹田、虚实分清。

---

① 郝少如.武式太极拳[M].北京:人民体育出版社,1963年:第1~4页.

1. 心以上为胸。胸不可挺，要往下松，两肩微向前合，谓之含胸。能含胸，才能以心行气。

2. 两肩中间脊骨处，似有鼓起之意，两肩要灵活，不可低头，谓之拔背。

3. 两膝着力，有内向之意，两腿如一条腿，能分虚，谓之裹裆。

4. 两胁微敛，取下收前合之势，内中感觉松快，谓之护肫。

5. 头颈正直，不低不昂，神贯于顶，提挈全身，谓之提顶。

6. 两股用力，臀部前送，小腹有上翻之势，谓之吊裆。

7. 以意将两肩松开，气向下沉，意中加一静字，谓之松肩。

8. 以意运气，行于两肘，手腕要能灵活，肘尖常有下垂之意，谓之沉肘。

9. 有动之意而未动，即预动之势，谓之腾挪。

10. 身、手、腰、腿相顺相随，一气呵成，向外发出，劲如发箭，迅若雷霆，一往无敌，谓之闪战。

11. 两股有力，臀部前收，脊骨根向前托起丹田（小腹），谓之尾闾正中。

12. 能做到尾闾正中、含胸、护肫、松肩、吊裆，就能以意送气，达于腹部，不使上浮，谓之气沉丹田。

13. 两腿虚实必须分清。虚非完全无力，着地实点要有腾挪之势。腾挪者，即虚脚与胸有相吸相系之意，否则便成偏沉。实非全然站煞，精神贯于实股，支柱全身，要有上提之意。如虚实不分，便成双重。

二、手、眼、身、步、精、气、神

手法须要气势腾挪，有预动之势，无散漫之意。两肩亦须松开，不使丝毫之力。手势本无一定，不管抬起垂下，伸出曲回，总要有相应之意，何时意动，何时手到。所谓"得心应手"是也。腾挪之势，即"有意"、"运气"、"精神贯注"是也。以意运气，久而能精，精而愈精则神，神而愈神则灵，领悟此理，当有神明之妙。

神聚于眼，眼是心之苗，意从心中生，我意欲向何处，则眼神直射何处，周身亦直对何处，一转眼则周身全转，视静犹动，视动犹静，总须从神聚而来。

身法先求"尾闾正中"。正中者，即是"脊骨根向前"也。又须护肫，肱不护则竖尾无力，一身便无主宰矣。我意欲向何处，"脊骨根"便直对何处。转变在两腰眼中，左转则左腰眼微向上抽，用右腰眼托起左腰眼；右转则右腰眼微向上抽，用左腰眼托起右腰眼，则尾闾自然正中。总之，各条身法必须一一求对，结合起来只有一个身法，一处不合，全身都乖，所以身法是永不许错的。虽千变万化，总难越出此身法也。

所谓步法虚实分清，虚非全然无力，内中要有腾挪；实非全然占煞，必须精神贯注。腾挪谓之虚，虚中有实；精神谓之实，实中有虚。虚虚实实，实实虚虚，即此意也。

三、起、承、开、合

太极拳走架，每一架式分四个动作，第一个动作是"起"（如"左懒扎衣"第一式），第二个动作是"承"（如"左懒扎衣"第二式），第三个动作是"开"，也即是发（如"左懒扎衣"第三式），第四个动作是"合"，也即是收，收是蓄的意思（如"左懒扎衣"第四式）。但不是呆板的，有开中寓开，有合之再合，所谓不丢不顶，处处恰合也。

四、折叠转换

太极拳有折叠之术，有转换之法。折叠者，是对称的，有上即有下，有前即有后，有左即有右。如意要向上，即寓下意；意要向下，即寓上意。前后左右，皆是如此，此即谓之折叠。转换者，步随身换，命意源头在腰眼之间，向左转换，左腰眼微向上抽，用右腰眼托起左腰眼；向右转换，右腰眼微向上抽，用左腰眼托起右腰眼。此即所谓"命意源头在腰隙"也。

五、舍己从人

太极拳有舍己从人之术，挨何处，何处灵活。假使挨手，手腕灵活；挨肘，肘能灵活；挨胸，胸能灵活。周身处处如此。又，挨手意在肘，挨肘意在肩，挨肩意在胸，挨胸意在腰，挨腰意在股。以此推之，如沾连粘随，不丢不顶，引进落空，借力发人，皆此意也。

第十章 武式太极拳理论

太极拳的走架打手[①]
郝月如

太极拳不在样式而在气势,不在外面而在内。平日行功走架,须研究揣摩空松圆活之道,要神气鼓荡,全身好似气球,气势贵腾挪,身体有如悬空。两手无论高低屈伸,一前一后,一左一右,皆能灵活自如。两腿不论前进后退,左右旋转,虚实变换,无不随意所欲。日久功深,有不知手之舞之,足之蹈之之境。明白原理,练熟身法,善于用意,巧于运气,到此地步,一举一动,皆能合度,无所谓不对。

习太极拳者必先求尾闾正中。正中者,脊骨根对脸之中间也。迈左步,左胯微向左上抽,用右胯托起左胯;迈右步,右胯微向右上抽,用左胯托起右胯,则尾闾自然正中。能正中,则能八面支撑,能八面支撑,则能旋转自如,无不得力。次则步法虚实分清。虚非全然无力,内中要有腾挪,即预动之势也;实非全然占煞,内中要贯注精神,即上提之意也。切记两足在前弓后蹬时不要全然占煞,应该分清一虚一实,否则即成双重之病。两肩须要松开,不用丝毫之力,用力则不能舍己从人,引进落空。沉肘即肘尖常向下沉之意。前膊和两股注意内中要有腾挪之势,无腾挪则不灵活,不灵活则无圆活之趣。又须护肫,肫不护则竖尾无力,便一身无主宰矣。又须养气,气以直养而无害,即沉于丹田,涵养无伤之谓也。又须蓄劲,劲以曲蓄而有余,并须蓄敛于脊骨之内。吸为合为蓄,呼为开为发。盖吸则自然提得起,亦拿得人起,呼则自然沉得下,亦放得人出。此是以意运气,非以力使气,是即太极拳呼吸之道也(此中所说"呼吸",专指太极拳的"开、合、蓄、发"而言,与吾人平常呼吸不同,请读者不要误会)。

太极拳之为技也,极精微巧妙,非恃力大手快也。夫力大手快者,先天自然赋予,又何须学焉。是故欲学斯技者,宜先从含胸、拔背、裹裆、护肫、提顶、吊裆、松肩、沉肘、虚实分清求之。这些对了,再求敛气,气敛脊骨,注于腰间。然后再求腾挪。腾挪者,即精气神也。精气神贯注于两脚、两腿、两手、两膊前节之间。彼挨我何处,我注意何处,周身无一寸无精气神,无一寸非太极,而后再求进退旋转之法。旋转枢纽在于腰隙。能旋转自如,丝毫不乱,再求动静之术,静则无,无中生有,即有

[①] 郝少如.武式太极拳[M].北京:人民体育出版社,1963年:第4~8页.

意也。意无定向,要八面支撑。单练之时,每一势分四字,即"起、承、开、合"。一字一问能否八面支撑?不能八面支撑,即速揣摩之。如二人打手,我意在先,彼手快不如我意先,彼力大不如我气敛,彼以巨力打来,我以意去接,微挨皮毛不让打着,借其力,趁其势,四面八方何处顺,即向何处打之。切记不可用力,不可尚气,不可顶,不可丢;须知从人仍是由己,得机得势,方能随手而奏效。动亦是意,步动而身法不乱,手动而气势不散。单练之时,每一动要问能否由动中向八面转换,不能八面转换,即速揣摩之。如二人打手,我欲去彼,先将周身安排好,意仍在先,对定彼之重点,笔直去之;我之意方挨彼皮毛,如能应手,一呼即出;如彼之力顶来,不让其力发出,我之意仍借彼力,不丢不顶,顺其力而打之,此即借力打人,四两拨千斤之妙也。此全是以意运气,非以力使气也。能以意打人,久之则意亦不用,身法无所不合。到此境界,已臻圆融精妙之境。说有即有,说无即无,一举一动,无不从心所欲。真不知手之舞之,足之蹈之矣。

习太极拳者,须悟太极之理。欲知太极之理,于行功时先要提起全副精神,外示安逸,内固精神,气势腾挪,腹内鼓荡。太极即是周身,周身即是太极。如同气球,前进不凸,后退不凹,左转不缺,右转不陷,变化万端,绝无断续,一气呵成,无外无内,形神皆忘,乃能进于精微矣。

在打手时,我意须要在先,彼之力挨我何处,我之意用在何处,彼之力方挨我皮毛,我之意已入彼骨里;以己之意接彼之力,非以己之力顶撞彼之力,恰好不后不先,我之意与彼之力相合。左重则左虚,右重则右杳,仰之则弥高,俯之则弥深,进之则愈长,退之则愈促,一羽不能加,蝇虫不能落,人不知我,我独知人,所谓沾连粘随,不丢不顶者是也。

习太极拳者,须悟阴阳相济之义。动之则分,静之则合。分者,开大也。合者,缩小也。其中皆由阴阳两气开合转换,互相呼应,始终不离也。开是大,非顶撞也;缩是小,非躲闪也。一动无有不动,一静无有不静。动者,气转也,静者,有预动之势也。所谓视静犹动,视动犹静。气如车轮,腰如车轴。非两手乱动,身体乱挪。紧要全在蓄劲,蓄劲如张弓,发劲似放箭。无蓄劲,则无发箭之力。发劲要上下相随,劲起于脚跟,注于腰间,形于手指。由脚而腿而腰,总须完整一气。腰如弓把,脚手如弓梢,内中要有弹性,方有发箭之力也。自己安排好,彼一挨我皮毛,我意接定彼劲,挨皮毛,即是不丢不顶,用意去接,即是顺随之势,能顺随,则能借力,能借力,则能打人,此所谓借力打人,四两拨千斤是也。到此地步，手上便有分寸，能称彼劲之大小，能权彼来之长短，毫发无差；前进后退，左顾右盼，处处恰合，所谓"知己知彼，百战百胜"也。平日走架打手，须要从此做去，走架即是打手，打手即是走架，此皆一理。走架每一势要分四字，即"起、承、开、合"是也。一字一问对不对？稍有不对，即速改换。差之毫厘，失之千里。能领悟此意，行住坐卧皆是太极，学者不可不详辨焉。

平日走架行功时，必须以意将气下沉，送于丹田（以意非以力，非努气，非用呼吸），存养涵蓄，不使上浮，腹内松静，气势腾然。依法练习，日久自能敛气入骨（脊骨）。然后用意将脊骨之气由尾闾从丹田往上翻之。达此境界，就能以意运气，遍及全身。彼挨我何处，我意即到何处，气亦从之而出，如响斯应，疾如电掣。周身无一处不是如此，此即所谓"行气如九曲珠，无微不至；运劲如百炼钢，何坚不摧"，亦即"意到气即到"是也。又丹田之气，须直养无害，才能如长江大海之水，用之不竭，取之不尽。追至功夫纯熟，炼成周身一家，宛如气球一样，左重则左虚，右重则右杳，物来顺应，无不恰合。凡此皆是"以意运气"，非"以力使气"，"在内不在外"，亦即"尚气者无力，养气者纯刚"，是也。

操手十五法[①]
郝月如

（一）以手指敌人中心，手不能用，肩肘指之，肩肘不能用，心意指之。

（二）遇刚则柔，而刚要紧在其后。

（三）进手时要用螺旋力，静动不离粘连黏随，追风赶月之意。

（四）彼螺旋，我亦螺旋而进之；进时须垫步。

（五）不得已而退时，须用己手掩护敌手，整身则退之为要，所谓"雀跃"也。

（六）两手用力要平均，如抱球状；不可此手有力，彼手无力。

（七）如甲手势失败时，则须快进乙手为佳。

（八）敌手击来时，不必惧他；只须顺其势，借其力而击之。

（九）顺敌劲之梢节，直到敌之中节，进击敌之根节要紧。

（十）动手时，务以周身成一家为要，不可用局部力。

（十一）敌人取我之中节时，须用全体变中以应之。

[①] 此文作者存疑，待进一步考证。另一说为郝振铎作品。郝振铎·操手十五法.太极拳摘要.油印本.王家骏刻印.天津：1962年.

（十二）手不得到敌之根节时，不可发；周身圆动力打去。
（十三）全身动作，时时以划圆圈为主，然圈越小越佳。
（十四）手腕要灵活，如蛇吸食之状。
（十五）腰间要灵活，如蛇缠物之形

第十节　郝少如论著

　　郝少如（1908—1983），名梦修，字少如。河北永年广府人，郝月如之子。6岁开始学拳，受祖父和父亲双重指点，深得家传，青年时便技艺超群，成为现代太极拳名家。1930年南下助父教拳，后经张士一介绍到上海新亚制药厂传拳，1933年在武进正德学社和私立上海中学教拳，1937年在上海发起成立"郝派太极拳社"。在南方授徒众多。后因政局动荡，放弃教拳活动。1961年复出，应著名太极拳研究家顾留馨之邀，在上海体育宫开设武式太极拳学习班，从学者甚众。1963年出版了被后世称为经典之作的《武式太极拳》（人民体育出版社）一书，将长期以来的"郝派太极拳"称谓易名为"武式太极拳"，开启了武式太极拳的正式命名。郝少如弟子甚多，有郝吟如、孙懋令、吴声远、刘积顺、浦公达、杨德高、葛楚臣、胡庆祥、张金华、李伟民等等。

关于教法和练法的一些体会[①]
郝少如

　　我根据三十多年来练拳和教拳的经验，认为无论是教或练，都必须首先从身法（武禹襄的八条身法）着眼，并且要由内及外。
　　身法是太极拳理论的主要内容之一。身法在教和练的过程中，既是最基本的，也始终是最重要的。因此，对身法必须要求严格。
　　练习太极拳，不要说达到精湛的功夫，即使是基本的功夫，也不可能是一蹴即得。所以在教或练的过程中，必须大致上分为两个阶段。

---

① 郝少如.武式太极拳[M].人民体育出版社，1963年：第8~9页.

第一阶段是练外形,就是学习拳架,注重身法。但是八条身法不是一下子就可以掌握的。要先选择一、二条作为重点,练熟之后,再逐步增加。上下肢与身法的配合也极重要,因为配合得不好,会直接影响身法。上肢的配合还比较容易掌握,而下肢因为既要支持着身体的稳定,又要顾及分清虚实,对初学者来讲,就更觉困难些。练成这八条身法之后,全身的肌肉骨骼才能灵活、协调,动作一致,才能达到随心所欲的地步。

第二阶段是练内形,亦称内劲。先要以意识作指导,渐渐练成意、气、拳架三者合一。由外形至内形,由气粗到气精。然后无外无内,无粗无精,浑然皆忘。练到这种境界,才能在不断前进的道路上攀登太极拳艺高峰。对于浅尝辄止和凭空立异的人,是不足为训的。

走架与打手之间的辩证关系[1]
郝少如

太极拳的走架与打手之间存在着密切相联的关系。

太极拳能否达于"人不知我,我独知人,人为我制,我不为人制"的奇妙境地,关键在于能否做到知己知彼。平日练习走架,是为了求得知己的功夫。平日练习打手,是为了求得知人的功夫。能知己,然后才能知彼。要获得太极拳艺,就必须先从练习走架开始。待掌握了一定的太极拳运动原则,有了一定的运动基础后,才能进行打手的练习。

与人打手,紧要全在对自己的安排与变化。走架即是练习安排自己的本领,练习打手即是求得因敌变化的本领。平日走架的正确与否,对于打手的成败是至关重要的。打手的成功建筑在走架的基础之上,所以习者必须严肃认真地对待走架基本功的练习,先将安排自己的本领学会,然后再学习知人的本领——打手。忽视了走架的作用。就无法获得太极拳的精妙艺术。

走架的目的在于运用,所以平日行工走架时,就要当作正在与人打手。而打手又离不开走架的基本原则,因此在打手时要当作仍在走架。所谓"无人则当若有人,有人则当若无人;走架即是打手,打手即是走架,两者理惟一贯"。通过走架能使打手运用太极拳的理法,练习打手又能促进走架功夫的提高,反过来再增强打手技艺……如此往复循环,使太极拳艺不断提高,所以走架与打手之间的关系又是相辅相成的。太

---

[1] 郝少如.武式太极拳[M].人民体育出版社,1992年:第124页.

极拳艺必须依靠走架与打手间相辅相成、密切相联的关系的存在才能获得,二者缺一不可。

习者必须明白原理,按照规律,用心钻研,功到则会事成。由初练渐至熟练,由艺粗渐至艺精。功用一日,技精一日。能精者,还能再精,永无止境。

引进落空,借力打人[1]
郝少如

太极者,打手不用先天赋有之力和快手,力则是从彼处去借而是用意。借者,既省力而又不伤气。太极拳是一门最讲究省力打人的艺术,所谓"借力打人"是也。因为太极拳是一门艺术,而不是单纯的技术,所以借力打人也即是太极拳艺最本质的特点。

借力者,是以后天有关太极拳之力学去获得。先天的自然之能有限,并有盛衰之年;后天之巧则取之不尽,而用之不竭,乃艺命无穷也。后天之巧,有"四两拨千斤"之妙。能四两拨千斤者,则能以己先天之小胜彼之大,亦能以耄耋之年胜年轻力大的气勇者。所以太极者既不在先天自然之能的大小,亦不在力大气足的青壮期,而在"引进落空,四两拨千斤"的巧妙技艺。当习者初读此句时,会深感奥妙而不能领悟,于是不知其所行。其实只要遵循它的原理,按照它的规律去求之,当具备了一定的运动条件后,便能逐步实现"由着熟而渐悟懂劲,由懂劲而阶及神明"。

习太极者须切记"用意不用力"的原则。打手之巧在于用意,不在外面而在内,一举一动非单纯的形动,有意动,始而气动,即而形动也。意气须分开,又须一致,但意为统帅,所谓"以意行气"是也。意到则气到,乃能意气跟得灵,方见落空之妙。先在心,后在身。在身者,则能引进落空,借力打人。

何谓"引进落空"? 所谓引进落空,即是须大胆地放纵彼之进击,而不是将其拒之门外。只有大胆地放纵,才能引进落空;不能放纵,则不能引进落空。但放纵须有前提条件,即,虽为放纵,却皆由我之意牵引其而进。此须粘连黏随,不丢不顶;须得机得势,舍己从人,知己知彼。彼手快,不如我意先;彼力大,不如我气敛。若彼以快速巨力打来,我之意

---

[1] 郝少如.武式太极拳[M].北京:人民体育出版社,1992年:第128~133页.

在其先已与其相接,顺其而来,接住彼劲,恰好不后不先,随引即蓄,借尽其力,蓄而后发,引进落空,借力打人便能奏效。不可用力,不可尚气,意气须跟得灵。

彼挨我何处,我心就用在何处,要知己知彼。若要知人,则务要使人不能知己。若要使人不能知己,则务要以己之虚去探彼劲之实;须秤准彼劲之大小,权准彼劲来之长短和粗细。左重则左虚,右重则右杳。避彼之实,而入彼之虚,顺其势,借其力。此即所谓"知己知彼,百战百胜"也。能知己知彼,才能因敌变化。能因敌变化,"引进落空,四两拨千斤"之技才能神妙无穷。

欲要知己知彼,则先要舍己从人,不要由己。从人则活,由己则滞,而从人仍是为了由己。若彼欲往左,则我以意领其往左;彼欲往右,则我以意领其往右;若彼欲进,则我以意牵引其而进;彼欲退,则我以意顺其而退;若彼欲往上,则我以意率其而上;彼欲往下,则我以意率其而下;若彼欲开,则我以意挈其而开;彼欲合,则我以意挈其而合。能达此地步,乃能"左重则左虚,右重则右杳;仰之则弥高,俯之则弥深;进之则愈长,退之则愈促"。从外观之,似随人而动,然则人为我之内形所控制,故舍己从人仍是由己。舍己从人非纯粹外形的随人,没有内形的支配是舍近求远。这样,不但无法达到舍己从人的目的,反会让人乘机而入。故舍己从人须内外结合,周身相随,得机得势。其关键还是在内。能舍己从人,方能探知彼劲之虚实。

一身之劲在于整,一身之气在于敛。身法须一一求对,并要加以互相联系起来成为一体,然后再求敛气,气要敛入腰脊。敛者,须以意将气下沉贴于背,由两肩收于脊骨,敛于腰脊。气能敛于腰脊,然后再求注于腰间。能注于腰间,一身便有主宰。一身能有主宰,一身之劲便能完整统一。气势须包围精神,精神又须支撑气势。神聚、气敛、精神贯注,精、气、神三者须合一。一动无有不动,一静无有不静。自己安排得好,人一挨我,我在下即能得机,而在上即能得势,上下相随,前后左右无不得力也。能得机得势,乃能舍己从人。

平日练习打手,须在粘连黏随、不丢不顶上下功夫。走即是粘,粘即是走;粘即是用意,走即是行气。以己依人,务要知己,乃能随接随转;以己粘人,务要知人,乃能不后不先。彼之力有多大,我之意仍与其相合,彼增我亦增,彼减我亦减,累黍不差,不给彼有丝毫用力之余。彼在上无处使劲，在下无处得力，我趁势入之，接定彼劲，彼自能跌出不言而喻矣。

　　能粘得住人，然后能吸得住人，使之不能走脱。能吸得住人，然后能随意牵引得人进而使之落空。若要将物漂出，务要往下加以浮物之力，使其根自断，乃无生根立足之地，如江海浮舟则自然浮得起彼身。彼身既已浮起，然则随漂即出，极能轻松也。须切记：借力打人须断彼之根，彼之根未断，则力未借着而不能发。能断彼之根，打人才能省力而清脆，乃能使人心悦诚服。若要将彼跌空，须加以掀起之意，随引随化随蓄一气呵成，则自然能使彼如跌入深渊一般而落空，其劲全为我接定所掌握。彼身既已腾空而劲力全为我所借尽，然则一呼即出，远近多少，取之何样抛跌，顺势能及。此即所谓"借力打人"，仍是引进落空，四两拨千斤之妙也。

　　平日行功，一动势须问问是否有空松圆活之趣，精神能否支撑八面。能支撑八面，乃能八面转换。气须存养涵蓄不使上浮，以直养而无害。气势须贯注于两臂，形于手指；周身须通畅饱满，节节贯串。太极即是周身；周身即是太极，无一寸不是如此。行气才能如九曲珠，无微而不至。气如车轮，枢纽在腰。彼挨我何处，我气即行往何处，何处即分虚实。虚便是阳，实即是阴。阴不离阳，阳不离阴，阴阳相济，乃能以虚实制人。切记：须以己之虚去探彼劲之实，勿要用己之实而使彼知己。因敌变化须走内劲而不可露形迹，劲由内换而使人莫测，彼只能挨我之虚，即挨皮毛，而得不到我之实，无从得力也，此即所谓"人不知我，我独知人"。以虚实制人，人为我制，而我不为人制，乃能一往无敌，斯是太极拳之妙也。

　　总而言之，引进落空、借力打人是以意使技，而非以力能成技也。周身须完整统一。动则俱动，动中须有静，动者才能不慌不乱，乃能依法行功；静则俱静，静中须有动意存（即有预动之势），静者才能达于劲断而意不断，乃能一触即发。开中寓合，则开者还能再开；合中寓开，则合者还能再合，所谓"如长江大海，滔滔不绝"也。虚实宜分清楚，虚实的变化全在内而不在外。在内者，劲换而不露痕迹，劲走而人莫知，乃能随接随转，由得机得势，及舍己从人；由舍己从人，及知己知彼；由知己知彼，及引进落空、借力打人。牵引在上，运化在胸，储蓄在腿，主宰在腰，蓄而后发。一身须具备五张弓，才能做到蓄劲如张弓，发劲如放箭。劲以曲蓄而有余，周身之劲在于整，发劲要专注一方，须认定准点，做到有的放矢。劲起于脚跟,由脚而腿而腰,形于手指,须完整一气,不能有丝毫间隔断续。一举一动须达到无角无棱、无有凹凸、无有缺陷的要求。若能达此境界,不论向前向后,向左向右,乃能无懈可击。以意行气,以气运劲。意向往上升,气往下沉。动者,气转也。先在心,然后便能施于身。日久功深,盖吸则自然提得起,亦拿得人起;呼则自然沉得下,亦放得人出。吸,为合、为蓄、为收;呼,为开、为发、为放。只要依法求之,就能逐渐做到物来顺应,敏感自得。进者,便能达于"一羽不能加,蝇虫不能落"的境界。若到此境界,则无所谓内外,无所谓不对。一举动则无不恰合法度,形神皆忘。左重则左虚,右重则右杳,触之则旋转自如,无不得心应手。如响似应,疾如电掣。"引进落空,借力打人",则无不随心所欲矣。

敷,盖,对,吞四字秘诀解[①]
郝少如

敷:敷者,运气于己身,敷布彼劲之上,使不得动也。

解曰:此是两手不擒、不抓、不拿,仅敷在彼之身上,以气布在彼劲之上,如气体一般之轻,令彼找不到有丝毫得力之处,以精、气、神三者贯穿住,使其无丝毫活动之余而动弹不得。

盖:盖者,以气盖彼来处也。

解曰:此是以气盖住彼劲,而又不使之惊动,令彼有再大的劲力亦发不出。

对:对者,以气对彼来处,认定准头而去也。

解曰:此是须认定彼劲来之目标,以气对准彼劲之部位,与彼劲之大小、长短和粗细尽相吻合,运劲如百炼钢,何坚不摧。

吞:吞者,以气全吞而入于化也。

解曰:此是须以己之磅礴气势将彼之周身包围住,并吞噬其全劲,而又加以化之,使其劲力再大也必落入于全力覆没之地。

又解曰:以上四字绝妙。周身必须达于犹如气体一般之柔软,气势达于磅礴之概,全身好似气球一般而无懈可击,行气自如而能遍及全身之境地。非懂劲后练到这种极精境地者不可得。完全是以气运动而走内劲,所谓"全是以气言,无形无声"。

[①] 郝少如.武式太极拳[M]北京:人民体育出版社,1992年:第133~134页.

再曰：这四个字，虽然它们的用法不同，各有其妙用，但是字字之间有着密切相联的关系。既是互相合作的，又是都可以互相转换的，不是呆板的。唯有四字同存在于习者的意念中，运用时才能因敌变化，随机所用而变换灵活，乃能得心应手，使无形无声的气，能够演出太极拳神妙无比的绝艺。

第十一节　徐震论著

徐震（1898—1967），字哲东，常州人，文学教授，太极拳理论家。5岁入私塾，14岁进冠英高等小学，次年去上海读中学。19岁进东吴大学，曾得南京图书馆馆长柳诒徵和国学大师章太炎赏识，为章的入室弟子。随郝月如学习太极拳多年。著有《国技论略》《太极拳谱编理董辨伪合编》《太极拳考信录》《苌氏武技书》《太极拳谱笺》《太极拳发微》《太极拳新论》《太极拳原理与练法》等武术史考证方面的研究成果。

太极拳发微[1]
上篇
总诠第一

合于变，因于物，动而时发也。机弁术之用，有如是者乎？清明在躬，志气如神，能定能应，不将不迎，弁术之妙，有逮此者乎？吾为此术二十有五年矣；各家之传，亦颇察识之矣，而独醉心于太极者，以其于此有当也。太极之学，始则谨于法度，终则因于变化，其究无为而无不为。吾读《庄子·养生主》，于庖丁之解牛，而得太极拳之说焉。曰所见无非牛者，是犹理法未通，随处抵悟也。曰未尝见全牛也，是犹理法既熟，随处得间也。及夫以神遇，而不以目视，官知止，而神欲行，则不知力之在彼乎？在我乎？彼我都忘，心形相融，而心得为物之主矣。渊兮，邃兮，弁术而造于此也，又岂神于弁术云尔哉！正心以成德，道亦不越乎是矣。

---

[1] 徐震．太极拳谱笺、太极拳发微、太极拳新论[M]．太原：山西科学技术出版社，2006年：第28~46页．

时中第二

《易》称："一阴一阳之为道。"谓夫天下事物皆相反相济也。夫相反相济之谓和，和则一。和之一，非执一偏至之谓也。以是推言力之用；力均则平，平由相反而相济。平故两力若不存焉；是以相济成和。若夫一呼一吸、一动一静、相济成和，则为致一之虚。身心能虚，成和之修也。成和之修，肇乎用力之至均。用力之至均，在乎随宜而得中。夫运身举步，由习而安。苟非习惯，举足将倾。若令，孩提之童，不使学行，虽至年长，犹将不能举步也。今使运身举步，可以宛转繁变，即遇外力之猝迫，亦能安之若素。此于习贯必有方矣；其于形之时中为始基哉。

因应第三

夫时中之用，应物而运。不执成心，故能与物推移，无所凝滞。虚灵之技，由斯而出。虚灵者，无不可合，而无所不因也。无不可合者，以我合彼，而获我所欲也。无所不因者，力不劳而功就，心不动而形随也。若是者，谓之动亦定，静亦定，无为而无不为。昔者，郑有神巫曰季咸。知人之生死、存亡、祸福、寿夭，若神。及壶子示之以未始出吾宗，与之虚而委蛇，不知其谁何，因以为弟靡，因以为波流，而季咸逃矣。太极拳因应之道，亦何以异是哉。

德艺第四

成和之修，必由于顺。形顺乎气，气顺乎意，意之专一者为志；志以湛静顺乎心。心者，神志之所宅也。形何由而顺乎气？必致其柔。柔何由致？首蕲合度。度何所依？依于身法。身法者，肇为时中之矩律也。气者，百骸、九窍、六藏、血脉、所待而运也。是故，气郁则体病，气促则形劳，气馁则气衰，气粗则心躁，气平则体舒，气静则心安。凡管乎一身之内外，操其通塞之枢键者，其惟气乎！是以形能顺乎气，成和之始基也。气能顺乎意，意由专一而顺乎心，则得乎常心而神发智矣，此成和之极功也。气若何而顺乎意，始于善练，精于善养。伏气使沉，敛气使细，是为善练。见素抱朴，则气醇矣；少私寡欲，则气定矣；是为善养。善练，善养，则气浸顺乎意，意浸专一而不外驰。久一则寂，寂则廓然而心正。心正者，神自清。故能感而遂通，应而不藏。疾患去乎体，宽容适乎物，而明通公溥之德，成于心矣。古人有言："德成而上，艺成而下。"今也，由曲艺而进于成德，是为下学而上达。

功用第五

由形及气，形外而气内，形粗而气精。由气及意，气外而意内，气粗而意精。由意及心，意聚而心通。心者神之宅。心和平而不蔽，保真而不荡，则神守虚灵之宅。心神相得，斯为上德。是故，功之始，自外而及内，自粗而及精。功之极，浑然皆忘，无外无内，无粗无精，而一归于时中，致其功而技用神焉。是以，迭用柔刚而不过，泛应曲当而靡遗。

下篇
技诠第六

兵法制胜之要，在以逸待劳，后发先至。技击之巧，亦尽于斯。然非养成智勇，无以逮此。何谓智？知己知彼也。何谓勇？有主于中也。知己知彼，乃能从吾所便，乘彼之隙。有主于中，乃能无所惊眩，得当而应。夫何以致此哉？在理明而心定耳。理明则不惑，心定则不惧。约举理要，因势而已。以言心法，习惯而已。夫不能善因，而惟知自用，两力相值，力大者胜。两捷相遇，侥幸者胜；则无为贵术矣。且力多用则乏，身数动则罢。纵能制胜，非善之善者也。力不妄用，身不妄动，不值其锋，而入其空；曲折求达，以倾其中。彼虽有大力，莫能自摄；虽有巧捷，不能避就，因其势也。验之久，操之熟，不假思虑，随感而应。如纵步坦途而不颠顿，如飞尘至目而睫自闭，习惯然也。若是者，智勇之所由成也。故肄习太极，务在柔缓。柔可驯至和顺，缓可详审体察。和顺而后能因应，体察所以求明理。及至习惯如自然，则遌物不慑，心自定矣。皮相之流，不识窍要，徒观演架之时，雍容布挥；推手之际，优优荡摩；以为柔则无力，缓难应急；容有益于卫生，而无当于技击；此所谓下士闻道大笑之也。

明习第七

凡习太极，演架、角技（既推手），功当并重。演架者，本诸身也。角技者，试诸用也。徒重演架，则当否靡征；徒好角技，则会心不密。致力齐均，则演架有悟，可试诸角技；不得于角技，可察之于演架。旋察旋验，察亦如验，验亦用察，乃可探索入微矣。演架必先蕲当于规律，角技必先取准于时方。二者皆得,则可谓合度矣。迨至洽熟于身,审谛于用,形气相谐,外内咸若,举体协、各节随,周旋转折,无不如志,沉机会变,其应如响。其用力之得所也,如引弦以激矢也;其用力之无阻也,如舟行顺流而乘风也;其用力之节啬也,若以一指息爝火于熛烟之中;则可谓精妙矣。乃专气而一志,务为静也,务为敛也。静之又静,敛之又敛。动无非中也,应无非定也。即变如常,行其所无事焉。和顺之至也,则可谓圆融矣。是故,始于合度,惟法是依;中于精妙,忘法而不离于法;极于圆融,乘物而不见其物。超然绵邈,常守冲虚。斯可谓进于道者也。

练体第八

演架规律,统于十事。凡此规律,是名身法。十事者:一曰提顶。提顶者,头有提挈全身之势,顶门与会阴常相对当也;二曰拔背。拔背者,背椎略弯,成微向上起之势也;三曰含胸。含胸者,肩微前合,锁骨、胸骨下降也。四曰敛肋(原名护肫)。敛肋者,肋骨常少下降也;五曰松肩。松肩者,舒展肩胛带,令肩下垂也;六曰沉肘。沉肘者,令肘关节常下沉也;七曰裹胯(原名裹裆)。裹胯者,两股之间,为内向穹合之势也;八曰摄尻(原名吊裆)。摄尻者,腰椎微向后穹,臀向前收,小腹取上翻之势也;九曰腾挪。腾挪者,足下分明虚实也;十曰闪战。闪战者,全身筋骸舒畅调适,能随时随处运移也。提顶拔背,则神志清明(提顶拔背,可以安宁脑脊髓神经,试一作此式,便觉精神凝一,杂念悉除)。含胸敛肋,则感应警敏(上体能运转灵活,则遇敌自尔感应警敏。欲上体运转灵活,必先求胸肋间肌肉之舒松,使胸廓中有清虚之象。试作含胸敛肋之姿势,便觉胸廓中有清虚之景象也)。松肩沉肘,则关节通利(肩肘关节不滞,则上体肌骨不受牵掣,各节皆得通利)。裹胯摄尻,则身安息调(裹胯则腿下屈而重心降低,股与骨盆所成之杵臼关节,运转之地位宽舒。若但曲两腿,不取内裹之势,则杵臼关节运转之地位迫促。重心降低,则置身稳定。杵臼关节运转之地位宽舒,则回旋避就皆易。此二者,安身之妙法也。摄尻则腰肌自松,微作弛张,即可使膈膜升降而成腹呼吸。用腹呼吸,则息之出入易调,虽伏气尚有专功,此固伏气之本也。又裹胯摄尻二势,亦互相助成)。

足常一虚一实,交互相代,以支其身,则进退变转甚易(以重心不致提高,故动中依然稳定,动时仍可发劲),故能腾挪。周身随时随处可以运移,则婉转避就,无所抵滞,故能闪战。十者悉合,是为合度,一事未合,余即受其牵掣,难以尽当。故演架至于合度,于弁搏养生,咸可得效矣。初学未能兼顾,则姑先择数势,措意习之,使之略能近似,更及其余,浸习浸洽,以臻贯通,而后可进于精妙。

练用第九

角技必取准于时方,弁术皆然。伊惟太极,善藉彼力,善用我力,则非自余各家所及矣。盖各家所争者,得时之先,得方之势。太极之妙用,不争先而蕲随时,不争势而蕲随方。能随则无时不先,无方不顺。请言太极时方之准,夫时之所争,不过瞬息,而力之作止变转,辄见节族。及将作未作,将止未止,将变未变,将转未转,于是焉取之,谓之应节。不得节族,勿取也,已失节族,必将有待也,故不争先而蕲随时也。然而我之力亦有作止变转而无节族可寻者,何也?凡复合之动作,错综而运,不能行于一时,则作止有迹,变转有端,一断一续,而节族显。若于一时能为复合之动,错综而运,则循环无端,连绵无迹,取势常相反相济,则屈伸往来,避就攻守,可以俱时而有,节族奚由寻哉?此时之准也。夫方之所争,惟在毫厘分寸,其用之也,有前后左右,上下斜正曲直。所以用其前后左右斜正曲直者,总归于顺逆。转其顺势,顺反为逆,乘其逆势,当机勿失,此据彼而言也。惟势势自处于顺,乃可制彼之逆,此据我而言也。故彼来我接,彼去我迫,毋当其中,而就其空。避其冲者,非徒让也。左旋右进,上舍下攻,斜切曲取,亦为让也。就其空者,非必前也,退接旁拿,亦为就也。正以用斜,斜以济正,直以用曲,曲以济直,若是者必于一势之中,兼用数势,一动之顷,非止一力。要使彼力方向陡变,彼心倏受震惊,则可使彼力还施彼身,而吾直如摧枯焉。此为善于随方,此方之准也。然方虽得准,应时则效,时或小差,效即减杀。时若相违,效或相反。时之于方,亦犹是也。故当肄习角技,必合而用之,以蕲确当,宁循理而求精,毋越理而争胜,功候至而智勇存焉矣。

境诣第十

程功之序,曰合度、曰精妙、曰圆融,凡此所历,各有境诣。始学之时,骨节不舒,腱不柔韧,肌不调谐,肤不宽敏,步无虚实,则置身不能稳,举措不能当,是以作止迟而使力拙。及至骨节已舒,腱已柔韧,肌已调谐,肤以宽敏,步谙虚实,则置身自稳,举措自当,作止轻利,使力刚捷,此虽合度,犹为外形之和顺,而未及内也(和顺以肌肉调谐而首要,大抵上体肌肉易松,下两肢较难,至下两肢肌肉亦松,则竟体调谐,能若是,外形和顺之工毕矣)。外功拳之精者,亦能之。太极之功已造此境,又将自见粗而不细,疏而不密,生而未纯也,始知进而练其内。练其内,则必程功于伏气,使呼吸与开合相应,其呼吸之出入也,不散不促,安匀流利,浸习以洽,则内肌与外肌之弛张相得也,脏腑经络之间,遂畅而无滞也。在身,则形与气相合相顺也,在用,则自与他相合相顺也。于以直凑单微,是为精妙,此非外功所逮矣。造乎此境,验诸角技,其效有六:一曰安,安者动无虚妄,不致于人;二曰敏,敏者,知己知彼,感准应确;三曰简,简者,宛转曲折,不见形迹;四曰易,易者,乘间蹈瑕,恢恢有余;五曰深,深者,形见于此,用起于彼;六曰涵,涵者,浑然无有端涯,而能包复罗络,是于弁术固已优矣。然犹有意求胜,以我制物,未能无意自合,乘物游心也。进于此,当忘气。忘气,意自适,意适而心定矣。心定而神全矣。动若不动,应若未应。若然者,形不累心,心得主其形,物不与我违,我得为物主,力之在彼,无异在我,所谓神者先受之也(《庄子·知北游》冉求问于仲尼曰:"未有天地可知耶?"仲尼曰:"可,古犹今也。"冉求失问而退。明日复见,曰:"昔者吾问'未有天地可知乎?'夫子曰:'可,古犹今也。'昔日吾昭然,今日吾昧然。敢问何谓也?"仲尼曰:"昔之昭然也,神者先受之;今之昧然也,且又为不神者求邪!"

云:"'虚心以待命,斯神受也。'注:'且又为不神者求耶!'云:'思索更致不了'。"震谓:"拳技之功,达乎至精至醇,会彼外力,心不起念,自然随应,亦为神受也。"夫是之谓,无意自合,乘物游心。其所以致此者,常使呼吸甚深甚细,绵绵若存,固不独特于演架角技,又当养之于平时,此大智大勇之境诣,可谓造于圆融矣。要未离于和顺也。问曰:太极之功,仅臻合度,直与外功无别耶?应之曰:非谓无别也,谓其技用相等耳。如置身稳,举措当,作止轻利,使力便捷,是所同也。至于太极之规律,非外功所能具,故外功能进于精微者,鲜也。

伏气第十一

伏气之法,枢键在腰。何以言之,以腰肌之弛张,可使膈膜为升降(腰肌张,则膈膜降而为吸,腰肌弛,则膈膜升而为呼,将欲息之出入深细,在膈膜之升降与肺之弛张相应)。腰肌与胸肌弛张相调适,则肺不劳而肌肤呼吸之功用(凡腹呼吸练至纯熟,可增进皮肤呼吸之机能),此和顺形气之法也。若不谋形气之和顺,则有二患:其一,吸气多而呼气少,则将患中满,或感结节;其二,外肌虽宽,内肌或急,关节肌腱,虽已舒展,脏腑经络之间,未尽遂畅,则有时将觉悖戾,有时不免偾张。惟胸肌与腰肌弛张能相调适,则胸腹之间,一阖一闭,自尔和顺,而呼吸之根,若在脐下,虽身有动摇,而呼吸不粗不急。及夫浸习浸和,息之出入,浸敛浸微,遂若外忘其形而一于气,内忘其气而合于志。志者,意之至一者也。及其和顺之至,志亦如忘,但觉融融泄泄,若将飘摇轻举然,夫是之谓能化。问曰:伏气之功,必待外形和顺,方可及之耶?应之曰:外形既已和顺,自无大喘疾息,亦可谓能调息,然呼吸犹粗,缓急亦未甚匀,沉静之功未加,即轻燥之失难除。但在初学,外形尚未和顺,骤而语以伏气,则形之与气,不能相得,徒着意念,更生杆格,将至无益有损,学戒躐等,理不诬已。若外形已臻和顺,不复求进,亦无须更讲伏气。若复求进,必入深细。既趋深细而患亦来,是以伏气之功,不可不讲也。

养生第十二

养生之术,古有导引。《庄子·刻意篇》曰:"吹呴呼吸,吐故纳新,熊颈鸟申,为寿而已矣。此导引之士,养形之人,彭祖寿考之所好也。"李颐注云:"导气令和,引体令柔。"华佗亦云:"人体欲得劳动,但不当使极耳。动摇则谷气得消,血脉流通,病不得生,譬犹户枢不朽也。"是以古之仙者,为导引之事,熊颈鸱顾,引挽腰体,动诸关节,以求难老。此皆导引家之精义也。惟太极拳贵和致柔,动而不极,悉合导引之方,则虽弁术,固具导引之精义焉。虽然犹未也,导引止于养形耳。太极者亦以养心,夫其自外而及内,至于内外相忘,则可以心普万物而无心,情顺万事而无情,于养形也何有?昔者,唐仲俊少时读《千字文》,于心动神,疲而有悟,平生未尝动心也,故年至八十五、六,犹极康宁(事见陆游《老学庵笔记》)。彼得不动心之一端,尚能若是其寿,况于形气交养而归于正心凝神者哉!是则引年之本也。

序志第十三

太极拳者,以弁技为主,亦兼导引之术,不知创之者为谁。明末王介祺有《太极连环十三刀法》,以太极之名用于技击,始见此书。不知其时已有太极拳否也。在清乾隆年间,山右王宗岳始以太极拳法授温县陈氏。今之传太极拳者,皆源出于此。宗岳又撰论一篇,叙次旧文,纂成拳谱,厥后永年武河清禹襄,李经纶亦畬,续有著述,言非苟作,论不虚生。

其领摄本宗,赢垺技绪,精矣。然语简难知,学人鲜能窥其玄奥。余尝撰《新论》六篇,综而贯之,条而理之,资于物理、生理、心理,以阐其厥义。由今观之,说多疏浅。于时造诣未测玄奥,难为究极之谈也。乃更制《发微》十有二篇,差择妙诣,提挈凡要。诚得其意,可以会乎宗极矣。其达诸正心成德,非附会也。理自可通,道自可由也。十二篇中,上五篇主言义,下七篇主言法;法之中有义焉,义之中法存焉,读者善察之而已。虽然书不尽言,言不尽意,孰是得意而忘言者,庶几为卜梁倚,吾其为汝偶可也。

中华民国三十年八月六日撰次竟,武进徐震哲东记

第十二节　韩钦贤论著

韩钦贤(1885—1958),名文明,字钦贤。河北永年广府人。16岁始从郝为真习拳,能吃苦钻研,悉数掌握太极拳法及太极拳理论。1930年任永年国术馆馆长。1935年受山西省国术促进会会长邱仰濬聘请,赴山西教拳。1936年曾先后在邯郸怡丰面粉公司、亚细亚煤油庄、孤儿学校等处教拳。1941年到曲周县授拳。著有《太极拳走架打手白话歌》。传人有广府翟文章、邢台马荣、陈固安、邯郸贾朴、米梦九、麻守全等。

太极拳走架打手白话歌[1]
韩钦贤

太极之拳技艺精,妙处全凭常用功。
站立周身要中正,按定身法做得成。
松肩沉肘须下势,裹裆护肫在前胸。
提顶吊裆上承意,含胸拔背自然能。
初学走架逐日练,虚实开合得分清。
两手从腰同拿起,前手拿到与脸平。

---

[1] 吴文翰.武派太极拳体用全书[M].北京:北京体育大学出版社,2001年:第412~413页.

后手护心在胸前,虚领顶劲身居中。
全身下势须坐腿,一动一静阴阳明。
两膊支撑从腰动,身成一家无散形。
上下相随活无滞,二人再练推手功。
彼此进退跟随劲,无穷变化在腰中。
手尖莫把脚尖过,内有弹性发人轻。
四正四斜全是意,不丢不顶随着行。
合己从人枢纽动,引进落空神妙灵。
发人全使脚根劲,主宰在腰两膊腾。
不先不后技艺精,不知不觉艺业成。

第十三节　姚继祖论著

姚继祖(1917—1998),字绍先,河北永年广府人。1924年从祖父学习太极拳,1927年读高小时随时任武术教员的郝月如学习武式太极拳,1932年入永年国书馆与韩钦贤等各派传人一起研习太极推手和器械。1937年从李亦畬次子李逊之学习武式太极拳。1940年,经赵俊臣介绍,正式拜李逊之为师。有手稿《太极锁钥》留世,著有《武式太极拳全书》一书。1978年创办首家"永年县太极拳学校";1981年在邯郸接待"全日本太极拳协会访华团";1984年在武汉"国际太极拳(剑)表演观摩会"上被评为全国十三太极名家之一,誉为"北国枭雄"。1990年向政府和有关部门建议举办大型太极拳联谊会并被采纳。1992年创办"永年广府武式太极拳研究会"并任会长。姚继祖弟子众多,著名者有金竟成、翟维传、胡凤鸣、钟振山、王印海、李志忠、王元良、杨书太、李剑方、翟会传、姚志公、姚志平、崔志光、冀长宏等。

一、太极拳歌诀

（一）咏太极拳

武当太极称内家，卫身保健世所夸；
腰脊为主带四体，脚趾五行运八卦；
神领意导气流行，上下内外汇洪蒙；
手脚肘膝肩胯合，粘黏连随永为宗。

（二）尾闾中正歌诀

顺步出掌肘合膝，拗步出掌手合足，
磨腰抽胯肩胯合，尾闾自然不偏倚。

（三）太极拳行功歌

脚占七分手三分，上下相随切记真；
八卦变化源五行，主宰腰隙时留心；
神意导气注丹田，抽贯周身劲隐现；
尾闾正中通上下，满身轻利顶头悬。

（四）"脚手随"歌

手起脚不起，上步防采捋。
脚起手不起，前进怕掤挤。
进退脚手随，遇险可化夷。
发劲整且疾，推手日精奇。

（五）"擎引松放"歌

擎引松放紧相连，擎放衔接成一环。
练到环形无迹处，四字俱在一触间。

（第二句或云：粘连走发成一环）。

（六）推手打劲歌

彼劲欲回跟踪逼，僵停宜串寻根来，
力来我接并中截，搓其劲头宜沉急。
周身一家脚手随，挨定彼身捂彼力。

赠：武慕姚

1966年10月，得与舍亲禹襄曾孙武福鼐（字慕姚）会于故里，谈及太极拳，彼颇以未习为憾，余因写"太极拳要诀"数语，及一对联相赠。

1. 太极拳要诀

太极运动，中外流行，动作安详，神意奔腾。
气沉丹田，顶劲虚领，不偏不倚，尾闾中正。
上下相随，虚实分清，进退旋转，腰为司命。
劲起于脚，运行周身，结合呼吸，渐现渐隐。
周身骨节，肌肉百络，一动俱动，方为得法。
寄语同好，慎守此诀，却病延年，献身祖国。

2. 对联

神意导气行百络，腰腿换劲应万端。

（八）咏"周身一家"

神意导气运周身，肢体随气共转运；
腰脊中枢领全体，上下相随就屈伸。

（九）打手歌

1. 身法

虚领顶劲竖起脊，气沉丹田立定根，
手脚相随腰腿整，腰脊为主领全身。

2. 步法一

退步要高进要低,脚踩五行随人移,
任彼冲撞与袭击,随机应变整且疾。

3. 步法二

推手步法不只一,常用五种随势易,
常步如常有转换,变步下变上不变,
续步暗进人不晓,践步急进将人赶,
蹀步猛退身站定,或攻或守当机断。

4. 听劲

接定彼劲静心听,随人进退与纵横,
微感松沉袭将至,聚神伺彼力初萌。

5. 时间

不先不后静中求,八面支撑时绸缪,
彼力如泉刚出地,我劲似风推波头。

6. 打法一

远柔近刚分缓急,虚实前后定横直,
欲彼前跌下翻上,欲彼后跌上翻下。

7. 打法二

彼实在前当直取,彼实在后宜横击,
彼若无力应缓送,彼若有力可猛袭。
欲彼后跌上翻下,欲彼前跌下翻上,
彼距我远用拥迫,彼距我近宜用撞。

8. 运劲

运气收放依抽贯,发劲刚柔靠隐现,
八卦变化源五行,随着就势任君便。

9. 心法

天长地久任悠悠,彼既无心我亦休,
俟彼来击为借力,莫谓无力难展筹。

10. 击狡

彼身不整力且柔,欲想进击不须愁,
擎起彼劲身自整,制彼仍以劲上求。

二、拳　论

（一）练功三阶段

先生云（编者注：指郝为真），练太极拳有三个阶段：初期如不会游泳的人站在水中，两足踏地，身体与手足动作，如有水之阻力，感觉滞重不灵，摇曳不定；中期，身体仍如在水中，但两足浮不着地，如善泅者浮游其间，身躯四肢皆自如也；后期，身体愈轻灵，两足如站水面上，到此地步，心中感觉，战战兢兢，如临深渊，如履薄冰，不敢有一丝放肆之意，神气稍散乱，即恐身体降落下去。

拳经云"神气四肢，总要完整，一有不整，身心散乱，心主偏倚，而不能有灵活之妙矣"，即此之意也。

（二）论"不丢不顶"

论一：能不丢不顶，则粘黏连随自得，但不丢不顶不是容易做到的。

比如，人退我进，彼此两手（或身体其他部分），虽然是相接未离，但接触的密度无故稍松，或自己手上的力量无故稍减，亦即犯了"丢"的错误。

"不顶"，并非一般人所说的连一点支撑力也没有，纯柔相随；而是以我之力（支撑力）接定彼之来力，以变换虚实，随屈就伸，达到错开劲头，两手支撑，无有缺陷。

至去人时须要用力，亦是肯定的，但能做到躲开彼之劲头而去，即为不顶。

故武禹襄老先生云："一搭手,有进无退。"逊之先生云："力之用,飘为贵。"前者系说明搭手用力,后者系说明发人用力,均合不丢不顶的要求。

郝为真老先生,生前曾在桌子上以指带动火柴盒,使之旋转,以此解释"不丢不顶",实是绝好例证。而与现在一般不明太极拳理的人们,推手时所用的按字测意的所谓不丢不顶,实有不渊之别,学者不可不详味焉。

论二：太极拳推手时要求"不丢不顶"。有些人不知"不丢不顶"究竟怎样练习,只从字面上来研究,而不在推手应用上去探讨,因之在推手时多系轻接对方手和臂,不管自己周身相随否,不管彼此劲究竟相接否,一味在两臂上追求彼进我退,彼退我追的从人不由己的所谓"不丢不顶",因而使"不丢不顶""粘连黏随"失去了应有的作用。"粘连黏随""不丢不顶"必须在"周身一家""上下相随""接定彼劲"三个条件下去进行,才能起到作用,才能使对方在自己的手或臂的带动下,站立不稳,轻则跳跃不停。

例如,将一火柴盒,放在桌上,伸一指捺其上,意欲让火柴盒随指的带动,在桌上移动位置。如果用的力大了,则火柴盒被捺得太紧,不能被手指带动；如果用的力量太小了,则手指和火柴盒接触得太松亦不能带动火柴盒移挪位置,因此,用的力量必须不大不小,捺得不轻不重,才能灵活地使火柴盒在自己手指的带动下,在桌上来往或盘旋转动。这正和推手时用力应不大不小,不丢不顶,恰好带动对方一样。

（三）论"开合收放"

开合,收放,原为一体,不宜分谈,更不能分练。开即放,合即收,收为吸,放为呼。收则周身筋缩,骨节紧合,肌肉松静,所谓一静无有不静,静是合,合中寓开。呼则周身筋伸骨节开展,肌肉紧缩坚实,所谓一动无有不动,动是开,开中寓合。开合指周身筋骨肌肉而言,收放指呼吸行气而言,二者互为里表,不容稍离,否则不能灵活、坚整。

诚能开合收放,内外合一,不但在增强体力上效果显著,在推手上亦可逐步缩小其动作,由有形归无形,渐至一吸即走,一呼即发,所谓意动身不动的境地。

(四)论呼吸

太极分阴阳,在气为吸呼。呼乃开与发,吸为合共收。初学求自然,习久须讲究,能教一气先,莫教一气后。

(五)对王宗岳《太极拳论》中"高深长促"等字用法的体会

以前笔者对王宗岳拳论中的"仰之则弥高,俯之则弥深,进之则愈长,退之则愈促"数语的体会是,人想仰高我随之使更高,人俯身下沉,我随之更深,人向我进逼,我使人感觉我还有后退余地,人后退时,我要紧促地跟上去使其无立足之地。这些体会,基本上和一般人所见是相同的,依而练习,亦不见什么功效。

后来与一位较自己身高的人推手,运用"仰之则弥高"法则时,自己虽尽力高上去,亦高不过人家。为了解决这个问题,笔者经过几次思考,得出一个结论:即对方欲想仰之向上时,我在仰上速度上,力量上,要超过对方。即所谓后发先至,彼即为我所动。这样既合了"仰之则弥高"的法则,并合了"彼不动,自不动,彼微动,己先动"的论述。其余深、长、促等句,亦均感如此去做,甚为合适,故特记之。

(六)对"阴阳相济、粘走互济"的探索

王宗岳《太极拳论》中云:"粘即是走,走即是粘;阴不离阳,阳不离阴。"笔者多年来只能做到粘然后走,或走然后粘,而不能使粘走互济,如李亦畬《五字诀》中所述"左重则左虚而右已去,右重则右虚而左已去"那样。

笔者在练习中,在虚实互易时结合了发力,得出一种"一面走化人力,一面发人的周身一家力量"。思之与"粘即是走,走即是粘,阴不离阳,阳不离阴"甚合,故志之,以备继续探索。

(七)对"似松非松,将展未展"之我见

有人云:"似松非松,将展未展",乃自己练功时周身筋肉似松非松,四肢骨节(或劲)将展未展。

或云:"似松非松"乃推手时我已占绝对优势,而停止对对方进迫,似是松了,但神意仍专注着,等待对方发力反攻。"将展未展"是待对方反攻力量将发未发出来时,迎头击之。

记得陈秀峰曾在"似松非松,将展未展,劲断意不断"后面,又加上"藕断丝连"四个字倒颇恰当。

笔者根据这句话出现在"彼不动,己不动,彼微动,己先动"打手要言后面,感觉"似松非松,将展未展"这句话说的是打手时彼我之间的事。自己在推手时亦有这样的体会:"似松非松"指彼此欲发前一种不即不离的状态,在此状态下互相感受对方的劲力,有此感受后,自己就当把劲松开,严阵以待,聚精会神地静听彼劲怎样来,彼力一动,尚未展开的时候,即所谓将展未展,我即抚定彼之劲头,对准彼之劲根,搓揉之,彼必跌出。此亦正合所谓"不先不后,不丢不顶"了。丢了(亦即接得松了),则摸不出彼劲;顶了,彼有感则变;先了,彼能走化;后了,彼力已能施展,主动在彼,我进无益。

(八)论劲

太极拳之劲,重内而不重外,重根而不重梢,圆整混一,灵活不滞,坚、韧、刚、柔,四者俱备,斯为正宗。

劲之运用:神意领先,气力随至,粘走应变,有赖肢躯。如,起于脚,变于腿,含于胸,运于肩,输于臂,形于指,发于脊,主于腰。由脚而腿而腰,要完整一气。由手而臂而肩,要一气贯串。腰通脊柱,上与两肩两膊相系,下与两胯两腿相随,上下贯通,手脚相济。

劲之转变:腰脊如车轴,肢体如辋辐,行气如车轮。动则俱动,轴动则辋辐自动,静则俱静,轴静则车轮自止。

劲的收放:由内抽贯,意领神导,渐隐渐现。这种以意导气,起落,展拓,变化自如的劲,管它叫"粘劲"。

劲有数种:刨劲太直,难于起落;攻劲太死,难于变化;绷劲、抖劲太促,难于展拓,且都失之刚多柔少,形迹外露,容易致伤。

唯有粘劲,劣少优备,手到劲发,又灵又疾,俯仰旋转,变换如意,蓄发无形,动静随机。用于推手,壮弱咸宜,从容走化,沉着粘依,气敛神聚,意静身逸,经常习此,可以蓄神,可以养气,可以活血,可以健肌,可以通经舒络，可以强筋长力，祛病延年，无一害而多益，是以粘劲，太极最尚。

(九)太极拳走架行功说略

昔人云："周身一家如练到，拳术即上康庄道。"诚见周身一家在太极拳技击上是一种极为重要的基本功夫。平时走架的目的说是为了练习手、眼、身法、步，实际就是练习"周身一家"。

周身一家的练法要求周身上下内外一动无有不动，一静无有不静的统一运动，故其在强身保健与医疗上具有十分重要的作用。

初学不明途径，不得要领，有的上下不能相随，有的内外不能相合，做不到周身协调的统一运动，因此阻碍了太极拳在医疗保健上良好效果的发挥。为了克服上述缺点，提高太极拳在强身保健与医疗上的效果，使太极拳更好地为人民体育事业服务，现根据笔者见闻体会所及略述于下。

走架行功必须在"周身一家"上用功夫，一举一动都要注意周身的统一运动。欲想周身一家，须知内外三合，内练神气，外练肢体，内外兼修方为合法。

外三合者，手与足合，肘与膝合，肩与胯合。其运用乃以腰为主。上与两肩两膊相系，下与两胯两腿相随，上、中、下三节相适应。为此练去，则周身自然上下相随，中正不偏，久练可以矫正体态，使走架姿势顺随美观，使身体重心稳固，动作灵活，为进一步练习推手打下得机得势无缺陷的基础，所以在行功时必须注意外三合。

内三合者，神与意合，意与气合，气与力合。其运用乃以神导意，以意导气，气至力生。神似帅，意似将，气似兵。神意为气之领导，气是力之生母。无神意领导，则气无所从，气无所从，必致散漫，气势散漫，则力无生母，力无生母，则力不坚整，身易散乱。走架时，神、意、气三者如不相合，如此练去，对充沛精神，增长体力，医疗内脏与神经系统疾病，均有莫大妨碍，所以在行功时要神、意、气三者密切相合。

内外三合，实为里表，一主一副，不能偏废，古谱行功歌云"意气君来骨肉臣"正说明这点。诚恐学者重外而轻内，只学外表形式，不顾神、意、气的运行，减少了身体内部横膈膜与脏腑直接和间接的运动；或过于轻外而重内，对身法要求不严格，因之产生耸肩、驼背、锅腰、出臀以及头歪、项斜、脊椎偏倚等不良姿态。如不及时纠正,结果不但减少了医疗保健的实效,而且妨碍了身体各部的正常发展,影响了走架姿势的顺随与美观。两种偏向均应切忌。

但锻炼神气,必依法则,运动肢体,亦有定方。当知神非镇静不能清,气非团聚不能刚,顶悬脊竖则体正,手脚相随则式圆,提顶吊裆而松肩沉肘则沉着松静,含胸拔背而裹裆护肫,则周旋健捷;身躯进退,不偏不倚,四肢屈伸,忌僵忌直,以神导意,宜静宜缓,以意导气,渐隐渐现。手一出,神先领导,足一动,意即注之,目为神舍,目到则神至,气随意行,意注则气凝。眼不离手,伸手则神气毕集,意不忘足,着足则力量俱来。如此练去,时刻注意外部的手、足、肘、膝、肩、胯的上下相随,与内部的神、意、气上下运行,内外相合,形成周身上下、内外,一动无有不动,一静无有不静的统一运动,即周身一家,六合混一的基本练法。谨守此法,坚持练习,渐成习惯,一动则上下相随,内外相合,周身一气贯串,则所谓周身一家功夫成矣。

周身一家的运动,要求每一举动,具有周身肌肉、筋络、骨节以及内部横膈膜、脏腑内外一动俱动的特点,此乃太极拳所以能祛病延年,应用于医疗保健的根本原因。正如古人所说"流水不腐,户枢不蠹"的道理。这是练习太极拳欲想强身健体防治疾病慎勿忽视的一种特效方法,而且是练习太极拳推手时欲想得机得势,无有缺陷,重心稳固的基本功夫,愿同好者,慎勿忽视焉。

(十)论打手

1. 打手小序

二人打手之际,立身务须中正,方能支撑八面。精神能提得起,则无双重之虞;意气须换得灵,乃有圆活之趣;粘依能跟得上,方见落空之妙。往复须分阴阳,进退须有转合,机由己发,力从人借,蓄劲如张弓,发劲似放箭,曲中求直,蓄而后发。

发劲以前,先要神气鼓荡,气势腾挪,精神贯注,腹内松静,两肩松开,气向下沉。劲起于脚跟,变换在腿,含蓄在胸,运动在两肩,主宰在于腰,上与两膊相系,下与两腿相随。劲由内换,收即是合,放即是开;静则俱静,静是合,合中寓开;动则俱动,动是开,开中寓合;触之则旋转自如,无不得力。这样才能引进落空四两拨千斤。

凡去人之时,发劲要有整劲(即抖劲),发劲时切记不可犹豫。倘不得势,便不顺劲,即不可发劲,发必顶劲(即阻击也)。如遇此时,即默思揣摩,渐至从心所欲。万不可彼有力我即以力支撑,本是舍己从人,多误舍近求远,所谓差之毫厘,谬之千里,学者不可不详辨焉,是为序。

2. 初学推手四要

接、随、走、掤为初学推手四要。

（1）接：接定人劲也

不接定人劲,则不能知人,不能知人,则不能从人,不能从人,则必由己。由于由己,则毕生习练亦只能以着打人之身,不能擎起人劲打人之劲,与外家无异。

王宗岳《太极拳论》末云:"……本是舍己从人,多误舍近求远,所谓差之毫厘,谬之千里,学者不可不详辨焉。"这是告诫后之学者,不要只学由己的用着打人,以致不自觉地误入歧途也。

（2）随：随人而动也

不能随人而动,就要由己妄动,就不能时刻掌握着人劲的动向与企图,丢、顶、扁、抗等病势必产生。因此,欲想做到舍己从人、粘黏连随、引进落空、四两拨千斤,就必须在随字上用功夫。

（3）走：走化人力也

不会使自己得机得势走化人力,使之落空,就不能做到粘依跟得灵、引进落空四两拨千斤。欲想走化人力后,自己仍能得机得势,就必须周身一家,上下相随。首先使自己周身没有缺陷,然后接定彼劲,静心听准彼劲之动向,随屈就伸使之落空而后发也。

（4）掤：掤之使人出也

初学推手者,发人时有发无收,脚手不随,不能用周身一家之劲。发人用掤,就可免去以后只会用刚劲发人,不会用柔劲拿人,以及推手时动手伤人的缺点。俟有一定基础之后,即不以掤字为限矣。

3. 推手打劲方法

（1）打"来劲"用"截"或"牵"

彼劲已向我来,若来势不猛,我则正面迎接,而从侧面截击之,使彼不得发挥其力,而为我制;若来势甚猛速,用截不及,即可用牵,顺其力向借其来力而跌之。

（2）打"回劲"用"随"

彼感落空，意欲回收，我粘定其劲，随彼劲紧逼之，使彼无容身之地。

（3）打"停劲"用"串"

彼劲发尽而未变，或彼劲欲进不能，欲退不可时，恃力坚持，我串击之。即所谓挨肘串肩，挨肩串腰……

（4）打"出劲"用"搓"

彼劲将展未展，劲头刚出，我即换其劲头而搓之，同时并对准其脚跟，彼必跌出。

（5）"打闷劲"用"捂"

运劲于周身，以手、肘等处，接定彼劲，神意拢住彼之周身，捂住彼之劲头，逼定彼之劲根，使彼身不得动，力不得出也。彼劲若坚欲发出，则必以其力还击其身。

4. 推手四级功

粘、接、灵、化为习练推手的四个阶段。

（1）粘：粘连相随永得机

这时尚不能接劲打人，发劲时还得接触到对方身上，但自己能引进落空，得机得势。必须基本上练到周身一家，脚手随的程度乃可。

（2）接：接定彼肢击彼力

此接劲打人也，发人时只接触到对方四肢或身上某一点，即能拔起对方的劲根，使对方不能换力而被发出。必须心静，身整，接定彼劲，或能用"擎引松放"四字诀乃可。

（3）灵：灵虚使人进退难

至此阶段，即能引对方完全落空，使之不能自主，既不能进，又不能退，听我指挥。必须敛气入骨，接定彼劲，稳化彼力，才能使之深陷我圈内而不能出，听我指挥；或能用敷、盖、对、吞四字诀乃可。

（4）化：化为神意无形迹

必须练到神聚、气敛、心静、身灵、劲整五者俱备乃可。到此地位，发人动作极小，则所谓"意动身不动"矣。像武禹襄晚年，能不动脚手、站着，令人以拳击其背，将人发出；李亦畬晚年，坐着不动，让人来击，将人发出；以及郝为真曾站着不动，使人击其胸，能使人跌出，均是实例。

三、拳解

(一) 永年人称太极拳为"粘拳"或"绵拳"的原因

太极拳在永年及永年周围邻县一带,都管它叫"粘拳"或"绵拳"。直到永年国术馆成立后,才逐渐改称"太极拳"。当时呼作"粘拳""绵拳"的原因有三:一是从外表上说的,一是从感受上说的,一是从习者行功用劲上说的。

从外表上人们给它命此名的原因是:太极拳走架行功时,内固精神,外示安逸,四肢运动,望去恰似弱柳迎风,绵软无力,故管它叫"绵拳"。再者,武、李、郝老先生教人推手时,首先令人练习接劲,听劲,拿劲,不轻于发人。因此在示范时,一搭手即使人进退不得,望去好像把人粘住一样,故管它叫"粘拳"。

从感受上人们给它命此名的原因是:永年太极拳在练习推手时或与人比较时,粘连黏随,不丢不顶,使人感到伸手前来如击棉絮,绵软无力,故管它叫"绵拳";推手时或比手时,退步想走,不能走开,接触点像粘连在一起一样,因此又管它叫"粘拳"。

从用劲上人们给它命此名的原因是:练太极拳,不重撞劲,绷劲,抖劲,攻劲,以其均有缺点,特尚粘劲,以其能伸缩,展拓变化,缺点较少,因此管它叫"粘拳",意在尚粘劲之拳也。

(二) 释"脚手随"

脚手随,即手与脚相随,亦即上下相随也。其运用有内外之别:

1. 从外形上说,手脚的进退要相随,上下要相照,远近要相齐也。
2. 从内劲上说,左手之开,其劲源在右脚跟,而与下面之左脚的腾挪力量相随相合也(右手与此相反)。

总之,不管是双手,还是单手,其进退要与脚的进退相随,其远近前手不能出前脚,其发力要同时也。

（三）释"五行"

太极拳下踩五行，上打八卦，合之而为十三势。

"五行"即金木水火土，喻东西南北中，亦即习者的前后左右中，拳论中术语叫进退顾盼定。

太极拳运动的重点，乃下踩五行，上打八卦，以腰为主，带动全身而动，今先说明腰怎样带动下肢形成五行。

腰由后腿挪到前腿上为进，由前腿挪到后腿上为退，在两腿正中为定，左旋，右转，即左顾右盼。

至下肢应该怎样适应亦颇简单，示意图如下：

图 10-2　进退顾盼定

（四）释"一身备五弓"

两臂，两腿，脊椎，形成五弓；
肩沉，肘垂，坐腕，则两臂形成两弓；
两腿的伸缩形成两弓；
裹裆、护肫而拔背含胸则脊椎形成一弓。

（五）"引进落空合即出"中的"合"字释义

合字的解释不一，兹分记之，以备研究。
（1）武秋瀛云："合即拨也。"
（2）有人谓："合乃以我之身合彼之身也。"

（3）以我之力接彼之力也。
（4）乃虚实合归无极也，即以周身一家的合劲发人也。
（5）说文字义"会也""战也"。
（6）逊之先师云："一走一回即合。"试之与发字无异。

（六）释"起承转合"

武禹襄拳解中云："起承转合。"李亦畬拳论中云："起承开合。"转乃转变也，开乃无极生太极阴阳分开也，亦即变也。

起：起始也。我先准备也。逊之先生云："未搭手前，我应该在十字路口，站成八面支撑之势，以便随机应变。"

承：承接也。与人相接也。以我之劲与对方之劲相接触也。

转：转变也。阴阳分开而变也。所谓动之则分也。人亦接我，我察人力之动向，边走对方之劲，边将自己之阴阳虚实分开，并转变好，使人落空。

合：阴阳合也，会合也，战也。

阴阳一合（即阴阳相济），即结合成一种发人力量，故打手歌云："引进落空合即出"也。

或云打手二人合也，战也亦可。

（七）"粘黏连随"解

粘黏连随在用法上与口头说法上是"粘连""黏随"。意思是和对方接触后使用不丢不顶，舍己从人诸拳法使推手二人接触点粘黏在一起，连随不分离的意思。

有些人，喜欢从字义上钻研，将此四字分开，各表一意，实际上是无关紧要的。

粘：我顺人背谓之粘。我劲在彼劲之上时用之。

黏：劲断意不断谓之黏。我劲在彼劲之下时用之。

连：不顶谓之连。我劲在彼劲之前时用之。

随：不丢谓之随。我劲在彼劲之后时用之。

第十章 武式太极拳理论

(八)释王宗岳《太极拳论》中"人不知我,我独知人"

太极拳练到功夫高深时,发人时上肢除接劲、听劲外是不动的。发人全在腰腿。

推手时,上肢虽与人接,因我上肢不动,人无从知我欲怎样,故云"人不知我"。

因我上肢与对方接触,对方想击我而先动其上肢,我因之能知道人劲将要怎样运动,故云:"我独知人。"

(九)释王宗岳《太极拳论》中的"舍己从人"

"舍己从人"是人劲怎样运动,我即随着人的动向而运动。简单地说,就是舍了自己的意图,去顺从别人的意图而运动,顺从别人的动向,而确定自己的进攻计划。

(十)释李亦畬《五字诀》中的"从人仍是由己"

"从人仍是由己"乃我在对方运动未展开前,已测知对方意欲怎样,在人运动未展开前或展开时,我即顺从对方的意向,制对方于背境;或在我八面支撑,周身无缺陷的基础上,随人动向,制人于背境。这样就形成了外似由己,实仍从人的所谓"从人仍是由己"了。

功夫不到一定程度,想做到"从人仍是由己"是困难的。

(十一)释"随屈就伸"

1. "随屈就伸"是说人向我进,我随之屈,紧跟着我就以伸反击之。逊之先生说:人力来,我以力化之,人力既化,我就逆化人之力向,反击之。

2. "随屈就伸"是说我随人而屈后,就使伸开也。如人来甚刚,我边用曲蓄化其刚猛之力(曲蓄在上下肢),边使自己成为舒展的得机得势之势。即去之也。

这样做,使"人刚我柔谓之走"时就给"我顺人背谓之粘"准备好了一切条件。

随屈：是我随对方之势，与对方接触有关部位变弯曲也。

就伸：乃我肢体的弯部，用我的虚实变换，使自己成为顺势，使我的曲处能自然伸开也。

随屈就伸的"就"字，须作动词解。

（十二）释"阴阳相济"

释一：王宗岳《太极拳论》首段内云："人刚我柔谓之走，我顺人背谓之粘。"末段内云："粘即是走，走即是粘，阴不离阳，阳不离阴，阴阳相济方为懂劲。"

为了进一步说明"阴阳相济"，吾谓：粘不离走，走不离粘，阴不离阳，阳不离阴，"粘走相济"即"阴阳相济"也。

释二：所谓阴阳相济，在手则要开合相济，务使开中寓合，合中寓开；在脚则要虚实相济，务使虚中有实，实中有虚；在腰腿则要进退相济，进固是进，进中要留退步，退固是退，退中要有进机；在劲则要刚柔相济，顺随固是柔劲，但两膊支撑而不塌，是谓柔中寓刚，发放固是刚劲，但两手搓摩而不顶，是谓刚中寓柔。

（十三）释"刚柔相济"

王宗岳《太极拳论》中云："粘即是走，走即是粘，阴不离阳，阳不离阴，阴阳相济……"

武禹襄《太极拳解》中云："一动无有不动，一静无有不静，视动犹静，视静犹动。"

李亦畬《走架打手行功要言》中云："静则俱静，静是合，合中寓开；动则俱动，动是开，开中寓合。"

阴阳、粘走、动静、开合，均刚柔之道也。故吾谓："粘随走化而不塌陷，谓之柔中寓刚；支撑发放而不顶抗，谓之刚中寓柔。"亦即所谓"刚而不猛，柔而不屈者"也。

（十四）释"蓄劲如张弓，发劲似放箭"

手脚上下相随，气由两手收于肩，通过含胸拔背使气贴背敛入脊骨，注入腰间,此时周身上下外形内气均如弓形,故曰:"蓄劲如张弓。"

发劲时气由腰而脊而肩,经臂上贯于手,同时由腰而胯而腿,下注于足,形成手脚一上一下分张之势,同时腰亦行前移,形成放箭时弓把前移与两弓梢以上下分张两夺之势,同时发力的样子,故曰:"发劲似放箭。"

也有人认为,"蓄劲如张弓"是指自己蓄劲时,身体各部曲蓄,形如把弓张开一样;"发劲似放箭"是说明太极拳运发的劲,似放出的箭一般快速有力。

笔者认为,以上关于"蓄劲如张弓"的说法,尚可。把"发劲似放箭"说成太极拳的劲,似放出的箭一般的快速有力,从字面上看是可以的,从练法上看是不妥当的。因箭似的坚刚的快速的力,是一种刚直不变的力,和外家拳运发的劲无异;太极拳的劲是一种刚柔相济的劲,是一种能刚柔,能起落,能变化,能展拓的劲,是一种坚韧而有弹力的劲,是一种刚而不猛,柔而沉实,不疾而速,如弹簧一样按之则落,悬之则起,不丢不顶,粘连黏随的劲。若以放出的箭来比太极拳的劲,则只说明了太极拳发劲的快速与坚刚一面,而不能说明太极拳劲的缓和柔曲尚能粘连黏随等变化的一面。若太极拳只有刚劲,则"人有力我亦有力",尚能做到;而"人无力我亦无力"就没法办了。

因此,笔者认为,古谱所谓"发劲似放箭",不是以放出的箭来喻太极拳的劲,而是以放箭时弓把和弓梢发力分张两夺的形象来比喻说明身体与四肢发劲时的形象。

(十五)释"折叠"与"转换"

李亦畲《五字诀》中云:"往复须有折叠,进退须有转换。"

"折叠"是指推手时上体两肢连续使用八卦进行粘走,折叠人力而言。这种解释是正确的。

如推手时,手的往复,时时含着接、引、进、转、击等五种意图,以俟机袭人。因之手在往复中是含有粘走变化的。这种变化外圆而内方,因其外圆,故不露形迹;以其内方,在走化诱发时,即形成一些曲折往复动作,这种动作一起一伏,一横一直,一上一下,一左一右……好似折叠人劲一样,故叫"折叠"。

或谓,"折叠"是指推手时折叠对方四肢而言。笔者认为这种说法欠妥。如果真是折叠对方的四肢,那么"舍己从人""借力打人""打人不让对方感觉有被屈处"就没法解释了。

"转换"是指下体两肢随人动转,运用五行步法转换虚实而言。如在推手时的进退屈伸、旋转等虚实变换中,那种互为其根的虚实变化,即为"转换。"

(十六)释"擎、引、松、放"

擎者:随人动,一面走化其力,一面吃住彼之劲根,使其一足支身,力不得发,身不得动也。

引者:引其发力也。

我感觉其劲根已为我吃住,即整我身,蓄我势,以备发。由于我坐腿蓄势,对方感觉我对其迫力一松,必思挣扎起来向我反击。

松者:我为了发力,要周身放松,静待对方向我发力。

放者:俟对方向我反击的力量,将发未出之时,我接定彼劲,认定彼准头而发之也。

如果对方不向我反击,我蓄劲后,认定对方准头而去亦可,不过没有上述借力而发省力、效果大罢了。

(十七)释"准头"和"端的"

李亦畬擎引松放四字秘诀中有"放时腰脚认端的"一语。

武禹襄敷盖对吞四字秘诀中有"以气对彼来处,认定准头而去也"一语。

"准头"乃腰脚也。

"端的"清也,准也。"认端的"乃认清,认准也。

"认定准头而去",是说发人时应看准一定的目标而去也。

结合起来看,即发人时应看清对方腰在哪条腿上,哪个脚上,即向哪个脚的外侧,踝骨外一寸处之地面上去之也。

(十八)释"三易"

拳术中所谓"三易",乃易骨,易筋,洗髓。亦即明劲,暗劲,化劲。

明劲：练精化气，为武火。
暗劲：练气化神（即练气归神），为文火。
化劲：练神还虚，为火候纯也。
火候纯，则内外一气成矣。再练，则亦无劲，亦无火，入于虚灵神化矣。

（十九）释"腾挪闪战"

李传云："腾挪闪战"，杨传云："腾挪闪展"。
腾：提顶、竖脊、蹬足、撑臂，力含上腾之意；
挪：转腰，扣膝，裹裆，甩胯，挪动对方力向；
闪：使对方力量被闪落空，击不中我的劲根与身体；
战：我意气贯周身，周身骨节开展而发也（此乃以周身一家之力发人，绝非只用手推，肘击，胯打之力也）。
郝少如著《武式太极拳》内云：腾挪，乃蓄"发人之力"亦即预动之意；闪战，乃以放箭似的刚力发人也。

（二十）"轻、重、浮、沉"解

双重为病：失于填实（填腰则不灵活，实而无虚）。
双沉不为病：实而有蓄，能灵活运用。
双浮为病：只如缥缈，浮而无根。
双轻不为病：有根之轻。
半轻半重：半有着落。
偏轻偏重：偏无着落，必失方圆。
半浮半沉：失于不及。
半轻偏轻：灵而不圆。
偏浮偏沉：失于太过。
半重偏重：滞而不正。
半浮偏浮：茫而不圆。
若双轻不近于浮，双沉不近于重，半有着落，灵而不昧，坚整不滞，乃为平手，除此以外皆为病手。

四、健身六气法[①]

武式太极拳在练习套路时，每一式的开即是呼气，并结合了古代的"踵吸法"，用呵、嘻、呼、呬、吹、嘘六个字来分别医治心、肝、脾、肺、肾、胆等各个部分疾病。身体某一部分不健康或欲锻炼某一部位，在练习套路呼气时则轻微地念某一与之对应的字，声音要极小，自己可以听到而别人听不到即可。久练即可收到防病、治病的良好效果。无病之人则可用"呵"字以健心脏，按中医学说，心为君，心健则身健。

呵心　　嘻肝　　呼脾

呬肺　　吹肾　　嘘胆

注：此为先师所口授。呼气结合古代"踵吸法"是武式太极拳的特点之一。

[①] 姚继祖. 武式太极拳全书[M].太原：山西科学技术出版社，1999年：第287页.

参考文献

[1] 姚继祖. 武氏太极拳全书 [M]. 太原：山西科学技术出版社, 1999.

[2] 郝少如. 武式太极拳 [M]. 北京：人民体育出版社, 1992.

[3] 《永年太极拳志》编撰委员会. 永年太极拳志 [M]. 人民体育出版社, 2006.

[4] 徐震. 太极拳考信录 [M]. 太原：山西科学技术出版社, 2006.

[5] 徐震. 太极拳谱理董辨伪合编 [M]. 太原：山西科学技术出版社, 2006.

[6] 吴文翰. 武派太极拳体用全书 [M]. 北京：北京体育大学出版社, 2001.

[7] 冯志强, 李秉慈, 孙剑云等. 太极拳全书 [M]. 北京：学苑出版社, 2000.

[8] 翟金录, 燕振科. 太极名家谈真谛 [M]. 北京：中国广播电视出版社, 1992.

[9] 唐豪, 顾留馨. 太极拳研究 [M]. 北京：人民体育出版社, 1964.

[10] 翟维传. 武式太极拳术 [M]. 太原：山西科学技术出版社, 2004.

[11] 吴文翰. 太极拳书目考 [M]. 北京：人民体育出版社, 2009.

[12] 吴文翰. 吴文翰武术文存 [M]. 太原：山西科学技术出版社, 2006.

[13] 吴文翰. 武派太极拳史略 [J]. 武当, 2007, (10).

[14] 吴文翰. 武派太极拳的沿革内涵与影响 [J]. 少林与太极, 2010, (6).

[15] 李建民. 武式太极拳传承研究 [D]. 河南：河南大学. 2016.

[16] 张志勇. 永年太和堂药店在太极拳发展中的重要作用 [J]. 体育学刊, 2004, (6).

[17] 张方. 武派太极拳源流考 [J]. 精武, 2004,（1）.

[18] 傅仁东. 辽沈地区的武式太极拳 [J]. 精武, 2010,（1）.

[19] 康戈武. 全面梳理太极拳的发展脉络 [J]. 中华武术, 2001,（3）.

[20] 职员录——本馆现任职教员履历一览 [J]. 江苏国术馆年刊, 1929,（1）.

[21] 郝月如. 学术：太极拳义 [J]. 江苏国术馆年刊, 1929,（1）.

[22] 钟振山, 崔志光. 怀念恩师姚继祖 [J]. 中华武术, 2001,（6）.

[23] 通告：体育科通告（二）：太极拳教师郝少如先生腿伤渐愈, 自本日（星期二）起照常授课 [J]. 国立中央大学日刊, 1936,（1675）.

[24] 李正藩, 李连喜. "十三中"与永年太极拳 [J]. 武魂, 2003,（9）.

[25] 郑正之. 和郝少如老师学拳 [J]. 中华武术, 2004,（12）.

[26] 永年李氏家藏秘本太极拳谱序 [J]. 山西国术体育旬刊, 1935,（19）.

[27] 太极拳前辈李亦畬先生轶事 [J]. 山西国术体育旬刊, 1935,（16）.

[28] 武延绪. 李公兄弟家传 [J]. 山西国术体育旬刊, 1935,（14）.

[29] 山西国术促进会职员一览表 [J]. 山西国术体育旬刊, 1935,（1）.

[30] 本社马社长欢宴沈委员刘定五及李香远 [J]. 山西国术体育旬刊, 1935,（13）.

[31] 国术名家李香远请假旋里 [J]. 山西国术体育旬刊, 1935,（26）.

[32] 永年太极拳名家来晋 [J]. 山西国术体育旬刊, 1935,（18）.

[33] 马力白. 李氏太极拳谱序 [J]. 山西国术体育旬刊, 1935,（28）.

[34] 山西国术促进会：各组正副主任及教师一览 [J]. 山西国术体育旬刊, 1935,（20）.

[35] 傅仁东. 辽沈地区的武式太极拳 [J]. 精武, 2010（1）.

作者联系电话：15613168675（同微信）

13191875010（同微信）

邮箱：zhongyongjun@yeah.net